重庆市社科规划项目"重庆三峡库区多主体协同治理相对贫困的长效联动机制研究"（2020YBGL91）和教育部人文社会科学研究青年基金项目"多主体参与的深度贫困区精准脱贫联动机制研究"（19YJC630156）资助出版。

多主体参与的深度贫困区
精准脱贫联动机制研究

童洪志 著

WUHAN UNIVERSITY PRESS
武汉大学出版社

图书在版编目(CIP)数据

多主体参与的深度贫困区精准脱贫联动机制研究/童洪志著.—武汉:武汉大学出版社,2021.5
ISBN 978-7-307-22176-5

Ⅰ.多… Ⅱ.童… Ⅲ.扶贫—研究—中国 Ⅳ.F126

中国版本图书馆 CIP 数据核字(2021)第 047089 号

责任编辑:聂勇军 责任校对:李孟潇 版式设计:马 佳

出版发行:**武汉大学出版社** (430072 武昌 珞珈山)
(电子邮箱:cbs22@whu.edu.cn 网址:www.wdp.whu.edu.cn)
印刷:武汉中科兴业印务有限公司
开本:720×1000 1/16 印张:18.25 字数:262 千字 插页:2
版次:2021 年 5 月第 1 版 2021 年 5 月第 1 次印刷
ISBN 978-7-307-22176-5 定价:58.00 元

前　言

新中国成立后，我国的扶贫战略经历了重大变化，主要有：1949—1978 年计划经济体制下"输血式"救济扶贫阶段；1979—1985 年扶贫开发纳入国家规划，体制改革推动扶贫阶段；1986—1993 年"造血式"大规模开发式扶贫阶段；1994—2000 年以解决温饱问题为目标的八七扶贫攻坚阶段；2001—2010 年以改善生活条件、巩固温饱成果为目标的扶贫开发阶段。自 2013 年习近平总书记提出"精准扶贫"理念以来，我国已步入实现"两不愁、三保障"为目的的连片开发与精准扶贫融合推进的脱贫攻坚阶段。在精准扶贫战略推动下，我国先后出台诸多相关扶贫脱贫政策措施助力全面打赢脱贫攻坚战，全国各地已把扶贫脱贫工作作为党和政府的头等大事，各地在扶贫脱贫实践中也积累了诸多丰富的经验，成效显著。然而，面对一些"难啃的骨头"，诸如集中连片特困地区（或深度贫困区）如何实现全面可持续脱贫引起了党和政府及社会人士的广泛关注。

十九大报告提出实施乡村振兴战略，着重强调把解决好"三农"问题作为全党工作的重中之重，特别是要坚决打好精准脱贫攻坚战，注重扶贫同扶志、扶智相结合，重点攻克深度贫困地区脱贫任务，确保到 2020 年我国现行标准下农村贫困人口实现脱贫。然而，深度贫困地区面积大，面临脱贫能力弱、地理条件恶劣、人口素质低下、制度贫困突出、群众参与力度不够等现实困难。基于对这些问题的思考，本书力图破解深度贫困区在扶贫脱贫过程中是如何实现可持续脱贫及不同扶贫主体在脱贫攻坚战中有何影响作用这一现实命题。

众所周知，《中国农村扶贫开发纲要（2011—2020 年）》将 14 个集中连片特困地区作为扶贫攻坚主战场并行之以特殊优惠政策，其中渝东北城口、云阳、奉节、巫山和巫溪作为我国 14 个集中连片特困地区中秦巴山区的缩影，自然也成为重庆脱贫攻坚之重点，也是重庆经济社会发展和实施乡村振兴战略的重中之重。该片区以山地丘陵为主，高山贫困户诸多，农村交通、信息网络化建设滞后，社会各级企业难以聚焦山区进行大规模价值创造活动，前期经济快速发展主要得益于国家项目的投资拉动，而靠此方式促进贫困地区整体脱贫的局面难以持续，需要从脱贫工作机制和模式上进行创新。因此，在面临 2020 年我国脱贫攻坚战收官之年，本书谨以渝东北贫困地区为研究畛域，旨在通过研究而弄清楚的主要问题是：该片区是如何成功实现全面可持续脱贫，有哪些成功案例和经验，有哪些成功的扶贫模式值得推广，各扶贫主体在脱贫攻坚战中发挥了何种作用、影响机制如何，未来贫困治理还存在哪些尚未解决的问题等。

本书的第一章是绪论，主要介绍了研究背景，提出了本书将要研究的主要问题、研究目的和价值，也简要分析了与本论题较为相关的研究现状和研究方法，在与同类研究进行分析比较的基础之上，提炼了本书的创新之处。作为本论题研究的理论基础和分析工具，我们在第二章中，比较详细地论述了有关贫困理论和演化博弈论的主要观点，特别是机制设计理论、包容性增长减贫理论、参与式扶贫、合作型反贫困理论、多元共治贫困理论的要点以及演化博弈论要点。此外，笔者还根据不同扶贫主体与农户的关系特征，运用演化博弈论的主要观点和方法工具，借助必要的前提假设，设计出了多主体参与的政府与农户间演化博弈模型，并通过推导和求解得出最佳均衡点及其他结论。其中，该方法被运用于分析产业扶贫中各方扶贫主体联合采取措施后的推动效果，并得出了相应的研究结果。第三章除简要分析渝东北贫困地区有利于脱贫的自然资源、战略定位和产业经济基础现状之外，着重分析了近年来渝东北贫困地区如何推进扶贫脱贫工作和取得的脱贫经验及成效。为检视该片区扶贫脱贫成绩，我们采用问卷调查进一步分析了该片区农户及家庭生活环境、农村公共基础设施建设、农户对脱贫工作的评价及对扶贫资源需求等现状和存在的问题。第四章主要运用 SWOT 分析方法，对有利于渝东北贫困地区脱贫面临的机遇、致贫因素和贫困演进逻辑、脱贫面临的挑战和困境进行了比较详细的分析。

从第五章到第八章是本书的研究重点，旨在研究多主体参与的精准脱贫联动机制问题，主要包括多主体参与的三方联动脱贫模式及四方联动、五方联动脱贫机制构建的必要性、可行性、原则、思路与内涵、运作机理与实践模式，并在此基础上，从机制建设、经济发展、贫困程度、人文发展、公共服务、基础设施、生态环境以及针对扶贫领域的金融扶贫、产业扶贫、教育扶贫、旅游扶贫等 11 个维度设计了联动机制考评体系，结合多主体联动脱贫机制运作模式和考评体系设计要点，将其与传统粗放式扶贫进行了比较分析。其中，第八章主要探讨机制效果问题，以发展特色农产业脱贫为例，从宏观决策机制层面，确定能代表其他扶贫主体的政策变量，通过与政府主体的联动，运用演化博弈论和仿真实验方法分析了产业项目补贴、贷款失信联合惩戒、科技培训等多种措施及其组合刺激影响效果，定量刻画了农户主体生产经营行为的动态演变过程和规律。第九章对本论题的研究结论作了系统总结，并提出了一些促进脱贫效果提升的机制创新建议。

通过以上研究，本书主要得出了如下五大结论，其中第二、第三和第五个结论是本领域研究的创新点。

第一，渝东北地区作为重庆东北门户，在三峡库区有着重要的战略地位，当前脱贫攻坚过程中不仅面临贫困农户脱贫的个体方面（思想观念落后、脱贫意识不强、受教育程度低、产业化经营能力缺乏）、家庭特征方面（子女求学、家庭用地、高山住房、身体状况）的因素障碍，还有客观环境因素（基础设施建设滞后、农村特色产业总体发展水平低）和制度方面因素（关系扶贫、监管不力）的制约影响，为此，脱贫攻坚工作应动员全社会扶贫主体参与脱贫攻坚战和扶贫资源向渝东北贫困地区聚集。

第二，政府、农业技术供应商（企业）、贫困农户（BOP 群体）三方多主体参与的可持续产业扶贫商业模式，是保障贫困地区实现可持续脱贫的有效方式。该模式涉及政府、农业技术供应商、贫困农户三方的互动，政府通过实施财政扶贫资金资助、技术培训和推广政策，有利于克服贫困农户对新技术的认知障碍，促进参与企业价值创造活动，推动农户采纳新技术或服务，改变农业生产和经营方式，提升农业生产效率；同时，农户也为企业提供生产要素和资源，获得生产收益，将市场潜力转化为市场需求，进一步推动企业为农户提供创新的技术和服务，最终消除贫困。

第三，多主体参与的精准脱贫联动机制，如四方联动、五方联动脱贫机制等，打破了以往"政校企"三方扶贫主体在扶贫工作中各自为政的格局和模式，把贫困村或贫困户作为主体一方融入扶贫脱贫工作体系中，动员全社会组织和群众参与，构建"以政带资、以资带人，以校带人、以人带人、以企带农、以农带人，以人带村、以村带村"和"对焦对点、连点成线、由线及面、聚面成体"的多主体参与的联动脱贫模式，实现了扶贫主体与扶贫客体的精准对接，是创新扶贫工作机制助力贫困地区打赢脱贫攻坚战的新思路，也是打好脱贫攻坚战、创新"三农"工作思路、实施乡村振兴战略的一种有效方式。

第四，多主体联动脱贫机制在渝东北贫困地区产业扶贫、金融扶贫、教育扶贫、旅游扶贫、文化扶贫、科技扶贫等领域的实践应用，体现了多方扶贫主体在脱贫工作机制中的互动机理，形成了多种各具特色的脱贫模式。在产业扶贫方面，有"政府+企业+村+贫困户""政府+高校+企业+村（合作社或基地）+贫困户"等联动模式；金融扶贫方面有"政府+企业（金融机构）+村（互助金）+贫困户"联动脱贫模式；教育扶贫方面有"政府+高校+贫困村+贫困户"联动模式；旅游扶贫方面有"政府+企业+村+贫困户"联动模式；文化扶贫方面有"政府+高校+社会组织+企业+贫困村"联动模式；科技扶贫方面有"政府+高校+企业+贫困村+贫困户"联动模式。总体来看，多主体参与的联动脱贫模式打破了以往贫困村、贫困户被动接受扶贫的格局，发挥了代表政府、学校、企业、村（农户）多主体的各自优势，实现了优势互补资源共享，可有效促进"政企村""政校村""校企村""村村户户"间形成多种共赢的格局。

第五,"政府+金融机构""政府+高校""政府+金融机构+高校"的扶贫主体联合采取扶贫措施对推动农户实施特色农产业脱贫的效果较明显,其中政府、金融机构和高校三方代表主体联合采取产业扶贫项目补贴、贷款失信惩戒、培训等措施组合推动农户发展规模化特色农产业实现脱贫是最具有明显效果的举措。具体而言:

(1)政府扶贫主体有必要联合其他扶贫主体采取不同组合措施以推动农户实施规模化特色农产业生产经营,但所采取的不同措施及其合理组合对农户决策行为的影响各不相同。

(2)政府扶贫主体若单独采取产业扶贫项目补贴措施对农户的激励效果不佳,即在政府现有产业扶贫项目资助情况下,不联合其他扶贫主体单位加以其他配套扶贫政策措施,农户最终的决策行为会趋于放弃农业特色产业规模化生产经营,因此,产业扶贫项目补贴需与贷款失信惩戒或培训措施结合起来才能起到有效的推动作用。

(3)政府与其他扶贫主体联合,若仅采取单一扶贫措施(补贴、惩戒或培训)对农户难以发挥刺激效果,相比之下,扶贫主体联动采取三种扶贫政策工具进行合理的组合刺激对农户实施规模化特色农产业生产经营的激励作用效果最佳,即在同等条件下配有另类扶贫措施,其组合产生的效果可以让农户选择发展特色农产业以实现脱贫。

(4)从长远看,政府与其他扶贫主体的多方联动对农户的帮扶支持,在农户农业生产经营过程中不但可逐渐降低信用贷款失信用户的联合惩戒强度,还可以逐渐降低其他扶贫措施的刺激力度(如降低补贴标准),农户也会渐渐自发地实施规模化特色农产业生产经营来实现增收。

综上,对比现有研究,本书最大的贡献在于:

第一,本书创造性构建了代表政府、学校、企业、村等多主体联动脱贫机制框架模型,明确了其构建原则、思路和内涵,并设计了联动机制考评体系。与已有同类研究脱贫模式不同,多主体联动脱贫机制打破了以往"政校企"三方扶贫主体各自为政的格局,把贫困村或贫困户作为主体一方融入脱贫工作机制中，动员全社会组织和群众参与，构建"以政带资、以资带人，以校带人、以人带人，以企带农、以农带人，以人带村、以村带村"和"对焦对点、连点成线、由线及面、聚面成体"的多主体联动脱贫机制，实现扶贫主体与扶贫客体的精准对接，既是创新脱贫工作机制助力贫困地区打赢脱贫攻坚战的新思路，也是创新"三农"工作思路、实施乡村振兴战略的一种有效方式。这种联动机制效果均能通过实践中扶贫案例来检视其运作的可行性和有效性，而且从理论上构建的机制模型也具有一定的推广应用价值。

第二，本书从政府宏观决策机制层面，运用演化博弈论和仿真实验方法，定量刻画了多种扶贫主体联合采取补贴、贷款失信惩戒、培训等措施及组合刺激对农户扩大生产发展特色农产业规模经营行为的动态影响规律。其创新体现在两个方面：一是运用演化博弈论和仿真实验方法定量刻画农户生产经营决策行为的动态演变过程和规律，在扶贫过程中观察农户主体行为的动态变化过程有利于发现政策实施效果进而调整帮扶机制；二是不同于考察单一扶贫政策刺激效果的研究，该研究考虑了多方扶贫主体所采取措施的叠加效应，评估了多方扶贫主体互动产生的效果。

本书的出版，期望为关注扶贫脱贫问题的学者进一步深入探索提供理论参考，丰富脱贫理论，对推动我国深度贫困区贫困治理研究具有一定的理论参考价值。同时，本书探讨多主体参与的联动机制模式和案例也可为同行提供借鉴和推广。

目　　录

1

第1章 绪 论

1.1 背景与问题提出

贫困问题是世界性难题，消除贫困是全球可持续发展共同面临的一项艰巨任务。中国作为世界上最大的发展中国家，减贫与发展一直受到党和政府的高度重视，成为国家经济与社会发展的重要内容。特别是党的十八大以来，党中央提出并实施精准扶贫、精准脱贫方略，把精准扶贫、精准脱贫作为全面建成小康社会的必然要求和底线任务。

改革开放以来，中国政府对农村地区普遍存在的贫困现象进行了有组织、大规模的扶贫开发，使7亿多农村贫困人口摆脱了贫困。据此，中国已成为世界上减贫成效最为显著的国家，也是率先完成联合国千年发展目标的国家，为全球减贫事业做出了重大贡献，走出了一条中国特色的扶贫之路。但是，截止到2014年底，我国现行农村贫困标准下仍还有7 000多万贫困人口，经过近几年的扶贫攻坚，目前还剩4 000多万贫困人口，贫困发生率由10.2%已经下降到4%以下①。可以说，贫困人口中好扶的、易帮的都实现了脱贫，剩余的贫困人口大都是极端难扶的特困人群，这些贫困人口主要集中在中西部地区（如集中连片特困地区、深度贫困区等），

---

① 王朝明，张海浪. 精准扶贫、精准脱贫战略思想的理论价值 [J]. 理论与改革，2019（1）：28-34.

呈现出贫困程度深、减贫成本高、脱贫难度大等特点。随着精准扶贫战略的纵深推进，农村扶贫工作已经迈入了"啃硬骨头"攻坚克难的决战阶段，没有非常之举、万全之策，是难以啃下这块"硬骨头"的。我们知道，农村贫困问题已成为目前我国经济社会发展中的一个突出短板，关系到2020年全面建成小康社会目标的实现。基于这样的现实背景，贫困特点的转变、扶贫阶段的转移呼唤减贫方略的转换，亟须动员全社会扶贫组织、企事业单位和广大社会人士共同发力参与贫困治理。因此，探索深度贫困区在扶贫脱贫过程中如何实现可持续脱贫，及不同扶贫主体在脱贫攻坚战中的作用机制和效果等问题就成为本书关注的重点。

十九大报告提出实施乡村振兴战略，始终把解决好"三农"问题作为全党工作的重中之重，特别是要坚决打好精准脱贫攻坚战，注重扶贫同扶志、扶智相结合，重点攻克深度贫困地区脱贫任务，确保到2020年我国现行标准下农村贫困人口实现脱贫。然而，深度贫困地区面积大，面临脱贫能力弱、地理条件恶劣、人口素质低下、制度贫困突出、群众参与力度不够等现实困难，为此，中共中央、国务院发布了《中国农村扶贫开发纲要（2011—2020年）》，划分出14个集中连片特困地区并将其作为扶贫攻坚主战场行之以特殊优惠政策，其中渝东北城口、云阳、奉节、巫山和巫溪作为14个集中连片特困地区中秦巴山区的缩影，既是国家扶贫脱贫攻坚重点区域，也是重庆脱贫攻坚之重点，为顺利实现2020年全面建成小康社会的奋斗目标，在脱贫攻坚收官之年（2020年），实现渝东北贫困地区整体性脱贫迫在眉睫。

解决渝东北贫困地区脱贫问题，尤其是集中连片特困地区的脱贫，一直是重庆经济社会发展和实施乡村振兴战略的重中之重。该地区以山地丘陵为主，高山贫困户诸多，农村交通、信息网络化建设滞后，社会各级企业难以聚焦于山区进行大规模价值创造活动，前期经济快速发展主要得益于国家对三峡工程、移民搬迁、基础设施、生态建设、库区水环境和地质灾害治理等项目的投资拉动，而靠高投入拉动经济增长促进贫困地区农户脱贫致富的局面难以持续。可见，这种靠政府单方力量扶持实现全面脱贫任务任重道远，因此，需从脱贫工作机制和模式上进行创新，这也是本书探索多主体参与的联动脱贫机制问题的初衷。

精准扶贫脱贫是决胜 2020 年脱贫攻坚战的关键之举。近年来，诸多学者和扶贫工作者结合当地扶贫脱贫实践，分享了诸多成功案例和经验，脱贫工作颇有成效。然而，现实中扶贫脱贫工作机制仍有待完善，尤其是深度贫困地区在推行精准扶贫工作实践中暴露出许多制度缺陷和实践困难，脱贫成果的巩固难度较大，返贫风险依旧存在。因此，本书主要以渝东北贫困地区（尤其是集中连片特困地区）为研究畛域，旨在通过研究而着重弄清楚的核心问题是：渝东北贫困区是如何成功实现全面可持续脱贫，具备哪些基础、优势和战略机遇；该地区有哪些成功案例和经验，又有哪些成功的脱贫模式值得推广；在探索多主体参与的联动脱贫机制运行模式和实现路径中，各扶贫主体在脱贫攻坚战中发挥了何种作用、影响机制如何，又如何检视不同扶贫主体扶贫脱贫工作成绩；在2020 年消除绝对贫困后，未来贫困治理还存在哪些尚未解决的问题，等等。

1.2 研究目的与价值

第一，研究目的。本书以渝东北贫困地区为主要研究畛域，研究脱贫机制问题，旨在探索贫困区打赢脱贫攻坚战的新思路和新途径，为后续扶贫政策实施提供政策制定理论依据，也对重庆创新"三农"工作思路、打赢脱贫攻坚战及实施乡村振兴战略提供借鉴。具体而言，本书将主要完成以下三大预期目标：一是通过对渝东北贫困地区实地考察和调查，深入认识该地区扶贫脱贫现状，运用 SWOT 分析工具，详细分析该地区扶贫脱贫基础、优势、战略机遇和致贫逻辑因素，以及脱贫面临的挑战和困境。二是借鉴机制设计理论、包容性增长减贫理论、贫困文化理论、人力资本理论、空间贫困理论、"五大"发展理念、参与式扶贫理念与合作型反贫困理论、多元共治贫困理论等相关原理，结合渝东北贫困地区扶贫实践情况，试图设计多主体参与的联动脱贫机制模型及其考评指标体系框架，明确联动机制构建的原则、思路和内涵，并引入扶贫经验案例解构联动脱贫机制运作模式。三是以促进发展农业特色产业脱贫为例，基于博弈论方法，设计多主体参与的政府与农户之间的演化博弈模型，求解系统达到稳定状态时的满足条件和稳定均衡解，采用仿真实验方法从宏观决策层面分析基于演化博弈的不同扶贫主体及其联合行动所产生的效果，定量刻画政府扶贫主导下联合其他扶贫主体共同推动农户发展特色产业脱贫致富的动态过程和行为演变规律。四是根据研究结果，提出有利于实现贫困地区整体性脱贫的机制创新建议。

通过研究，完成预定目标，达到了预定目的，主要体现在三个方面：一是学术思想理论方面，构建多主体联动脱贫机制运行的理论分析框架，服务贫困治理顶层设计；二是社会实践运用方面，构建多主体参与的联动脱贫机制框架、运行模式和考评指标体系，为乡村振兴战略实施、后期相对贫困治理提供实践支持；三是服务决策需求方面，通过揭示不同扶贫主体联动措施刺激下农户主体行为状态的演变规律，发现既有机制和政策的不足，为政府相关政策的制定与完善提供决策依据和参考。

第二，研究价值。本书基于渝东北贫困地区扶贫实践情况和一定的调查数据，借鉴相关基础理论原理，在脱贫机制设计方面提出了建立多主体参与的联动脱贫机制，并引入扶贫经验案例来验证和解构联动脱贫机制运作方式，同时对不同扶贫主体联合驱动影响机制和效果进行了分析，最后提出一些机制创新建议。总体而言，本书按照"扶持谁（扶贫客体）——谁来扶（扶贫主体）——怎么扶（载体：机制设计）——如何退（脱贫成效）"的逻辑，沿着提出问题（脱贫联动机制）——分析问题（机制运行效果）——解决问题（机制创新建议）的思路开展研究工作，其研究价值主要体现在两个方面。

一是学术价值方面：①本书对相关贫困理论的分析和有关精准扶贫脱贫文献的全面深入梳理，理论上为后续开展相对贫困治理问题的研究可提供一定的理论借鉴和参考。②本书在分析相关贫困理论原理基础上，结合地方扶贫实践，构建了多主体联动脱贫机制运行的理论分析框架，论证了建立多主体联动的脱贫长效机制在实践中可有效帮助贫困户脱贫，降低返贫风险。从这点来说，该方面的研究从贫困治理视角，可为乡村振兴战略实施路径提供理论基础，为贯彻十九大报告提出的新发展理念、推进国家贫困治理体系的建设提供理论指引。③为检视机制运行中多主体扶贫效果，本书设计了多主体联动脱贫机制考评指标体系框架以考核不同扶贫主体的扶贫业绩。从这点来说，该方面的研究可为新时代中国贫困治理体系的完善、中国反贫困理论发展与乡村建设理论的充实做出了积极贡献，有助于从理论高度深刻领会习近平新时代关于扶贫工作重要论述的科学内涵、精神实质和实践要求。④从本书研究结果看，其有利于促进同行学术交流，为关注扶贫脱贫问题的学者进一步深入研究提供理论支撑，丰富精准扶贫理论及反贫困理论体系，对推动我国深度贫困区后期面临返贫风险问题和治理模式的研究也具有一定的理论参考价值。⑤本书构建了多主体参与的政府与农户间的演化博弈模型，求解系统达到稳定状态时的均衡解，并运用数值仿真实验方法，得出了一些结论，这对今后的相关研究，具有一定的理论指导意义。

二是应用价值方面：①如何采取针对性帮扶措施实现贫困地区如期脱贫，前提是要先深入认清该地区基础条件以及面临的现实困境，以便制定针对性策略。从这点来说，本书详细分析了渝东北贫困地区现有基本概况、前期扶贫脱贫经验、致贫因素及面临的挑战和困境，并通过调查数据进一步分析了该地区农户对扶贫工作的评价和对扶贫资源的需求状况，以便于发现扶贫脱贫工作实践中的不足之处。该研究在一定程度上可使地方政府全面了解和认清扶贫具体问题和不足，针对农户需求开展针对性的帮扶工作。②本书从产业扶贫、教育扶贫、科技扶贫、文化扶贫、旅游扶贫、金融扶贫等经验案例中解析了多主体参与的联动脱贫机制运行模式，在该机制模式运行下，实现了贫困乡村贫困户全面脱贫。从这点来说，本书以解决绝对贫困问题为主线开展研究，提炼形成的多主体参与的不同脱贫模式在一定程度上可促进贫困群体、贫困户在"脱贫摘帽"后的可持续发展与国家未来扶贫工作的有机衔接，可为深入贯彻落实十九大及十九届四中全会会议精神和要求，巩固脱贫成果、完善贫困治理体系、推进贫困治理现代化和提升贫困治理能力提供借鉴与经验支持。③本书根据研究结果和最终结论，提出了一些有利于深度贫困区扶贫脱贫机制创新的建议，这些措施具有可操作性，可为深度贫困地区后期相对贫困治理政策设计提供决策依据和参考，为构建贫困治理联动机制和动态管理提供实践思路和方法，也有利于推动"三农"工作思路创新，实现整体贫困治理目标，降低返贫风险。而且，从治理绝对贫困视角看，也有助于落实十九大精神中有关"坚决打赢脱贫攻坚战""做到脱真贫、真脱贫"等要求，为贫困治理顶层设计建言献策。与此同时，本书以渝东北贫困地区为研究畛域，深入研究扶贫脱贫机制问题，解构了多主体参与的联动脱贫机制的运行模式，对其他相邻省份打好脱贫攻坚战、探索脱贫新路径以及后期贫困治理等也具有一定的参考借鉴和推广应用价值。

1.3　研究现状简述

本书拟开展研究的领域涉及诸多方面，如贫困界定、致贫原因、贫困测度、反贫困策略、扶贫机制、扶贫模式、脱贫机制、脱贫模式、扶贫政策及评价等，涉及的贫困理论有许多内容，而且这些内容之间本来就存在某种关联性，因此，在实际研究过程中，我们主要把侧重点放在扶贫脱贫机制及其效果方面。通过中英文献检索以及对诸多文献的阅读和分析，现分别从国外、国内两个层面对精准扶贫、精准脱贫相关研究进行简述。

1.3.1　国外相关研究

在贫困理论方面，国外相关研究已相当丰富。西方学者对贫困问题研究较早，形成了一系列贫困理论成果，包括贫困界定、贫困测度、贫困成因、贫困瞄准与识别、反贫困措施等。

一是贫困界定问题。西方国家贫困成因及贫困群体分布情况与我国不同，因而出现了对贫困不同视角的解释，表1-1列举了一些代表性观点。

表1-1 　　　　　　　　　　　**贫困界定标准**

代表作者或机构	贫困界定标准
Orshansky（1965）	用收入定义美国的贫困问题
Holman（1978）	贫困应按照满足家庭基本需要的物品量或支出量来衡量
Ravallion（1991）	从交换价值论、使用价值贫乏论对贫困进行了权威解释
联 合 国 开 发 计 划 署（UNDP，2000）	从能力的纬度定义贫穷
Lindqvist（2002）	把贫困研究对象从家庭延伸到群体，阐明了什么是贫困状态
Fan 和 Zhang（2004）	贫困不仅仅指经济价值方面，还包括教育与卫生方面

二是贫困测度问题。相关研究主要从"收入贫困""能力贫困""权利贫困""心理贫困""知识贫困"等不同理论视角提出了一系列测度贫困的指标，表1-2列举了一些代表性研究结果。

表1-2 　　　　　　　　　　　**测度贫困的指标**

代表作者或机构	测度贫困的指标
Hagenaars（1987）	从收入和闲暇两个维度首次构建多维贫困指数
Townsend（1993）、Asian Development Bank（1999）	贫困测量不仅限于经济收入，还应从教育、医疗、获得信息和社会保障等多个维度进行贫困衡量
联 合 国 开 发 计 划 署（UNDP，2000）	将贫困分为赤贫（缺少满足基本生活所需的收入）和综合贫困（缺少收入以满足食物及非食物需求），并用识字率、营养状况、预期寿命、贫困母亲健康及可预防疾病等指标来度量能力贫困

续表

代表作者或机构	测度贫困的指标
Sen(1983)、Sen(2001) Alkire 和 Foster(2011)	基于"能力贫困"和"权利贫困"理论提出了一系列测度能力贫困的指标(如教育、健康、饮用水、住房、卫生设施、市场准入等)
联合国开发计划署 (UNDP，2010)	界定绝对贫困人口的新指数——多维贫困指数(Multidimensional Poverty Index，MPI)，涵盖了 10 个主要变量以测算贫困水平

三是贫困形成原因。对这方面的研究，学者从不同角度进行了致贫原因解释，主要认为导致农民贫困既有自身原因，也有外部环境原因，涉及的各方面因素较多，表 1-3 罗列了一些代表性学者的观点。

表 1-3　　　　　　　　　　　　贫困形成原因

代表作者	贫困原因解释
Malthus(1961)	贫困自身是贫困的原因
Marx(1975)	经济危机周期性频繁爆发和失业人员大量出现导致了贫困
Nurkse(1994)	"贫困恶性循环"理论——贫困是经济中存在若干个互相联系相互作用的"恶性循环系列"所致
ORaGaiha(2000)	国家财富不合理分配和信贷保险政策不合理导致了贫困
Myrdal(2001)	"循环积累因果关系"贫困理论——因收入低下而导致越来越贫穷
Bourguignon(2004)	国家资本匮乏和无力，甚至是政策及法律不协调导致了贫困
Cali 和 Menon(2013)	区域效应和经济关联不协调是致贫的关键因素

四是贫困人口瞄准和识别。不同学者结合不同国家(发达国家或发展中国家)贫困治理情况，对如何瞄准和识别贫困人口进行了积极探索。表 1-4 列举了一些代表性学者的研究观点。

表 1-4　　　　　　　　　贫困人口瞄准和识别代表性观点

代表作者	主要观点
McDonnell（1984）、Yeo（2003）、Barnes（2005）、Campolieti（2006）、Autor（2007）、Tomoki（2008）	以考察发达国家残疾贫困人口为对象，认为扶贫政策执行预期效果有限，瞄准出现误差
Karlan（2005）	精准瞄准应将"贫困排序"和"家庭情况验证调查"相结合以识别贫困人口
Montgomery 和 Weiss（2006）	亚洲和拉丁美洲贫困人口精准确认模型不完善
Alkire（2007）	提出了多维贫困识别模型
Nolan（2007）	贫困对象精准识别机制是解决贫困的关键手段
Copestake（2005）	信贷扶贫对贫困户瞄准无效，富裕穷人比绝对穷人获益更多
Fiszbein 等（2013）	认为瞄准效率影响扶贫效果

　　五是寻求反贫困措施。学者针对如何治理贫困问题，从不同视角提出了如何消除贫困的路径和方法，涉及诸多贫困治理策略，这些措施最终要达到的目标是从收入或贫困人口自我发展能力角度进行衡量，以防止贫困人口返贫。表 1-5 列举了一些代表性学者的研究观点。

表 1-5　　　　　　　　反贫困措施代表性观点

代表作者	主要措施	目标效果
Esmail（2008）、Herani（2010）、Odhiambo（2011）、Imai（2012）、Ange（2014）	发展金融——通过鼓励和培养非正规部门发展微型金融来促进贫困人口得到发展	提高生产率和贫困人群收入水平

续表

代 表 作 者	主 要 措 施	目 标 效 果
Burgess（2005）、Pande（2010）、Swamy（2010）	通过扩张农村金融机构来促进农村地区的储蓄和信贷增加	提高农村居民收入水平
Chantarat 和 Barrett（2012）	通过社会资本帮助穷人参与金融市场	提高贫困人群的自我发展能力
Prahalad（2005）	通过价值链在当地嵌入方式实现低收入群体参与企业价值创造活动过程	提升低收入群体（金字塔底层群体）的收入水平
Tsui（2002）、Deutsh（2005）、Bennett（2010）、Blum（2012）	从贫困文化视角改善农户"心理贫困"	提高贫困群体收入

由以上相关分析，我们可以看到，随着社会经济的发展，对贫困问题的研究不断深入，包括贫困的概念也随之不断地深化，由最初绝对贫困视角下的收入贫困，逐渐发展到相对贫困视角下的能力贫困和权利贫困。实际上，在贫困治理领域，相对贫困问题也日益成为学界关注的焦点。对此，我们也对这方面的研究作一简述，主要包括相对贫困理论和测度两个方面，以期对后续研究能够提供一些指导和参考。

（1）有关相对贫困理论的研究。1960 年代以后，有研究较早地把相对剥夺（Relative Deprivation）运用于贫困分析中，提出了相对贫困概念①，为该理论奠定了基础。随后，国外学者主要依据贫困理论的发展历程，逐步提出并深化该概念。在研究相对贫困时，最先从收入着手，以相对收入为切入点，分析个体之间的收入剥夺状态。如：汤森（P. Townsend）提出相对贫困理论，对贫困进行了新的阐释，同时在测量方法上，还提出了相

---

① Runciman W G. *Relative Deprivation and Social Justice*［M］. London：Routledge & Paul, 1966.

对收入和剥夺的标准方法①。事实上，汤森的相对贫困理论是一个主观标准，强调的是社会成员之间生活水平的比较，但这一理论丰富了贫困的内涵，并拓宽了西方学者的研究视野。在此之后，阿玛蒂亚·森（A. Sen）首次使用权利方法来看待贫困与饥荒的产生②，是较早意识到从多维角度认识贫困和发展问题的人，提出了能力贫困的概念③，并引入基尼系数得出了一个更精准的衡量贫困的指数测量方法④。

在能力贫困理论的基础上，有学者把对贫困的研究转移到脆弱性、无话语权和社会排斥等多维角度，进一步拓宽了贫困的概念，将其扩展到权利贫困上。如：贫困人口的无助和孤立、个体与社会整体间的断裂、穷人缺乏权利和发言权，以及贫困不仅是物质的匮乏，还包括低水平的教育和健康、面临风险时的脆弱性、不能表达自身的需求和影响力等。

（2）有关相对贫困测量和模型的研究。贫困的测量无论从理论还是实践上都是备受关注的重要问题，测量方法随着对贫困概念认识的深化不断变化。早期学者多以单一指标来考察，如：美国经济学家 Orshansky 用收入定义美国的贫困问题⑤，英国经济学家 Holman 认为贫困应按照满足家庭基本需要的物品量或支出量来衡量⑥，也有学者从交换价值论、使用价值贫乏论对贫困进行了权威解释⑦。除此之外，测度是否贫困还考察家庭人

① Townsend P. *The Concept of Poverty* [M]. London：Heinemann，1970.

② Sen A. *Poverty and Famines：An Essay on Entitlement and Deprivation* [M]. Oxford：Clarendon Press，1981.

③ Sen A, Sengupta S. Malnutrition of rural children and the sex bias [J]. *Economic & Political Weekly*，1983，18（19）：855-864.

④ 阿玛蒂亚·森. 贫困与饥荒 [M]. 王宇，王文玉，译. 北京：商务印书馆，2001.

⑤ Orshansky M. The roster of poverty [J]. *Monthly Labor Review*，1965，88（8）：951-956.

⑥ Holman R. *Poverty：Explanation of Social Deprivation* [M]. London：Martin Robertson，1978.

⑦ Ravallion M, Huppi M. Measuring changes in poverty：A methodological case study of Indonesia during an adjustment period [J]. *The World Bank Economic Review*，1991，5（1）：57-82.

口最基本生存活动要求、能力以及家庭经济、教育与卫生方面等因素①。

在阿玛蒂亚·森提出多维贫困理论之后，多维贫困的测量就成为贫困研究的另一个焦点问题。因而，贫困的测量不仅限于经济收入，还应从教育、医疗、获得信息和社会保障等多个维度进行贫困衡量。随着研究的深入发展，一些学者、机构和政府部门开始从"收入贫困""能力贫困""权利贫困""心理贫困""知识贫困"等不同概念视角，提出了一系列多维贫困指数及其计算方法，如：从收入和闲暇两个维度首次构建多维贫困指数②、联合国开发计划署分别于 1996 年和 1997 年构建了能力贫困指标和人类贫困指数等。

随着贫困问题研究的不断细化、深化和广化，从多维角度把握贫困的本质，创建科学且易于操作的多维贫困测度方法日渐成为贫困研究的主流，也成为当前学界和政界关注的焦点。如：采用多维贫困测度中的"计数法"③ 和 Watts 多维贫困指数分解法④来测算欧洲不同国家的多维贫困状况、在人类贫困指数基础上提出的人文发展指数⑤等。此外，联合国开发计划署于 2010 年发布了一个界定绝对贫困人口的新指数——多维贫困指数，涵盖了 10 个主要变量以测算贫困水平⑥，反映了贫困个体或家庭在不同维度上的贫困程度。在前期研究基础上，有学者提出了多维贫困测度的

---

① UNDP. Human development report [J]. *Womens International Network News*, 2000, 28 (3)：205-206.

② Hagenaars A. A class of poverty indices [J]. *International Economic Review*, 1987, 28 (3)：583-607.

③ Atkinson A B. Multidimensional deprivation：Contrasting social welfare and counting approaches [J]. *The Journal of Economic Inequality*, 2003, 1 (1)：51-65.

④ Chakravarty S R, Silber J. *Measuring Multidimensional Poverty*：*The Axiomatic Approach* [M]. New York：Palgrave MacMillan, 2008.

⑤ Alkire S, Santos M E. Measuring acute poverty in the developing world：Robustness and scope of the multidimensional poverty index [J]. *World Development*, 2014, 59 (1)：251-274.

⑥ UNDP. *Human Development Report* 2010—20*th Anniversary Edition* [M]. New York：Palgrave Macmillan, 2010.

一般模型①，该模型不但可以测算多维贫困指数，还可按照地区、维度等进行分解。

国外既有的研究成果，为本书提供了理论借鉴。但是，由于各国贫困群体的客观异质性、中国"大国小农"的国情及贫困人群所在地域分布特征，中国脱贫攻坚战、贫困识别和治理策略既不能直接照搬西方发达国家的处理经验，又不能复制那些发展中国家采取的措施，应结合中国国情在脱贫基础上巩固脱贫成果，形成中国特色贫困治理体系和减贫之路。从研究阶段来看，本论题研究可以说是定位在绝对贫困与相对贫困研究之间的研究成果。事实上，两者之间关联非常大，对前一领域研究也是为后续相对贫困问题研究作理论铺垫，而且，本书提出多主体参与的联动脱贫机制构建思路、内涵及运行模式，同样适用于后续相对贫困治理。但对于相对贫困而言，前提是要先消除绝对贫困。

1.3.2 国内相关研究

新中国成立以来，我国的扶贫战略经历了阶段性变化，学界为此也做了大量的开拓性研究工作，形成了丰富的理论成果。与本书高度相关的代表性研究成果很多，现从以下六个方面进行简述。

第一，有关扶贫脱贫机制的研究。在扶贫机制构建方面，相关研究主要从旅游、科技、产业、金融、教育、文化、基础设施建设、社会组织、互联网、云技术、财政支出等方面展开了研讨，如：基于 PPT 旅游战略的旅游扶贫机制、社区参与旅游精准扶贫机制、科技扶贫机制、资源产业精准扶贫机制、金融精准扶贫机制、纵向和横向金融联动机制、财政支农资金折股量化扶贫机制、以责任为导向的教育扶贫制度、PPP模式下精准扶贫运行机制、政府与公益组织合作型扶贫机制、"互联网+精准扶贫"机制、融合大数据技术的精准扶贫耦合机制以及政府、市场

---

① Alkire S, Foster J. Counting and multidimensional poverty measurement [J]. *Journal of Public Economics*，2011，95（7）：476-487.

及社会多元协同扶贫机制等；在脱贫机制方面，主要涉及精准脱贫考核评估机制、精准反腐机制、能力脱贫机制、权利脱贫机制、制度脱贫机制、精准识别机制等方面；在脱贫退出机制方面，主要对贫困退出制度发展历程、贫困退出内涵及要素组成、贫困退出机制、退出障碍因素、退出机制构建与实施效果、退出考核指标体系、退出的识别方法与运行机制等方面进行了研讨。

第二，有关扶贫脱贫模式的研究。在"大扶贫"格局下，相关研究主要结合当地扶贫实践情况，在产业扶贫、金融扶贫、教育扶贫、旅游扶贫、医疗扶贫、科技扶贫、党建扶贫、生态扶贫、电商扶贫、文化扶贫等方面提炼出了多种不同扶贫脱贫模式。如："党建+产业"助推模式、"龙头企业带动、专业户托管、能人技术帮扶"的产业精准脱贫模式、电商精准脱贫模式、股份合作扶贫模式、村企共建和"政企银农"模式、"互联网+贫困村"扶贫模式、异地搬迁与整体推进扶贫模式、"三体均衡、三位一体"的统筹城乡扶贫模式、"易地搬迁扶贫、股份制扶贫、技术引进扶贫、依托野外台站长期驻守扶贫"的发展模式、社会扶贫模式、PPP助推精准脱贫模式、"GASE医疗卫生精准脱贫模式"、科技特派员服务模式——团队协作脱贫创新模式以及"村寨模式""湛江模式""太仓模式""青海模式""瑞金模式"等。

第三，有关扶贫机制问题的研究。相关研究主要从财政扶贫、资源配置、扶贫政策、扶贫项目、机制设计、扶贫产业、党建扶贫等层面分析了当前精准扶贫机制中存在的问题与困境。此外，有研究还从精准识别、精准扶持和精准考核三个方面提炼出当前我国实施精准扶贫战略进程中存在的主要困难[1]。这些问题涉及精准扶贫过程的方方面面，充分揭示了问题的复杂性、综合性以及严重性。

第四，有关扶贫脱贫路径的研究。这方面的研究主要总结了当地扶贫经验和脱贫成果，针对实践中存在的问题，从自然设施条件、人力资

---

[1]　汪三贵，郭子豪. 论中国的精准扶贫 [J]. 贵州社会科学，2015 (5)：147-150.

本投入、财政投入、农业保险、绩效评估、金融环境、政府职能等方面提出了扶贫脱贫实现路径与机制创新的建议。如：基于教育精准扶贫的精准脱贫路径、基于生态保护视角的精准脱贫路径、基于系统思维视角的精准脱贫路径、普惠金融助推精准脱贫路径、产业扶贫脱贫路径、基于共享发展理论的精准脱贫路径、基于新发展理念的多维精准脱贫路径、基于农业保险扶贫的精准脱贫路径、基于生命历程理论视角的农户精准脱贫路径，等等。

第五，有关集中连片特困地区扶贫的研究。自"精准扶贫"概念提出后，相关学者开始把精准扶贫概念引入集中连片特困地区扶贫问题的研究框架中，对扶贫瞄准模式、贫困村分类方法、贫困个体扶贫瞄准方法、精准识别问题等方面进行深入研究，并提供了集中连片特困地区实施精准扶贫的一般性理论成果。同时，有学者也开始注重对个别集中连片区域精准扶贫的实践进行研究，如：滇黔桂石漠化片区扶贫路径选择①、四川省连片特困民族地区精准扶贫路径选择②、四川藏区连片特困少数民族地区的旅游精准扶贫战略思路和扶贫机制③、凉山连片特困地区扶贫路径选择④、内蒙古燕山—太行山集中连片特困地区精准扶贫路径选择⑤、连片特困地区易地扶贫移民生计恢复力评估⑥、武陵山集中连片特困地区旅游扶贫效

---

①　韩斌．推进集中连片特困地区精准扶贫初析——以滇黔桂石漠化片区为例[J]．学术探索，2015（6）：73-77.

②　陈灿平．集中连片特困地区精准扶贫机制研究——以四川少数民族特困地区为例[J]．西南民族大学学报（人文社科版），2016（4）：129-133.

③　李佳，田里，王磊．连片特困民族地区旅游精准扶贫机制研究——以四川藏区为例[J]．西南民族大学学报（人文社科版），2017（6）：116-121.

④　王美英．凉山连片特困地区弱势群体的精准脱贫现实困境与对策研究[J]．西南民族大学学报（人文社科版），2017（11）：53-59.

⑤　张伟清．内蒙古燕山—太行山集中连片特困区精准扶贫路径研究[J]．新西部，2019（9）：29-30.

⑥　刘伟，黎洁，徐洁．连片特困地区易地扶贫移民生计恢复力评估[J]．干旱区地理，2019，42（3）：673-680.

果评估①、集中连片特困地区贫困治理与扶贫战略②、吕梁山集中连片特困地区扶贫脱贫策略研究③，等等。

第六，有关扶贫政策及其评价的研究。这方面的研究主要集中于五个方面。一是政策分析方面，主要从理论层面基于不同视角分析政策变迁和发展形势，如：基于社会发展视角分析农村扶贫政策形式和特点④、基于包容性增长视角对扶贫政策的变迁与走向进行分析⑤、基于多源流理论视角分析扶贫政策变迁及动力因素⑥、采用"思想—政策—绩效"理论框架分析扶贫政策模式变迁及其演化逻辑⑦、从目标瞄准视角分析扶贫政策的历史演变⑧、基于注意力理论视角分析扶贫政策演进及发展⑨，等等。二是政策影响方面，主要集中讨论扶贫政策对农户收入、脱贫、家庭福利的影响。三是政策执行方面，主要分析扶贫政策在执行过程中存在的各种问题，如：扶贫政策执行情况跟踪审计、政策执行力的内外部因素、政策执行不精准现象、政策执行的失范表现等。四是政策评估方面，主要从不同角度分析扶贫政策效果，如：基于个案分析扶贫政策效果、基于凸显公共

① 黄渊基，徐美，郑毅．基于层次分析法的集中连片特困地区旅游扶贫效果评估与分析——以湖南省武陵山片区为例［J］．邵阳学院学报（社会科学版），2019（1）：52-60.

② 彭清燕．集中连片特困地区贫困治理与扶贫战略转型［J］．甘肃社会科学，2019（1）：51-58.

③ 刘兆征．集中连片特困地区扶贫脱贫的政策建议——基于吕梁山集中连片特困地区的分析［J］．宏观经济管理，2019（1）：85-90.

④ 韩嘉玲，孙若梅，普红雁，等．社会发展视角下的中国农村扶贫政策改革 30 年［J］．贵州社会科学，2009（2）：67-76.

⑤ 向德平．包容性增长视角下中国扶贫政策的变迁与走向［J］．华中师范大学学报（人文社会科学版），2011，50（4）：1-8.

⑥ 朱婷．多源流理论视角下我国农村扶贫政策变迁研究［D］．昆明：云南师范大学，2017.

⑦ 陈宝胜，石淑花．中国扶贫政策模式变迁及其演化逻辑［J］．福建行政学院学报，2017，165（10）：30-39.

⑧ 申秋．中国农村扶贫政策的历史演变和扶贫实践研究反思［J］．江西财经大学学报，2017，109（1）：91-100.

⑨ 张新文，黄鑫．注意力视角中的扶贫政策演进与其发展［J］．开发研究，2017（6）：61-67.

价值理念构建专项扶贫政策绩效评估指标体系、基于农户感知视角对扶贫政策成效进行评价、贫困地区交通扶贫政策效果、扶贫政策的满意度及影响因素等。五是政策取向方面，从不同方法和理论视角分析了扶贫政策的价值取向，如：基于贫困测度方法、基于可持续生计理论框架、基于公平与效率视角等方面分析了扶贫政策取向。

事实上，自 20 世纪 90 年代以来，随着我国反贫困实践的推进，新的社会贫困现象逐渐凸显。国内学者们发现，贫困的发生除自身原因外，还有社会歧视、社会排斥、社会制度等多重原因。于是，学者依据相对贫困的概念，从不同角度进行了深入探讨，也取得了一系列成果。因为这些研究与本书第二章的理论分析部分相关，对此，我们也对这方面的研究作一简述，便于为后续研究提供一些指导和参考。从贫困概念出发，通过文献梳理，学者们主要集中讨论以下六个方面问题。

一是有关相对贫困概念。我国学者主要以相对贫困的界定为研究内容进行阐述。如：相对贫困主要解释为某一项能力、物质生活条件或资料、参与经济社会活动权利等方面被剥夺，或相比之下处于匮乏状态。也有学者指出，相对贫困是一个社会道德范畴，属于社会公平问题①。但引入社会资本概念之后，我国学者对贫困问题有了新的理论视角。相关研究大致认同这样的观点，即：相对贫困是基于个体或群体的社会比较和社会认知产生的，是一种社会比较的贫困，社会资本作为一种非市场化力量或一种网络性资源具有显著的减贫效应，会随市场化进程而减少贫困发生的概率②。

二是有关制度贫困研究。随着对相对贫困概念的研究，学者们从制度因素角度分析社会贫困现象和原因，认为贫困既是贫困人口自身方面主客观条件造成的，也是一系列社会制度安排消极因果关系相互作用所导致的

---

① 朱登兴，安树伟. 中国农村贫困问题与城镇贫困问题比较研究 [J]. 当代财经，2001（9）：20-23.

② 赵伦. 相对贫困从个体归因到社会剥夺 [J]. 商业时代，2014（6）：36-37.

结果①。对此，针对"制度性"贫困，有学者提出以社会公平的制度诉求来解决相对贫困问题②。

三是有关群体区域贫困研究。一些学者突破传统的贫困研究方法，以特定群体或特定地区的特征为分析对象来探析贫困成因及对策。如：丧失就业机会、老年人、边缘人、低教育水平、有多个未成年子女的家庭、残疾人、贫困地区的群众等是相对贫困发生概率较高的群体。有研究指出，工人群体逐步走向了"相对贫困"状态③。在研究区域对象方面，根据经济繁荣地区和贫困地区的相对贫困特征，对这两地区进行比较后，学界得出不仅存在区域贫困，同样也存在阶层贫困的结论④。对此，有研究提出制定以提高收入流动性和减少贫困代际传递为目标的对策和机制来达到反贫困效果⑤。

四是有关动态贫困研究。学者开始关注到个体和家庭的脆弱性以及贫困的长期性、动态性等问题。相关研究主要从历史演进角度考察家庭贫困状态，关注家庭贫困状态的脆弱性与发展演变，分析个人或家庭在贫困位置上的流动状况及地位转变原因，认为相对贫困不仅具有动态性、不平等性、相对性和主观性特点，还具有代际传递性特点⑥。

五是有关权利贫困研究。这方面的研究主要是从社会排斥、社会权利等角度来分析贫困，认为个人或群体排斥于主流社会之外，使之"边缘

① 周仲高，柏萍. 社会贫困趋势与反贫困战略走向 [J]. 湘潭大学学报（哲学社会科学版），2014（1）：81-84.

② 李正图. 中国特色社会主义反贫困制度和道路述论 [J]. 四川大学学报（哲学社会科学版），2020（1）：55-64.

③ 施杨. 经济体制转型中工人从贫困到相对贫困的生活变迁 [J]. 求实，2012（7）：36-39.

④ 曹小曙，任慧子，黄晓燕. 经济发达地区乡村贫困的地方特征及其影响因素分析——以广东省连州市为例 [J]. 地域研究与开发，2014（1）：34-40.

⑤ 杨园争，方向明，陈志钢. 中国农村收入分配的动态考察：结构性收入的流动性测度与分解 [J]. 清华大学学报（哲学社会科学版），2017（3）：161-170.

⑥ 徐晓红，焦杰. 农村居民贫困代际传递变动趋势研究 [J]. 河北大学学报（哲学社会科学版），2019，44（5）：124-132.

化"。随着经济的高速增长带来收入差距的扩大，相对贫困不仅涵盖收入不平等，还包括人类发展，即人的脆弱性等问题①。在城乡二元结构下，与城市居民相比，农民不仅在物质生活上相对贫困，而且在权利享有上相对贫困。总体来看，权利贫困主要体现在经济权利、政治权利、社会权利、文化权利和信息权利等缺失和不足方面②。

六是有关多维贫困研究。贫困不仅涉及收入层面，还涉及教育、健康、住房、公共物品、生活标准或质量、社会参与等多个维度③。在贫困测度方面，相关研究主要是基于相对贫困理论，由收入、教育、心理等单一指标的测量研究，逐步发展到以收入、健康和教育为基本体系的多维指标，从多视角分析我国相对贫困现状。基于多视角研究的文献也逐渐增多，这些研究主要借助国外成熟的多维贫困测量方法，结合我国扶贫实践对城乡、中西部省份或局部地区居民家庭等多维贫困情况进行测算分析，并提出一些切实可行的策略④。

党的十八大以后，习近平总书记提出"精准扶贫"理念，在此背景下我国学者结合中国扶贫实践进行了深入探索。总体而言，这些研究主要集中在扶贫理论内涵、精准识别、扶贫管理体制机制⑤、问题与困境、模式

---

① 虞崇胜，唐斌，余扬. 能力、权利、制度：精准脱贫战略的三维实现机制 [J]. 理论探讨，2016（2）：5-9.

② 相丽玲，朱丽慧. 基于阿马蒂亚·森权利方法的信息贫困成因分析 [J]. 情报科学，2016（8）：47-51.

③ 王素霞，王小林. 中国多维贫困测量 [J]. 中国农业大学学报（社会科学版），2013，30（2）：129-136.

④ 有关多维贫困测度的方法和计算过程，可参阅：王小林. 贫困测量理论与方法 [M]. 北京：社会科学文献出版社，2012；陈宗胜，沈扬扬，周云波. 中国农村贫困状况的绝对与相对变动——兼论相对贫困线的设定 [J]. 管理世界，2013（1）；殷浩栋，王瑜，汪三贵. 易地扶贫搬迁户的识别：多维贫困测度及分解 [J]. 中国人口·资源与环境，2017（11）；沈扬扬，Sabina Alkire，詹鹏. 中国多维贫困的测度与分解 [J]. 南开经济研究，2018（5）；张文娟，马凯悦，金良. 基于多维贫困测度的贫困识别及扶贫策略研究 [J]. 干旱区资源与环境，2019（12）.

⑤ 有关扶贫机制的理论研究，可参阅：张琦. 扶贫机制创新的理论与实践 [M]. 长沙：湖南人民出版社，2018.

与路径、政策分析与评估①等方面。之后，十九届四中全会为中国未来扶贫工作指明了方向，再次带动学界对贫困问题的进一步探索。

1.3.3 同类研究比较

通过梳理已有相关研究文献，可以看出相关发达国家对贫困及其治理的研究起步较早，形成了系列研究成果，并开始关注发展中国家低收入群体，在全球贫困治理实践中发挥着指导功能，在治理思路上具有一定的借鉴价值。同样，国内关于扶贫、脱贫的研究可谓汗牛充栋，其领域主要集中于贫困户增加收入、教育、医疗健康等方面。有关精准扶贫和精准脱贫的研究则在近年得到了学界的重视。从整体研究关注的方向来看，一方面，学者研究的注意力从单一的个体和收入等方面转向结构和制度层面的分析，并逐渐开始关注对人类本身的发展和脆弱性的研究。另一方面，学者从资源匮乏和阶层分析扩展到社会排斥、权利缺失等方面，并在此基础上，提出一些新的政策主张和观念。尽管现有研究成果颇有启发意义，但在有关精准脱贫联动机制及扶贫主体联动作用研究方面稍显薄弱，仍有待进一步深入探索。

第一，脱贫攻坚战是一个系统复杂工程，在当前各方扶贫主体帮扶推动下，观察农户主体脱贫状态的稳定性或其行为变化需要配合较为先进科学的研究方法。已有研究主要从理论到理论、经验到经验的分析，通过扶贫案例进行总结和提炼，致使定性研究居多、计量分析偏少，描述性分析居多、实证分析偏少，静态分析居多、动态分析不足。在这一方面，本书既有理论分析，也总结了贫困地区扶贫经验和案例，而且，本书还基于博弈论思路和方法，构建演化博弈模型，通过仿真实验定量刻画贫困农户主体行为状态的动态演变规律。从这点来说，本研究也是对已有研究方法的

---

① 有关扶贫政策评价方面的研究，可参阅：王志章，韩佳丽. 贫困地区多元化精准扶贫政策能够有效减贫吗？[J]. 中国软科学，2017（12）；缪小明，罗丽. 精准扶贫政策执行偏差研究——以政策执行过程为框架 [J]. 山西大学学报（哲学社会科学版），2020（1）.

补充和丰富。

第二，多主体参与的联动脱贫机制。从现有研究扶贫脱贫模式中可看出，这些研究集中反映了不同扶贫主体对贫困户的帮扶，体现了政府与贫困户、企业与贫困户、企业与村、学校与村等双方主体互动，但未从宏观层面上形成一个集中代表政府、学校、企业、村或贫困户多方主体于一体的脱贫推广模式。另外，"输血式"扶贫方式难以从根本上解决贫困户长期稳定脱贫问题，于是，十九大报告提出依靠发展特色产业实现脱贫，但在政府主导下其他扶贫主体参与脱贫攻坚战力度不够，并呈现各自为战的局面。因此，脱贫攻坚实战中需要探索由多方扶贫主体建立一个长效的脱贫联动机制，并对这种联动机制运作方式和实施的效果作进一步探究与补充。这一方面的研究，将在本书第五、第六、第七章进行详细分析和讨论。

第三，多种扶贫主体联动措施的叠加效应。已有研究考虑到扶贫对象的收入、医疗、教育等方面，其中以农户个人收入指标为因变量来考察分析各方扶贫主体的作用影响机制较为丰富，或从农户主体决策行为影响因素方面来探讨政策刺激效果，但对农户主体行为从动态研究视角进行考察尚不充分。在多重扶贫政策（代表多方扶贫主体的政策变量）共同作用机制影响下，从扶贫政策入手，以政府扶贫主体为主导，联合其他扶贫主体共同作用于农户发展特色产业来实现脱贫的影响效果如何尚需进一步验证。这一方面研究，将在本书第八章进行详细分析和讨论。

1.4 研究方法与创新

1.4.1 研究方法

本论题是涉及管理学、社会学、统计学、应用经济学等多学科交叉的综合性研究，借鉴机制设计理论、人力资本理论、包容性增长减贫理论、贫困文化理论、参与式扶贫理念、合作型反贫困理论、博弈论等理论和方法原理，综合运用文献分析法、统计分析法、比较分析法、仿真实验法等研究方法。具体而言，主要有五种方法：

一是文献分析法。首先，收集国内外早期研究贫困问题的有关文献，在阅读和做笔记的基础上进行文献归类，以备研究时参考。其次，收集了大量学术文章和著作（尤其是 2013 年习近平总书记提出"精准扶贫"理念之后发表的），并在阅读和做笔记的基础上，把与本论题相关的内容进行归类，如贫困理论、扶贫脱贫机制、扶贫脱贫模式、扶贫脱贫政策、博弈论等，再对各类文献进行详细分析和研究。最后，收集了有关扶贫脱贫方面的数据，包括渝东北地区区/县/乡（镇）一些行政村年度脱贫自查报告及对农户调查的数据等，以备写作时使用。

二是定量与定性相结合的研究方法。通过对农户随机抽样调查和对具体的政策措施予以量化，把政府、金融机构、地方高校等代表各方扶贫主体在扶贫脱贫实践中所采取的措施进行量化，并通过统计分析和数值仿真实验刻画农户家庭特征、扶贫资源需求及政策措施变量的影响效果，再进行各种简单的制图，旨在形象地表述不同主体之间的关系和演变特点。同时结合定性分析方法，对多主体在联动脱贫机制中的作用、内涵及机制运行逻辑进行研究和分析。

三是比较分析法。在文献研究的基础上，分析现有研究与本论题研究的不同之处，以及精准扶贫与精准脱贫、传统扶贫方式与多主体联动脱贫机制的不同之处及联系，并比较分析了不同扶贫主体所采取不同扶贫措施推动的效果（包括多种措施组合的叠加效应），同时结合渝东北扶贫脱贫工作实践，进行比较研究，得出相应结论。

四是演化博弈论方法。基于演化博弈论思想和方法，根据不同扶贫主体间相互关系特点，构建多主体参与的政府与农户间演化博弈模型，求解系统达到稳定状态时的满足条件和稳定均衡解，分析不同条件下不同扶贫主体采取措施对农户的影响机制，揭示农户主体行为变化的动态过程和演变规律。

五是仿真实验法。在演化博弈模型基础上，科学设定措施变量的取值范围，通过 Matlab 统计分析工具和数值仿真分析，研究不同扶贫主体与农户之间的关系机制，定量刻画不同扶贫主体采取措施的影响效果和农户主体行为变化的动态规律，旨在检视政策刺激对农户行为的影响效果，在扶贫过程中观察农户主体行为的动态变化过程以发现政策实施效果进而及时调整机制或措施的刺激力度。

1.4.2　创新描述

通过对本论题的深入研究，本书有如下一些创新点。

一方面，本书系统构建了代表"政府、学校、社会组织、企业、村/户"等主体行为于一体的多主体参与的联动脱贫机制模型，明确了该机制构建的原则、思路和内涵。该机制运行的灵活性和有效性既从理论上进行了解构，又能在实践中找到对应的脱贫模式。体现在机制设计方面，强调脱贫攻坚战中多主体的协调联动性，构建政府引导下多方主体参与的脱贫联动机制和模型，揭示各扶贫主体联动作用影响规律。与已有同类研究脱贫模式不同，多主体联动脱贫模式打破了以往"政、校、企"多方扶贫主体在扶贫工作中各自为战的格局，把贫困村或贫困户作为主体一方融入脱贫工作体系中，动员全社会组织和群众参与，构建"以政带资、以资带人，以校带人、以人带人，以企带农、以农带人，以人带村、以村带村"和"对焦对点、连点成线、由线及面、聚面成体"的多主体参与的联动脱贫模式，体现了多方主体在脱贫工作机制中的互动机理，实现了扶贫主体与扶贫客体的精准对接，是创新扶贫工作机制助力贫困地区打赢脱贫攻坚战的新思路，也是打好脱贫攻坚战、创新"三农"工作思路、实施乡村振兴战略的一种有效方式。

另一方面，在政府主导下联合多方扶贫主体共同推动贫困地区农户发展农业特色产业来实现脱贫是解决农户摆脱贫困状态的一种有效举措。本书从政府宏观决策机制层面，运用演化博弈论和仿真实验方法，建构了多主体参与的政府与农户间的演化博弈模型，定量刻画了多重扶贫措施及其组合刺激对农户扩大生产发展特色农产业规模经营行为的动态影响规律。

一是不同于采用计量方法的研究，本书运用演化博弈论和计算机仿真实验方法，定量刻画农户脱贫状态的动态演变轨迹和可视化效果，有利于政府在扶贫过程中掌握农户主体行为的动态变化过程，从而观察政策的实施效果，进而对脱贫机制进行调整；二是不同于前期研究从单一扶贫政策视角来研究其对农户的刺激影响效果，如补贴政策对农户经营行为的影响机制、金融信贷对农户经营行为的影响等。事实上，现实中往往是各种扶贫措施同时发力，对此，本书考虑了多方扶贫主体联合采取措施的叠加效应，并评估了多方扶贫主体互动产生的效果。

第2章 理论基础与博弈论

在第1章中，我们提出了本书拟着重分析和解决的一些问题，并对相关领域的研究现状作了一番梳理。本章作为以下各章的分析基础和分析工具，将尽可能详细地阐述与本书相关的一些理论和观点。

我们知道，当前关于扶贫脱贫问题的讨论大多集中于公共网络、报纸等宣传报道（包括国内外文献检索数据库），但深入剖析涉及深度贫困区或集中连片特困地区扶贫脱贫机制和模式的支撑理论屈指可数，使得扶贫理论与扶贫脱贫工作在实践指导上存在一定程度的脱节状态。从扶贫工作实践情况来看，深度扶贫开发模式有救济式扶贫、开发式扶贫、参与式扶贫等开发模式①，主要是以精准扶贫为思想指南，以贫困村为组织单位来改善和提高贫困人口的生活质量和收入，帮助贫困人群脱贫，全力实施精准扶贫精准脱贫"十大行动"，即基础设施建设扶贫行动、产业和就业扶贫行动、扶贫生态移民行动、教育扶贫行动、医疗健康扶贫行动、财政金融扶贫行动、社会保障兜底扶贫行动、社会力量包干扶贫行动、特困地区特困群体扶贫行动、党建扶贫行动等十项扶贫攻坚行动计划，形成深度识贫、深度帮扶、深度治贫的体制机制。

当然，每个贫困地区特点不同，如气候、地理环境、交通、自然资源等各有不同，但从农户自身角度看，却都有一个共同的特点，即：被纳入

---

① 刘慧颖. 我国农村扶贫开发中的问题及对策研究［D］. 大连：大连交通大学，2012.

扶贫对象且有劳动能力的群体（不包括部分或完全丧失劳动能力者）年均收入在国家或地方扶贫标准线以下。从这点来说，消除绝对贫困是 2020 年底脱贫攻坚战收官之年，从某种程度上说也是丰收之年。本书研究结合渝东北贫困地区扶贫脱贫工作实践，积极探索多主体参与的联动脱贫机制和模式构建，理论基础涉及机制设计理论、人力资本理论、包容性增长减贫理论、空间贫困理论、贫困文化理论、"五大"发展理念、参与式扶贫理念、合作型反贫困理论和多元共治贫困理论等九个方面，融合这九个方面，深入分析其理论思想或原理，为脱贫机制创新设计提供思路。由于本书研究的是多主体参与的脱贫联动机制，这其中涉及不同扶贫主体采取的扶贫措施到底能发挥多大的作用，体现了扶贫主体与农户主体之间的博弈关系，因此，把博弈论也作为另一个重要的理论方法基础。

2.1　相关概念解释

2.1.1　精准扶贫与精准脱贫

（1）精准扶贫内涵与特征

新中国成立以来，党的几代领导人为推动人民脱贫、实现共同富裕做出了巨大努力。中国第一代领导人的反贫困思想主要体现在两个方面：一是以维护人民利益为宗旨进行反贫困斗争；二是始终坚信社会主义制度的建立与完善为消除贫困提供了制度保障。第二代领导集体对中国生产力发展水平进行了客观的分析与判断，认为要想具备消灭贫穷的条件，就务必要将生产力提升至一定水平，邓小平将"解放生产力，发展生产力，消灭剥削，消除两极分化，最终达到共同富裕"[①] 上升到社会主义本质高度，

---

① 中共中央文献研究室. 邓小平思想年谱（一九七五——九九七）［M］. 北京：中央文献出版社，1998：460.

强调社会主义不应该被贫困困扰，贫穷也不应该长期成为社会主义发展的常态。此外，邓小平在总结历史经验时指出，过去所谓的平均主义从本质上来讲其实是共同的落后与贫穷，平均发展是难以实现的，反贫困的进程应当是让条件相对好的那部分地区先发展，而后带动那部分发展相对落后的地区，最终实现共同富裕。江泽民强调中国贫困人口占比仍很大，并将反贫困斗争与中国人民的生存权问题的解决联系在一起，将反贫困斗争的胜利看做人类历史的壮举。胡锦涛强调，2020 年基本消除绝对贫困是全面建设小康社会奋斗目标的新要求，他在反贫困内涵中新添了以人为本这一前提，将科学发展、构建和谐社会作为反贫困斗争的战略与路径，为中国特色反贫困理论与实践做出了新的贡献。

自 2013 年习近平总书记在湘西调研扶贫攻坚时首次提出"精准扶贫"思想，到 2014 年 5 月国务院扶贫办印发《建立精准扶贫工作机制实施方案》的出台，再到 2015 年十八届五中全会公报做出"实施精准扶贫、精准脱贫"，在 2020 年达成"贫困县全部摘帽"的庄重承诺，每一次精准扶贫政策的创新和完善，都折射出政策制定者和反贫困理论研究者对贫困和反贫困内涵与分析框架的重新认识，是对既有扶贫实践中存在问题的学理思考。

2014 年初，中央制定了精准扶贫的战略，这个战略是对以往在扶贫领域实施的工作战略的发展与补充，但并非是完全替代。精准扶贫是中国扶贫进行到新阶段后的新举措，符合中国国情。精准扶贫政策的出现，在很大程度上借鉴了广东省扶贫"双到"工作的经验，从"规划到户和责任到人"发展到现在的"扶贫资金到村到户，扶贫驻村工作队的成立"等，都是对广东经验的浓缩①。根据中办发〔2013〕25 号文件，精准扶贫是指通过对贫困户和贫困村精准识别、精准帮扶、精准管理和精准考核，引导各类扶贫资源优化配置，实现扶贫到村到户，逐步构建扶贫工作长效机制，

---

① 葛志军，邢成举. 精准扶贫：内涵、实践困境及其原因阐释——基于宁夏银川两个村庄的调查 [J]. 贵州社会科学，2015，305（5）：157-163.

为科学扶贫奠定坚实基础。可以看出，精准扶贫是针对不同贫困区域环境、不同贫困农户状况，运用合规有效程序对扶贫对象实施精确识别、精确帮扶、精确管理的治贫方式①。因此，实施精准扶贫方略，具体包括精准识别、精准帮扶、精准管理、精准考核共 4 项内容。从此意义上讲，精准扶贫并不排斥各个省市根据当地的客观情况，确定精准扶贫的具体帮扶手段，但是在具体的政策执行中，中央关于精准扶贫的指导性意见则演变为地方扶贫干部不能触碰的高压线。这一方面是因为，地方对精准扶贫战略没有形成全面和深刻的认识，另一方面是因为一些扶贫工作者不愿意为提升扶贫效果而承担责任。从哲学层面看，实事求是、因地制宜昭示了精准扶贫的马克思主义世界观和方法论基础，而精准扶贫则是习近平新时代中国特色社会主义思想对马克思主义理论的具体实践与丰富发展。从发展角度看，相对于特定时期"大水漫灌"式的粗放扶贫，精准扶贫标志着中国的扶贫开发进入了一个新的历史时期。所以，我们有必要对精准扶贫的一些核心理念进行一定的阐述，以厘清相关的概念与认识。

第一，精准识别。精准扶贫理念的提出就是要解决以往扶贫工作中存在的非国家贫困县与集中连片区域贫困人口、贫困村识别不清的问题。从现实情况看，要识别贫困村相对简单，而要精准识别贫困人口并不是一件容易的事情。从整体情况看，我国的贫困人口基本解决了生活与温饱问题，也就是说绝对贫困人口的数量已经大大减少，但是与此相对应的是相对贫困人口仍大量存在，而且相对贫困人口之间的收入差距并不明显，这就导致对相对贫困人口的识别变得相当困难。精准识别强调要通过民主、科学和透明的程序将贫困户识别出来，这里的重点就是对相对贫困群体中的贫困户的识别，要在有限的贫困规模下，识别出最贫困、最需要扶持的人群。

第二，精准帮扶。精准帮扶是针对以往一刀切、大而全的帮扶内容和

---

① 张笑芸，唐燕．创新扶贫方式，实现精准扶贫 [J]．资源开发与市场，2014（9）：11-18.

方式而重新设计的。与"集中连片扶贫开发必须重视片区贫困的独特性和差异性,如此才能制定具有地方适应性和有效性的扶贫攻坚战略"的原理一致①,精准扶贫下的帮扶将会充分考虑贫困村和贫困户的实际致贫原因,在此基础上设计具有针对性的帮扶措施和手段。在帮扶中要确定贫困村的帮扶人和贫困户的帮扶人,在可以动员的人力、物力和财力范围内集中力量帮助贫困村和贫困户脱贫致富。精准帮扶重视贫困村与贫困户的特殊现实,在尊重当地实际情况的基础上开展扶贫工作,这也是对以往重视整体而不重视个体的扶贫工作方法的改进。

第三,精准管理。精准管理首先意味着所有贫困户和贫困村的信息都将运用信息化的手段进行管理,通过贫困户关键指标的对比分析与统计,发现导致贫困户发展能力不足或是贫困状况恶化的关键因素。同时,精准管理还意味着对建档立卡贫困户的扶持将是动态化的,当信息系统监测发现贫困户已经脱离贫困状态时就应将该贫困户调出贫困户范畴,而一些新的贫困户则可以进入。此外,精准管理也是对扶贫部门的监督与管理,其主要目的是推动其各项工作的进展,对扶贫资金与项目等工作进行督促和提醒,使其扶贫管理工作更加科学化。

第四,精准考核。精准考核是提升精准扶贫工作成效的重要手段,旨在通过对扶贫工作的量化考核,强化精准扶贫工作、政策与责任落实成效,确保扶贫工作务实、脱贫过程扎实、脱贫结果真实②。通过对贫困人口信息系统的监测,上级扶贫部门能够清晰和准确地发现下级扶贫部门在贫困户、贫困人口识别工作方面的准确性与认真态度,能够及时地查实有关扶贫资金和项目的使用与落实情况,对地方干部的考核也将主要依靠扶贫工作的内容和指标来完成。精准考核的建立,将改变以往农村扶贫领域考核的形式化问题,通过量化考核,精准评价不同层级扶贫部门的工作成

①　邢成举,葛志军.集中连片扶贫开发:宏观状况、理论基础与现实选择——基于中国农村贫困监测及相关成果的分析与思考[J].贵州社会科学,2013(5):123.

②　刘彦随,周成虎,郭远智,等.国家精准扶贫评估理论体系及其实践应用[J].中国科学院院刊,2020,35(10):1235-1248.

效，同时在结合驻村扶贫工作队的基础上，精准扶贫也将建立与驻村干部未来发展相结合的激励机制，以此充分调动驻村干部扶贫工作的积极性，保持扶贫工作的必要压力。

图 2-1 中，"六个精准"和"五个一批"是精准扶贫制度体系的内容核心，即扶贫要保证六个方面——帮扶对象、项目安排、资金使用、措施到户、因村派人、脱贫成效的全部精准，对不同扶贫对象采用五种方式中的一种或几种——扶持生产和解决就业、易地搬迁、生态保护安置、教育、低保政策兜底，以实现中国农村贫困人口全部脱贫、贫困县全部摘帽。"六个精准"覆盖了扶贫开发的全过程，为"五个一批"服务。"五个一批"指明精准脱贫的五类方式，是"六个精准"的归宿，二者包含了人、财、物的投入及运营管理。当扶贫开发对象是一个村民、村庄或一个项目时，就属于微观管理；当扶贫开发对象是某个集中连片贫困区，或是统筹深度贫困区的"五个一批"，即可纳入宏观管理范畴[①]。其中，"精准"二字贯穿扶贫开发全过程，彰显着追求发展质量、效益和投入产出比的经营管理理念。由此可看出，精准扶贫是针对不同贫困区域环境、不同贫困农户状况，运用科学有效程序对扶贫对象实施精准识别、精准帮扶、精准管理的扶贫开发模式。具体而言，就是坚持以政府为主导，市场主体和各类社会力量参与，以培育扶贫对象自我发展能力和改善扶贫对象生产生活条件为核心，根据特定扶贫对象的致贫原因、资源禀赋、发展意愿及市场需求，统筹各类帮扶资源，制订并实施最优化的帮扶计划，从而达到解决扶贫对象自我发展难题，促进扶贫对象稳定脱贫致富的目的[②]。因此，相较于传统的粗放式扶贫，精准扶贫有以下三个特点。

第一，目标更加明确。粗放扶贫一般以行政单元为扶贫对象，行政单元内所有居民不论贫富，都可以无差别享受扶持政策。比较而言，精准扶

---

①　雷明，邹培．精准扶贫的思想内涵、理论创新及价值贡献 [J]．马克思主义与现实，2020 (4)：165-171．

②　王鑫，李俊杰．精准扶贫：内涵、挑战及其实现路径——基于湖北武陵山片区的调查 [J]．中南民族大学学报 (人文社会科学版)，2016，36 (5)：74-77．

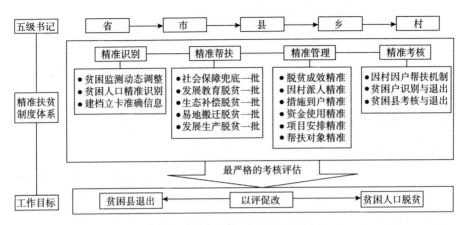

图 2-1 精准扶贫内涵与工作机制

贫将扶贫对象明确到村、到户、到人，村、户、人的人口素质、家庭经济条件、基础设施、公共服务、发展意愿等贫困信息都被采集存档，贫困村、贫困家庭、贫困人口具体状况清晰可见。

第二，措施更具针对性。粗放扶贫的帮扶措施是针对行政单元的整体贫困状况制定的，对行政单元整体脱贫有一定效果，但具体到户、到人，就可能存在"药不对症"的问题。相比而言，精准扶贫根据扶贫对象具体的贫困状况，分析贫困成因，"量身定制"帮扶计划，帮扶措施更具针对性，更加符合扶贫对象的脱贫实际。

第三，管理更加精细。粗放扶贫的项目、资金、绩效考核管理只能细化到县、乡、村等行政单元，无法落实到具体的贫困人口。相对而言，精准扶贫脱贫在管理上更加突出贫困人口的主体地位，不允许到户扶贫政策用于超范围的非贫困人口，不允许到户扶贫政策在贫困人口之间相互混用，而且，这种精细化管理有利于扶贫重点到村到户，把政策落实到每一个贫困家庭、每一个贫困人口。

总之，精准扶贫的核心是扶贫对象及其贫困状况更加清晰、扶贫项目及帮扶措施更具针对性、扶贫资金的投向更加精准，资金的使用效果以及脱贫效果更加显著，其实质是"真扶贫，扶真贫"。

（2）精准脱贫内涵与特征

目前，学术界尚未明确提出或形成一致的精准脱贫的概念，但我们对精准脱贫最基本的认识和理解是：在科学评估贫困对象的贫困现状和各主体扶贫开发能力的基础上，划定脱贫时间节点，设定脱贫目标，在时间、目标、结果的三重约束下，精准识别贫困对象，精准判定致贫原因，精准实施帮扶措施，精准扫除脱贫障碍，实现贫困对象的可持续稳定脱贫。由此可知，精准脱贫不仅强调过程精准，最终的脱贫对象也需要精准，在动态扶贫标准下其落脚点是贫困人口实现全面脱贫，不再返贫，且强调脱贫结果的可持续性。因此，从其概念出发，可概括出精准脱贫具有以下四个方面特征。

第一，精准脱贫更加强调脱贫目标的实现性。相较于精准扶贫而言，精准脱贫更加强调脱贫目标的实现性。这一目标的近期内容，就是到 2020 年消除个体绝对贫困，解决区域性整体贫困。这一目标要求从微观到宏观、从个体到区域的全面脱贫。因此，在脱贫攻坚中应将重点放在补齐"短板"上，宏观层面的区域自然和社会环境改善、中观层面的区/县域产业经济发展、微观层面针对贫困对象的个性化帮扶将是此轮脱贫攻坚战的重点。

第二，精准脱贫更加强调脱贫措施的有效性。精准脱贫相较于精准扶贫更加强调脱贫措施的有效性，关键是要找准脱贫实现路径、优化体制机制，精准施策、精准推进、精准落地。这就要求强化政府责任，转变政府职能，创新管理方式，创新扶贫脱贫机制，引领市场、社会协同发力，构建专项、行业、社会扶贫互为补充的大扶贫格局。同时，积极发挥资金、技术、制度、文化四位一体的重要作用。具体而言，资金方面注重扶贫资金的整合使用，提高资金使用效率；技术方面加大科技与产业扶贫力度，解决贫困地区特色产业发展中的关键技术问题；制度方面充分发挥制度保障对人才的吸纳集聚作用，将扶贫攻坚效果与人员职称评聘、职业发展等对接；文化方面注重技术引进和制度创新与地方本土文化相匹配、相适应、相耦合、相嵌套。

第三，精准脱贫更加强调脱贫对象的认同性。精准脱贫相较于精准扶贫更加强调脱贫对象的认同性，即对脱贫的成效评估，将从传统的扶贫主体内部自评向脱贫对象和第三方评估转变，更加强调脱贫对象的主体性和第三方评估的客观公正性。这在客观上要求开展贫困地区贫困人口扶贫获得感、认可度、满意度、幸福感等测评，建立对扶贫工作和扶贫成效的第三方评估机制，加强对扶贫工作的社会监督；在主观上要求发挥社会主义核心价值观的宣传引领作用，弘扬中华民族艰苦奋斗、自强不息的传统美德，提振贫困对象自立精神，倡导现代文明生活理念、生活方式，改变落后风俗习惯和贫困群体的"等、靠、要"等传统思想观念，扭转贫困文化对贫困对象的消极影响。

第四，精准脱贫更加强调脱贫效果的稳定性。精准脱贫相较于精准扶贫更加强调脱贫效果的稳定性，注重防止返贫发生。因此，扶贫工作不能急功近利，不能靠在短时间大规模输血式注入让贫困对象暂时脱贫，而是要根据贫困对象的不同情况，实现有序退出，对已经脱贫的贫困对象，要让其在一定时期内继续享受扶贫相关政策，避免出现边脱贫、边返贫现象，切实做到应进则进、应扶则扶、应退才退。因此，脱贫的成效与退出评估机制的制定必须科学合理，同时抓紧制定后小康时代国家减贫战略，对相对落后地区和相对贫困人口进行持续扶持，巩固脱贫攻坚成果。

（3）精准扶贫与精准脱贫的逻辑关系

习近平总书记强调，精准扶贫是为了精准脱贫，二者之间存在着辩证关系，集中体现为手段与目标、过程与结果、量变与质变、战术与战略的辩证关系。精准扶贫是手段，精准脱贫是目标；精准扶贫是过程，精准脱贫是结果；精准扶贫是量变，精准脱贫是质变；精准扶贫是战术，精准脱贫是战略。精准扶贫、精准脱贫基本方略的确立，创造性地实现了手段与目标、过程与结果、量变与质变、战术与战略的有机结合与统一，是贫困治理理论的一次突破与升华①。

第一，手段与目标的关系。一般而言，目标是指人们在对象性活动中对自己行为的自觉意识，最主要的是对自己行为的意义和结果的自觉意识。手段则是指主体对象性活动于客体的一切中介要素，主要包括为实现目标而采取的工具和方法。目标和手段是专属于人的范畴。人区别于动物的主观能动性，突出地表现为在主体的对象性活动中，确定和调整其行为的目标，创造、选择并不断改进手段。目标和手段之间存在着相互制约、相互作用的关系。目标处于支配地位，起主导作用；手段为目标服务，手段不能离开目标而单独存在。但同时，目标的实现必须以一定的手段为支撑，不具备必要的手段，目标只能成为空想。黑格尔就曾深刻地指出，目标通过手段与客观性相结合，并在客观性中与自身相结合②。同任何其他矛盾一样，目标与手段所处的矛盾主次地位在一定条件下可以发生转化。处于从属地位的手段也可能成为矛盾的主要方面，例如，当某个目标已经确立，实现该目标的诸条件也基本成熟的情况下，有没有相应的手段（方法、措施、工具等），以及手段是否合乎目标的要求，无疑就突出地成为决定目标能否实现的关键。

在精准扶贫、精准脱贫基本方略中，精准脱贫是目标，处于支配地位；精准扶贫是手段，为精准脱贫服务，精准扶贫各项工作必须围绕精准脱贫展开，离开了精准脱贫的目标导向，精准扶贫不仅显得毫无意义，而且会因为目标不明而出现过程和结果偏差。传统扶贫工作中的"年年扶贫年年贫"现象就是因缺乏目标导向与方向指引而造成的。与此同时，精准脱贫目标的实现，也必然依赖精准扶贫的系列方法、路径支撑，离开了精准扶贫的手段支撑，精准脱贫也只能沦为空想。此外，在精准脱贫目标已经设定，实现精准脱贫的国家实力、顶层意志等基本条件已经成熟的情况下，为精准脱贫而采取的精准扶贫手段就成了矛盾的主要方面。

---

① 庄天慧，杨帆，曾维忠．精准扶贫内涵及其与精准脱贫的辩证关系探析［J］．内蒙古社会科学（汉文版），2016，37（3）：6-12.

② 黑格尔．逻辑学（下卷）［M］．北京：商务印书馆，1982：433.

第二，过程与结果的关系。过程是结果的前提，结果是过程的延续。过程是事物发展所经过的程序、阶段，而结果是在某一阶段内事物达到的最后状态。过程的运行优劣决定了结果发生的好坏。过程与结果的关系并不是相对静止的，而是相辅相成、相互转化的。某一阶段过程的运行必须建立在前一阶段结果发生的基础之上，而某一阶段过程导致的结果又可能成为下一阶段过程运行的前提[①]。

在精准扶贫与精准脱贫内在关系中，精准扶贫是过程，精准脱贫是结果。与此同时，精准扶贫又是前一阶段扶贫开发实施过程中贫困对象特征发生改变必然导致的结果，而精准脱贫也是下一阶段后小康时代实现稳定脱贫、逐步缩小贫富差距运行过程的必要前提。精准扶贫的实施过程是否精准、落地、有效，决定了精准脱贫的结果能否如期顺利实现。从此意义上讲，精准扶贫的过程必须得到科学有效的控制与约束，否则可能导致精准脱贫的结果受到扶贫过程偏误的不良影响而难以完成。

第三，量变与质变的关系。量变是事物在数量、程度上的逐渐不显著的变化，质变是事物从一种质态向另一种质态的转变，是一种显著变化，又称突变。事物的运动变化总是先从量变开始，量的增加或减少在一定界限内不致引起事物质的变化，但是，量的变化一旦超出一定限度，就会出现飞跃，使旧质消失，新质产生。因此，量变是质变的准备，没有量变就没有质变。量变有两种不同的情况：一种是一般情况下的量变，这是事物自身存在的延续和渐进的变化，不致引发质变；另一种是临近关节点的量变，容易产生质变和飞跃。量变和质变一样，都有向上和向下两种性质，即：前进性和倒退性量变与质变，前进性量变导向前进性质变，倒退性量变导向倒退性质变。量变和质变都不是以纯粹形态出现的，二者互相交错、互相渗透[②]。

在精准扶贫与精准脱贫的内在关系中，精准扶贫是量的发酵与积累，

---

① 王亮. 高等教育公平：过程与结果的双重思索 [J]. 社会科学战线，2013 (1)：277-278.

② 黑格尔. 逻辑学（下卷）[M]. 北京：商务印书馆，1982：418-420.

精准脱贫是质的突破与升华。根据量变的两种不同情况特征，精准扶贫是在我国扶贫开发已经取得巨大成就的一般情况量变基础上发生的临近关节点的量变，是质变前的关键性量变，能够打通我们"两个一百年"奋斗目标中第一个百年奋斗目标的"最后一公里"，从而实现精准脱贫、全面建成小康社会的质变。但是，需要警惕的是，形式上的精准扶贫也可能在实践过程中向着倒退性量变方向演化，最终导向倒退性质变，也即意味着打着精准扶贫旗号在实践过程中出现走过场、运动式扶贫、数字式脱贫等问题，导致精准脱贫目标出现偏差。与此同时，精准扶贫与精准脱贫也是相互交错、相互渗透的。从精准扶贫的量变到精准脱贫的质变，在不同的贫困对象身上发生的时间进程不同，有快有慢。已经发生脱贫质变的贫困对象，又可能因致贫因素的出现而导致跌入精准扶贫的量变过程中。因此，在精准扶贫、精准脱贫工作中，既要预防形式上的所谓精准扶贫在实践过程中向倒退性量变演化，又要预防已经实现脱贫质变的脱贫对象因致贫因素出现而再返贫现象的大量发生。

第四，战术与战略的关系。精准扶贫、精准脱贫是一场必须打赢的攻坚战。战术和战略原本属于军事学术用语，其中，战术是指导和进行战斗的方法，而战略是指一种从全局考虑，谋划实现全局目标的规划，具有方向性指向。战略处于主导支配地位，战术从属于战略，又对战略的发展产生影响作用。

精准脱贫，是为全面建成小康社会，实现"两个一百年"奋斗目标的第一个百年奋斗目标，逐步实现共同富裕的社会主义本质要求的全局目标而谋划的发展规划，属方向性指向的战略；而精准扶贫是为实现精准脱贫战略目标而采取的战术方法，包括基本原则、工作机制、帮扶主体、帮扶方式、帮扶路径、政策保障等。精准脱贫位居主导支配地位，精准扶贫必须从属于精准脱贫的战略选择，为精准脱贫服务。同时，精准扶贫的战术选择和行动也在一定程度上影响精准脱贫战略目标的实现与否和实现进程。错误的精准扶贫战术必然导致精准脱贫战略目标的失败，低效的精准扶贫战术则可能延缓精准脱贫战略目标的如期实现。只有科学、灵活、高效的精准扶贫战术，才能确保精准脱贫战略目标的按时按质按量完成。因此，当精准脱贫的战略确定之后，精准扶贫的战术工作就应成为理论和实践重点研究并着力解决的问题。

2.1.2 扶贫脱贫与乡村振兴

（1）有关乡村振兴战略的认识

乡村振兴战略是习近平总书记 2017 年 10 月 18 日在党的十九大报告中提出的战略。十九大报告指出，农业农村农民问题是关系国计民生的根本性问题，必须始终把解决好"三农"问题作为全党工作的重中之重，实施乡村振兴战略。2018 年 2 月 4 日，国务院公布了 2018 年中央一号文件，即《中共中央国务院关于实施乡村振兴战略的意见》。2018 年 3 月 5 日，国务院总理李克强在《政府工作报告》中提出要大力实施乡村振兴战略。2018 年 5 月 31 日，中共中央政治局召开会议，审议《国家乡村振兴战略规划（2018—2022 年）》。2018 年 9 月，中共中央、国务院印发《乡村振兴战略规划（2018—2022 年）》，要求各地区各部门结合实际认真贯彻落实。

乡村是具有自然、社会、经济特征的地域综合体，兼具生产、生活、生态、文化等多重功能，与城镇互促互进、共生共存，共同构成人类活动的主要空间。乡村兴则国家兴，乡村衰则国家衰。我国人民日益增长的美好生活需要和不平衡不充分的发展之间的矛盾在乡村最为突出。全面建成小康社会和全面建设社会主义现代化强国，最艰巨最繁重的任务在农村，最广泛最深厚的基础在农村，最大的潜力和后劲也在农村。实施乡村振兴战略，是解决新时代我国社会主要矛盾、实现"两个一百年"奋斗目标和中华民族伟大复兴中国梦的必然要求。可以看出，实施乡村振兴战略是建设现代化经济体系的重要基础，是建设美丽中国的关键举措，是传承中华优秀传统文化的有效途径，是健全现代社会治理格局的固本之策，是实现全体人民共同富裕的必然选择。

消除贫困、改善民生、逐步实现共同富裕是中国特色社会主义的本质要求。2017 年 12 月 29 日，中央农村工作会议首次提出走中国特色社会主义乡村振兴道路，让农业成为有奔头的产业，让农民成为有吸引力的职业，让农村成为安居乐业的美丽家园。2018 年 9 月 21 日，中共中央政治局就实施乡村振兴战略进行第八次集体学习，习近平在主持学习时强调，乡村振兴战略是党的十九大提出的一项重大战略，是关系全面建设社会主义现代化国家的全局性、历史性任务，是新时代"三农"工作的总抓手。2018 年 12 月 19 日至 21 日的中央经济工作会议指出，打好脱贫攻坚战，要一鼓作气，重点解决好实现"两不愁三保障"面临的突出问题，加大深度贫困地区和特殊贫困群体脱贫攻坚力度，减少和防止贫困人口返贫，研究解决那些收入水平略高于建档立卡贫困户的群体缺乏政策支持等新问题。

按照党的十九大提出的决胜全面建成小康社会、分两个阶段实现第二个百年奋斗目标的战略安排，中央农村工作会议明确了实施乡村振兴战略的目标任务：一是到 2020 年，乡村振兴取得重要进展，制度框架和政策体系基本形成；二是到 2035 年，乡村振兴取得决定性进展，农业农村现代化基本实现；三是到 2050 年，乡村全面振兴，农业强、农村美、农民富目标全面实现。在实现路径方面，会议提出了七条"之路"，即：重塑城乡关系，走城乡融合发展之路；巩固和完善农村基本经营制度，走共同富裕之路；深化农业供给侧结构性改革，走质量兴农之路；坚持人与自然和谐共生，走乡村绿色发展之路；传承发展提升农耕文明，走乡村文化兴盛之路；创新乡村治理体系，走乡村善治之路；打好精准脱贫攻坚战，走中国特色减贫之路。在实施乡村振兴的途径方面，要坚持农业农村优先发展，按照"产业兴旺、生态宜居、乡风文明、治理有效、生活富裕"的总要求，建立健全城乡融合发展体制机制和政策体系，统筹推进农村经济建设、政治建设、文化建设、社会建设、生态文明建设，加快推进乡村治理体系和治理能力现代化，加快推进农业农村现代化，走中国特色社会主义乡村振兴道路。

由上可知，我国实施乡村振兴战略，重点任务之一是必须打好精准脱贫攻坚战，走中国特色减贫之路。事实上，乡村振兴战略的提出与精准扶贫精准脱贫一脉相承，下文将继续分析两者之间的逻辑关系。

（2）乡村振兴与扶贫内在逻辑

全面实施精准扶贫方略和乡村振兴战略都是新时代党中央和国务院补齐全面建成小康社会短板、决胜全面建成小康社会的重要战略部署，是化解发展不平衡不充分突出问题的重要途径。准确把握精准扶贫与乡村振兴的内在逻辑关系，是深化精准扶贫方略、稳步推进乡村振兴的基础和关键。具体来讲，两者内在逻辑关系有三点：

第一，乡村振兴与精准扶贫在目标上高度重合。乡村振兴战略着眼于从根本上解决农民、农村、农业"三农"问题，促进城乡社会平衡发展和乡村充分发展。通过农业和乡村优先发展，实现"产业兴旺、生态宜居、乡风文明、治理有效、生活富裕"的乡村振兴之势。精准扶贫是打赢脱贫攻坚战的基本方略，旨在稳定实现农村贫困人口不愁吃、不愁穿，义务教育、基本医疗和住房安全有保障，贫困地区农民人均可支配收入增长高于全国平均水平，基本公共服务主要领域或指标接近全国平均水平，现行标准下农村贫困人口实现脱贫、贫困县全部摘帽，解决区域性整体贫困。从这点来说，乡村振兴和精准扶贫具有一致性的目标，都致力于实现农民"居者有其屋"、生活富裕、乡村产业发展、社区有效治理。显然，精准扶贫的直接成效，将为贫困地区特别是贫困村振兴奠定基础。乡村振兴战略的实施，将为贫困群众稳定脱贫进而致富创造条件，增强造血功能。

第二，乡村振兴的发展需要。精准扶贫的多维贫困治理契合乡村振兴的发展需要。乡村振兴涵盖经济、文化、社会、生态等多方面的发展。精准扶贫具有多维贫困治理特点，"五个一批"脱贫路径包含收入增加、人力资本提升、生态保护、基本权利保障等多个维度。多维贫困治理的特性使精准扶贫有效推动农村贫困人口全面发展和贫困乡村整体发展，因而与乡村振兴的发展需要相契合。比如，精准扶贫中的特色产业脱贫，采取扶持建立一批贫困人口参与度高的特色农业基地、加强贫困地区农民合作社和龙头企业培育、强化龙头企业与贫困户的利益连接机制、支持贫困地区发展农产品加工业、加快农村一二三产业融合发展等举措，而乡村振兴战略把着力建构现代农业产业体系、生产体系、经营体系，培育新型农业经营主体，健全农业社会化服务体系，实现小农户和现代农业发展的有机融合等方面作为重要内容。再如，精准扶贫中的资产收益扶贫，要求支持农民合作社和其他经营主体通过土地托管、牲畜托管和吸收农民土地经营权入股等方式带动贫困农户增收，贫困地区水电、矿产等资源开发，赋予土地被占用的村集体股权，让贫困人口分享资源开发收益；而乡村振兴战略也要求完善"三权"分置制度，保障农民财产权益，壮大集体经济。另外，精准扶贫中的生态保护脱贫要求各类生态保护工程在项目安排上进一步向贫困地区倾斜，加大贫困地区生态修复力度，创新生态补偿资金使用方式，有劳动能力的部分贫困人口转为护林员等生态保护人员；乡村振兴战略中也提出要保护好生态环境，努力建成生态环境优美、宜居的乡村社区。

第三，理论思维和实践经验。精准扶贫实践及成效为乡村振兴战略实施提供了理论思维和实践经验。首先，党的十八大以来，精准扶贫精准脱贫方略的全面实施，脱贫攻坚战的强力推进，形成了多方面的实践成果和理论成果，这些理论方法、治理体系安排，为乡村振兴战略的有效实施提供了重要借鉴。其次，精准扶贫的成功实践为乡村振兴提供了精准思维、系统思维、辩证思维等思维方法。中国乡村形态的多元性与丰富性，决定了乡村振兴战略的实施同样需要坚持以人民为中心的发展理念，坚持精准施策的基本方略，坚持以农村地区和农村人口的实际需求为基本政策导向。农村地区之间、村组之间，资源禀赋各异，发展环境不同，整齐划一的政策供给无疑将面对巨大的风险。增进国家乡村振兴政策体系对于各个乡村社区差异化的需求回应能力，同样是乡村振兴战略实施的基本问题。再次，精准扶贫引发的"三变"改革、"减贫大数据"系统的运用、"四到县"的改革、扁平化的政府管理、督查考核评估体系的完善、驻村帮扶方式的探索、新型产业扶贫体系的构建以及推进新型金融扶贫、教育扶贫、消费扶贫、资本市场扶贫、保险扶贫、电商扶贫、产业扶贫、旅游扶贫、医疗扶贫、基层组织建设等体制机制模式创新，无疑都为乡村振兴提供了理论与实践方法参考。

（3）乡村振兴与脱贫内在联系

在脱贫攻坚工作进入攻坚克难的阶段，中共中央推行《乡村振兴战略规划（2018—2022年）》，不仅是对当前农村工作的重要把握，更是为脱贫攻坚工作找准路子，减少社会发展过程中的贫富差距而指明了方向。具体来讲，精准脱贫与乡村振兴侧重点稍有不同，但也存在一定的内在逻辑关系，主要有四点：

第一，脱贫攻坚工作，解决的是温饱问题。脱贫攻坚的实施，关键在于彻底解决贫困人口生活问题。无论是贫困户"一超六有"（一超：贫困户年人均纯收入超过国家、省市确定的扶贫标准；六有：义务教育、基本医疗、住房安全、安全饮水、广播电视、生活用电等有保障），还是贫困村"一低五有"（一低：贫困发生率低于3%；五有：有集体经济收入、硬化公路、卫生室、文化室、通信网络），都集中凸显出脱贫攻坚工作的核心：解决社会发展过程中深度贫困人口的生产生活，消除绝对贫困现象。在一定程度上，脱贫攻坚，解决的是温饱和人的基本需求问题。

第二，乡村振兴工作，解决的是发展道路问题。脱贫致富是广大农民的愿望，脱贫攻坚解决"脱贫"问题，乡村振兴解决"致富"问题。乡村振兴工作，重点是解决广大农村地区发展道路的问题，如何利用现有资源，探索出适宜当地农村发展的路子，形成独具特色的乡村发展道路，实现群众的致富梦想，并探索出农村发展的关键法宝，是乡村振兴工作要解决的核心问题。

第三，脱贫攻坚工作，是为乡村振兴打牢基础。从马斯洛需求层次理论而言，人在满足了最基本的生活需求后，会谋求发展的需求、精神文明的需求。脱贫攻坚工作就是为群众解决最基本的物质需求，为下一步实施乡村振兴工作打牢基础，积累农村经验，为探索农村发展道路提供可借鉴渠道。

第四，乡村振兴工作，是巩固脱贫攻坚的良方。从乡村振兴重点解决的几个问题上讲，"产业兴旺、生态宜居、乡风文明、治理有效、生活富裕"，全方位阐述和解决了农民在解决温饱问题后的各项需求，从物质文明到精神文明，从自然环境到社会环境，都是乡村振兴工作要突出解决的问题，更是巩固脱贫攻坚成果的重要举措。

2.2 相关理论概述

2.2.1 机制设计理论

机制设计理论（Mechanism Design Theory）可追溯到 20 世纪 30 年代费里德里希·哈耶克（Friedrich August von Hayek）与兰格·奥斯卡（Lange Oskar）之间关于社会主义的著名论战，但起源于美国经济学家、诺贝尔经济学奖获得者里奥尼德·赫尔维茨（Leonid Hurwicz）1960 年的开创性工作，随后由埃瑞克·马斯金（Eric S. Maskin）、罗格·迈尔森（Roger B. Myerson）发展成为西方经济学的主流理论之一。它所讨论的一般问题是对于任意给定的一个经济或社会目标，在自由选择、自愿交换、信息不完全等分散化决策条件下，能否设计以及怎样设计出一个经济机制，使经济活动参与者的个人利益和设计者既定的目标一致。从研究路径和方法来看，与传统经济学在研究方法上把市场机制作为已知，研究它能导致什么样的配置有所不同，机制设计理论把社会目标作为已知，试图寻找实现既定社会目标的经济机制。换言之，通过设计博弈的具体形式，在满足参与者各自条件的情况下，使参与者在自利行为下选择的策略能够让配置结果与预期目标相一致。可见，机制设计理论假定人们能够按照博弈论所刻画的方式行为，并按照社会选择理论的要求设定相应的社会目标，即通过博弈设计均衡机制，使经济活动参与者的个人利益和设计者既定的目标相一致。其理论核心是如何进行"有效率"的经济规制，在市场机制不能充分实现效率最大化目标时，政府仍能通过选择其他机制来达到既定的社会目标。当前，机制设计理论被广泛应用于法律法规制定、最优税制设计、行政管理、民主选举、社会制度设计等各种现实问题。

机制设计通常会涉及信息效率和激励相容两个方面的问题。信息效率（Informational Efficiency）是关于经济机制实现既定社会目标所要求的信息量多少的问题，即机制运行的成本问题，它要求所设计的机制只需要较少的关于消费者、生产者以及其他经济活动参与者的信息和较低的信息成本。任何一个经济机制的设计和执行都需要信息传递，而信息传递是需要花费成本的，因此对于制度设计者来说，自然是信息空间的维数越小越好。激励相容（Incentive Compatibility）是里奥尼德·赫尔维茨于 1972 年提出的一个核心概念，他将其定义为，如果在给定机制下，如实报告自己的私人信息是参与者的最优策略选择，那么这个机制就是激励相容的。在这种情况下，即便每个参与者按照自利原则制定个人目标，机制实施的客观效果也能达到设计者所要实现的目标。可见，机制设计理论原理为本论题研究选择博弈论方法提供了思路。

由以上分析可知，机制设计理论可从信息效率、激励相容、资源配置、机制协调等方面为渝东北贫困地区脱贫机制改革提供全新的研究视角和理论启示。首先，在新常态下，针对渝东北连片贫困区贫困治理的严峻态势，脱贫工作不论是在贫困人群的识别，抑或扶贫政策的制定实施上，都需要实现扶贫资源配置的最优化，严防"大水漫灌"，要确立新的指导思想、发展理念和发展机制。其次，机制协调是创新脱贫工作机制的重要内容。渝东北连片贫困区扶贫政策涉及金融支持、社会救助、教育培训、产业发展等多个领域的公共政策过程，迫切需要改革现有的脱贫机制，来扼制公共决策可能产生的弊端，形成全社会参与的反贫困体系。最后，激励相容是渝东北贫困区脱贫机制创新的动力。机制设计理论强调在制度的设计者不了解所有个人信息的情况下，机制必须能够给每个参与者一定的激励，不仅有利于完善制度体系的运作规则，还能够充分激发贫困人口改变现状的积极性和创造性。事实上，该理论为后续章节构建多主体参与的脱贫联动机制提供了思路和指导。

2.2.2　人力资本理论

人力资本理论（Human Capital Theory）最早起源于经济学研究。20 世纪 60 年代，美国经济学家舒尔茨（Thodore W. Schults）和贝克尔（Gary S. Becker）创立人力资本理论，开辟了关于人类生产能力的崭新思路。该理论认为物质资本指物质产品上的资本，包括厂房、机器、设备、原材料、土地、货币和其他有价证券等，而人力资本则是体现在人身上的资本，即对生产者进行教育、职业培训等支出及其在接受教育时的机会成本等总和，表现为蕴含于人身上的各种生产知识、劳动与管理技能以及健康素质的存量总和。舒尔茨提出了人力资本理论，指出经济的发展取决于人的质量，而不是自然资源的丰瘠或资本存量的多寡；贫困地区之所以落后，不在于物质资源的匮乏，而在于人力资本的缺乏；加强教育事业的发展，对人力资本的形成、经济结构的转换和经济可持续发展具有重要的意义。这些观点为本论题构建多主体联动机制提供了创新思路，即不但需要把贫困户纳入作为主体地位的一方，还要注重开发贫困户的自我发展能力。

人力资本理论的内容主要包括四个方面：一是人力资源是一切资源中最主要的资源，人力资本理论是经济学的核心问题。二是在经济增长中，人力资本的作用大于物质资本的作用。人力资本投资与国民收入成正比，比物质资源增长速度快。三是人力资本的核心是提高人口质量，教育投资是人力投资的主要部分。不应当把人力资本的再生产仅仅视为一种消费，而应视为一种投资，这种投资的经济效益远大于物质投资的经济效益。教育是提高人力资本最基本的主要手段，所以也可以把人力投资视为教育投资问题。生产力三要素之一的人力资源显然还可以进一步分解为具有不同技术知识程度的人力资源。高技术知识程度的人力带来的产出明显高于技术程度低的人力。四是教育投资应以市场供求关系为依据，以人力价格的浮动为衡量符号。这些内容基本上给出了人力资本理论的框架。

从经济学视角看精准脱贫机制的构建，实质上可演变为研究高校教育扶贫关注人力资本投资与脱贫关系问题。换言之，贫困的主要原因不在于经济因素，而在于人的素质和能力，是个人不适应或缺乏生产性行为导致了贫困，强调通过人力资本投资提升劳动力商品化水平。应用在扶贫脱贫机制或脱贫模式创新方面，就是要提高贫困人口的素质和能力①，因为教育扶贫具有引起家庭收入来源结构发生变化、农户由单一的种粮转向种粮与经济作物相结合方面的功效②。

2.2.3 包容性增长减贫理论

（1）包容性增长内涵及特征

第一，包容性增长的内涵。包容性增长（Inclusive Growth）又称包容性发展或共享式增长。包容性发展最初是针对贫困治理而提出的一种全新发展理念，或者说，是针对国际减贫事业提出的一种经济发展模式。1998年诺贝尔经济学奖获得者阿玛蒂亚·森在研究社会最贫穷成员所面临的问题时提出了一个重要观点，即认为贫穷成因不仅是收入水平低，更重要的是发展机会不均等，应给予平等的发展机会，以共享发展的理念才能摆脱贫穷的恶性循环。受此思想启发，2000年世界银行提出的"益贫式增长"理论和2007年亚洲开发银行首提的"包容性增长"理论，不断得到世界各国的重视和认可。包容性发展既明确区分了"发展"和"增长"的概念，又吸收了包容性增长的内涵，并在此基础上进一步拓展和深化。它是一种更具人文关怀的全新发展理念，更加强调公平、公正、全面和共享。

---

① 龚晓宽. 中国农村扶贫模式创新研究［D］. 成都：四川大学，2006.

② 何家理，查芳，陈绪敖. 人力资本理论教育扶贫效果实证分析——基于陕西7地市18个贫困县教育扶贫效果调查［J］. 唐都学刊，2015（3）：125-128.

基于此，亦有学者将包容性发展译为"共享式发展"，其实，包容性发展的"共生、共享、共赢"的思想内核与共享式发展"公平、公正、公开"在本质上相得益彰①。包容性发展是发展经济学的概念，从这一角度来看，以往我们认为的经济增长仅仅是以 GDP 为代表的量的提升，而包容性发展则包含了经济的结构性优化和发展，其内涵远远高于经济增长。实质上，它就是一种在经济增长过程中通过倡导和保证机会平等使增长成果广泛惠及所有民众的发展理念和理论体系②，寻求的是社会和经济协调发展、可持续发展，强调让更多的人享受发展成果，公平合理地分享经济增长带来的收益，其中最重要的表现是缩小收入分配差距③。当前，发达国家一般拥有较为完善和稳定的经济结构，增长模式较为健康合理。因此，发达国家更适应于运用"经济增长"这一概念，而发展中国家则面临更多更复杂的情况，其在重视经济增长的同时，还需关注经济结构的调整，但是这无法在经济增长的量上得到明显的体现。

伴随着全球化时代经济社会结构的深刻变革，世界各国对于经济增长以及衍生问题与减贫之间的关系认识不断加深，人们认识到经济不断增长的成果始终无法惠及所有人，贫富差距似有拉大的趋势，这一切的根源在于发展的不平等。而包容性发展则正是解决这一问题的良药，突出了机会平等和参与公平，从制度设计上就牢牢把握住包容性这一核心理念，强调为所有人提供发展机会，打破旧有的造成贫困的藩篱，实现全民参与经济发展全过程，从而达到经济发展成果由全民共享的目的。让所有人，包括贫困者能以主人翁精神参与其中，提升他们的参与感和获得感，进而实现个体自身的全面发展。机会平等与成果共享是包容性发展的核心内涵。"包容"是对经济增长过程与结果的基本要求，具体讲有三层含义：一是

---

　　① 陈燕，陈昌健."精准脱贫"的包容性创新机制研究 [J]. 福建论坛·人文社会科学版，2019（3）：42-51.

　　② 杜志雄，肖卫东，詹琳. 包容性增长理论的脉络、要义与政策内涵 [J]. 中国农村经济，2010，25（11）：4-14.

　　③ 左常升. 包容性发展与减贫 [M]. 北京：社会科学文献出版社，2013.

要让经济增长惠及所有人群，特别是穷人。这是包容性发展的重要目标，也是实现持续减贫的必要条件。二是要让每个人平等地面对发展机会。这是包容性发展的制度保障，也能够充分激发社会各阶层的积极性，提升经济增长的效率。三是要在参与经济增长过程中提高个人的发展能力，确保减贫的可持续性。应用于脱贫实践中，就是一种"人人发展机会平等、人人分享经济发展成果"的减贫模式。包容性增长共享发展理念被纳入我国"十三五"规划并作为全面建成小康社会的战略思想，不仅体现了党中央对同步发展经济与社会、改善人民生活质量和优化收入分配格局的重视，更是对包容性增长理论在脱贫攻坚实战中的深化、运用和发展。

第二，包容性发展的特征。包容性发展是一种全新的发展理念和范式，它拥有完整的理论体系，是经济发展从"量"到"质"的一种根本提升，其内涵特征主要表现在理念、内涵、方式、机制及目标等五个方面。

首先，从理念上来看，包容性发展突出公平和正义。包容性发展的核心要义在于发展的公平性、公正性以及共享性，从而创造共建共享的社会。这一理念强调全体公民都可以公平地参与到经济社会发展大局中来，而不是以旁观者和局外人的身份无法享受发展成果，同时，在政策和制度层面能够为实现这一目标提供公正的环境。其次，从方式上来看，包容性发展更注重全面性、协调性、可持续性发展。全面性体现在发展不仅局限于经济发展这一领域，而是包含政治、文化、社会、生态等多位一体的发展模式，不可有失偏颇。协调性则强调在发展过程中要处理好各种矛盾，既要抓主要矛盾，也不能忽略次要矛盾，努力协调各方利益，实现发展的均衡。可持续性则是指发展既要满足当代人需要，也不能损害下一代人利益，主要表现为保护环境和节约资源，实现环境友好型发展模式。再次，从机制上来看，包容性发展强调多元参与。多元参与是包容性发展的关键。共建共享的发展理念，在机制角度上就表现为要消除传统政府作用过大的思维，坚持多元参与共建，有效发挥市场作用，减少政府对市场过多的直接干预和管理，并发挥民众个体的主观能动性，这样就能有效避免政府的职能越位或缺失现象的存在，明确政府、市场以及个体在发展中的角色定位，发挥不同主体各自的作用。最后，从目标上来看，包容性发展的最终目标是实现发展成果由全民共享。发展的目的是为了人民，发展的过程也需要人民，人民才是发展的主体。只有在发展进程中不断完善公共服务和社会保障体系，才能有效地缓解贫困发生，才能为消除贫困提供可能。

(2) 包容性发展理念与精准扶贫脱贫

首先，在实现包容性发展的过程中，精准扶贫是必经之路，是不可或缺的重要手段，只有消除贫困才能够实现包容性发展。现阶段，我国扶贫开发工作已经步入"啃硬骨头、攻坚克难"的关键时期，针对极为贫困的革命老区、生态薄弱地区、集中连片贫困地区，必须实现 2020 年贫困人口脱贫的目标，确保社会发展的成果能够被共享，对此，我国仍需坚持精准扶贫脱贫路线（包括未来相对贫困治理），持续提升扶贫效率。

其次，精准扶贫脱贫是以包容性发展作为指导理念，包容性发展对当前各项扶贫开发工作具有深刻的指导意义。精准扶贫工作的顺利开展离不开一定的理论基础。包容性发展这一新的发展理念倡导发展主体的责任、发展内容的全面、发展过程的公平、发展成果的共享等，尤其是发展成果应当惠及社会贫困与弱势人群。现阶段常见的精准扶贫脱贫措施有产业扶贫、教育扶贫、文化扶贫、科技扶贫、金融扶贫、旅游扶贫、易地搬迁扶贫等，这些扶贫脱贫措施都是对包容性发展理念的践行。

最后，精准扶贫脱贫与包容性发展二者间的目标是趋同的。包容性发展侧重的是发展的全面性与可持续性，发展成果的共享成为其根本目标。从贫困生成的理论层面上看，在经济稳步增长的同时，稀缺社会资源被重新分配，部分人占据较多的资源，而另一部分人拥有的资源却非常少，资源的不足令这些人进一步丧失创造财富的能力，这些人最终沦为贫困者。精准扶贫脱贫能够针对贫困人口与贫困地区而进行资源的精准配置，通过改善贫困人口的发展能力，为贫困人口创造均等机会，使之能够共享发展成果。从这点来讲，精准扶贫脱贫与包容性发展在目标上趋于一致，最终实现贫困人口的可持续脱贫。

在新常态下，政府财政收入增速减慢，难以支撑大规模的财政扶贫支出，在这种情况下，仅依靠政府的力量难以持续解决贫困问题。因此，我国必须构建起多种社会力量共同参与的大扶贫格局，尤其是要妥善处理好政府与市场间的关系，发挥市场在资源配置方面的各项功能。总而言之，包容性发展与精准扶贫脱贫之间具有辩证统一的关系，这要求我们在扶贫工作中应将二者有效融合起来，赋予贫困人口、贫困地区更多的获得感，从而激励其主动参与到各项脱贫工作中来。对此，本书第五、第六、第七章中探讨的多主体联动脱贫机制将具体分析其在实践中的运作机理。

（3）包容性发展理念的逻辑要求

包容性发展作为一种"造血式"扶贫方式，蕴含了更为丰富的内涵，其思路的多元化能够有效规避传统扶贫济困方式所暴露的问题。包容性发展作为一种全面参与、多元化思路与方法进行共同治理的新的战略模式，在组织创新、需求层次创新、模式创新中分别与精准识别、精准帮扶和精准管理进行了融合。

第一，包容性组织与精准识别的融合。相较于传统粗放式扶贫济困方式，精准识别实现扶贫对象的精准化、分类化。精准识别贫困对象是实施精准扶贫政策的基础，只有对底层贫困者的具体脱贫需求、贫困程度进行确认，将扶贫对象瞄准贫困地区，进而精确到村到户，才能减少社会排斥，为实现如期脱贫贡献力量。实现包容性组织创新与精准扶贫的融合是提高精准识别效率、减少社会排斥的重要途径，实现组织内、外部资源的充分调动和优化配置。

第二，包容性需求层次与精准帮扶的融合。人们直接接受政府的财政投资、补贴和资助，这种模式容易使贫困群体养成依赖性（如"等、靠、要"等思想）。要成功实现由"输血"到"造血"的转变，刺激其内在脱贫动力与创造力是根本。精准帮扶是指扶贫措施差异化、"造血化"、创新化，即针对贫困地区或贫困者的不同脱贫需求采取创新化、差异化的扶贫措施，满足贫困者的真实需求，有针对性地按需、按差异化帮扶，满足贫困群体多样化的脱贫需求。从包容性创新的角度看，基于脱贫需求的多样性将贫困群体分为消费者、生产者和创业者，那么对应的需求层次也应分为消费需求、生产需求、创造需求，这种创新性的细分需求层次可为差异化帮扶提供切实可行的路径，提升贫困者的"造血"功能。

第三，包容性模式与精准管理的融合。精准管理是扶贫工作中的重要环节，对于准确把握贫困户的基础信息和动态的脱贫信息起着至关重要的作用，能有效地避免资源浪费和"返贫"现象的发生。同时，在管理上会赋予广大群众更多的参与权和监督权，确保精准管理的有效实施。因此，应将包容性创新的双向创新模式融入精准管理之中，增强上下的互动，起到上传下达的效果。

2.2.4　空间贫困理论

1974 年诺贝尔经济学奖获得者冈纳·缪尔达尔（Gunnar Myrdal）提出了欠发达地区的经济发展与地理位置有关的早期空间经济学（Spatial Economics）和地理上的二元经济学说（Geographical Dual Economy），并将贫困与空间地理位置条件因素联系起来，强调自然地理条件因素对贫困形成的影响力，从而导致了"空间贫困陷阱"（Spatial Poverty Traps，SPT）[①]。受此影响，更多关注贫困问题的学者们将自然地理条件因素纳入贫困成因分析体系中，从而形成了"空间贫困"理论[②]。该理论强调区域经济发展的扩散效应和回波效应，通过发挥发达地区优先发展的辐射效应带动贫困地区经济发展，从而消除发达地区与落后地区并存的二元经济结构及贫困地区的落后面貌。该理论的贡献在于，让更多关注贫困问题的学者理解贫

---

① 缪尔达尔. 亚洲的戏剧——南亚国家贫困问题研究［M］. 方福前，译. 北京：商务印书馆，2015.

② Sheppard E. Economic theory and underdeveloped regions［J］. *Regional Studies*，2017，51（6）：972-973.

困成因与空间地理位置条件之间的紧密关系，并以此建立贫困地图，从空间地理条件因素视角去分析贫困成因，从而提供可视化的治贫策略①。由此，"空间贫困"理论可概括为四个方面：一是因地理位置条件因素带来的贫困；二是因生态环境因素造成的贫困；三是因经济基础带来的贫困；四是因政治因素造成的贫困。

根据该理论观点，我们可以看到，我国农村贫困地区的区域空间分布具有较稳定的历史延续性，目前14个集中连片特困地区大都分布在中西部边、偏、山、荒、寒的地区，其中包括渝东北集中连片特困地区（云阳、奉节、城口、巫山、巫溪）。这种因"空间特征"（地理位置、公共基础服务设施建设等）在区域层面上的非易变性，成为"空间贫困陷阱"存在的关键原因，它需要全社会扶贫力量进行破解。近年来，随着国家和重庆市大力开展精准扶贫工作，对于这种空间致贫的因素进行了精准施策，使得这一现象有所改善。

2.2.5 贫困文化理论

贫困文化理论是从社会文化的角度来解释贫困现象的理论，美国伊利诺伊大学人类学教授奥斯卡·刘易斯提出了贫困文化理论，认为穷人因为贫困而在居住等方面具有独特性，并形成独特的生活方式。穷人独特的居住方式促进了穷人间的集体互动，从而与其他人在社会生活中相对隔离，这样就产生出一种脱离社会主流文化的贫困亚文化。处于贫困亚文化之中的人有独特的文化观念和生活方式，这种亚文化通过"圈内"交往而得到加强，并且被制度化，进而维持着贫困的生活。在这种环境中长大的下一代会自然地习得贫困文化，使得贫困文化"代代相传"。贫困文化塑造着在贫困中长大的人的基本特点和人格，使得他们即使遇到摆脱贫困的机会也难以利用它走出贫困，因此，应当通过权力关系、土地关系和教育体制

---

① 陈全功，程蹊. 空间贫困理论视野下的民族地区扶贫问题 [J]. 中南民族大学学报（人文社会科学版），2011，31（1）：58-63.

等方面的综合改革来促进一个正常的、良性因果循环积累社会的形成①。

事实上，贫困文化可理解为贫困阶层所具有的一种独特生活方式，它主要是指长期生活在贫困之中的一群人的行为方式、习惯、风俗、心理定势、生活态度和价值观等非物质形式②。贫困文化在某种程度上也表现为一种地域文化，处于该地区的成员是纯粹的边缘人群。例如，我国偏远山区深度贫困人口的受教育程度和文化程度极低，无人参加劳工组织，没享受全国性福利机构或社会保险提供的医疗保健、母婴保健和老年福利，银行、医院、商场、博物馆、艺术馆、机场等很少。在经济特征上表现为长时期为温饱操劳、失业或不充分就业、劳动报酬偏低、从事低技术含量的职业、经常性现金短缺以及购买使用二手服装和家具等；在社会和心理学特征方面表现如下：生活区域拥挤、缺乏隐私、集群性、酗酒频率高、解决纠纷经常诉诸暴力、经常用暴力教育孩子、向妻子施暴、相信男权（甚至将之升华为男权迷信或男权迷恋）以及与之对应的女性殉道观念、对各类精神异常状况的高度容忍等③。

贫困文化理论基本上属于贫困的个人责任论。虽然刘易斯并不认为这种理论具有普遍的解释力，但是这种理论还是遭到许多批评，主要的批评观点包括：贫困文化理论夸大了穷人与其他人文化上的差异，实际上穷人本身并不是同质性很强的群体，各群体观念和行为上的差异是社会地位的反映，贫困文化理论未能解释穷人贫困的起始原因④，等等。但不管作何辩论，贫困文化、观念原因说给了我们一个全新的视角，有利于加深对贫困问题的认识。有一点可以解释的是，贫困形成与文化存在一定相关性，通过教育可以改变不利于人类发展的文化现状，这与乡村振兴战略中提出

---

① 缪尔达尔. 亚洲的戏剧——南亚国家贫困问题研究［M］. 方福前，译. 北京：商务印书馆，2015.

② 吴理财. 论贫困文化（上）［J］. 社会，2001（8）：17-20.

③ 奥斯卡·刘易斯. 桑切斯的孩子们［M］. 李雪顺，译. 上海：译文出版社，2014.

④ 李兴旺，朱超. 教育扶贫理论研究综述［J］. 科教导刊（下旬），2017（1）：6-10.

的要求并不矛盾，改变落后的乡村风貌同样有利于形成健康向上的乡村文化，进而为乡村提供一个良好的生活生态环境。可见，通过高校教育扶贫、文化扶贫改变这种贫困文化现状，关键在于改变贫困人口的价值观及生活方式。

2.2.6 "五大"发展理念

"五大"发展理念，即创新、协调、绿色、开放、共享的发展理念。在党的十八届五次全体会议上，习近平总书记系统论述了创新、协调、绿色、开放、共享五大发展理念，强调实现创新发展、协调发展、绿色发展、开放发展、共享发展。它是关系我国发展全局的一场深刻变革，攸关"十三五"乃至更长时期我国发展思路、发展方式和发展着力点，成为全面建成小康社会的行动指南、实现"两个一百年"奋斗目标的思想指引。其内涵在于：创新发展摆在国家发展全局的核心位置，要求不断推进理论创新、制度创新、科技创新、文化创新等各方面创新，让创新在全社会蔚然成风；协调发展是对中国特色社会主义事业的总体布局，要促进经济社会协调发展，不断增强发展整体性；绿色发展是要坚定走生产发展、生活富裕、生态良好的文明发展道路，形成人与自然和谐发展的现代化建设新格局；开放发展是奉行互利共赢的开放战略，发展更高层次的开放型经济，提高我国在全球经济治理中的制度性话语权，构建广泛的利益共同体；共享发展必须坚持发展为了人民、发展依靠人民、发展成果由人民共享，做出更有效的制度安排，使全体人民在共建共享发展中有更多获得感，增强发展动力，增进人民团结，朝着共同富裕方向稳步前进[①]。五大发展理念作为我国经济社会发展遵循的主线方向，为渝东北脱贫攻坚实战提供了价值导向，亦为本书研究脱贫机制创新提供了思路，主要体现为以下五点：

---

① 莫光辉. 五大发展理念视域下的少数民族地区多维精准脱贫路径——精准扶贫绩效提升机制系列研究之十一 [J]. 西南民族大学学报（人文社科版），2017（2）：18-23.

一是有助于脱贫模式创新。创新理念的提出对于应对传统扶贫模式动力不足、缺乏效能等问题提供了明确的指导方向，推动渝东北脱贫工作由以往资金驱动向要素驱动的转变，实现精准扶贫长效发展，为精准脱贫、全面脱贫提供更为明确的方向指导。在脱贫过程中通过产业扶贫、金融扶贫、教育扶贫、旅游扶贫、文化扶贫等多种模式以全新的发展理念应对新的扶贫形势，通过方法创新、模式创新、理念创新等多维创新构建渝东北贫困地区多主体参与的脱贫联动机制。

二是有助于协调扶贫资源。发展失衡是渝东北贫困地区贫困高发易发的最重要原因。而发展不平衡既有历史原因也有现实原因，既受自然条件影响也受社会因素制约。协调扶贫资源，推动社会扶贫多元化，一方面可更为广泛地调动社会资源参与新一轮的脱贫攻坚工作，缩小贫困地区与发达地区间的差异，为精准脱贫的实现提供支持；另一方面协调各方扶贫主体参与则更有利于提高精准扶贫精准脱贫工作效率，使得"精准"要求得以真正落实。

三是有助于推崇绿色脱贫观念。渝东北贫困地区的脱贫工作困难之一便是其本身脆弱的生态环境以及恶劣的自然条件，实现绿色发展更是渝东北地区打赢脱贫攻坚战的重中之重，同时也是保证脱贫成果长效性的关键所在。按照《中共中央关于制定国民经济和社会发展第十三个五年规划的建议》要求，渝东北贫困地区应构建绿色扶贫新格局，以生态产业建设为主线，辅之以移民搬迁、林木保护、荒漠化治理以及水土流失治理等综合手段，确保生态与发展的协调统一。

四是有助于构建开放脱贫格局。开放不仅是一种发展理念，更是当下扶贫开发的时代潮流。在"大扶贫"格局下，贯彻开放的发展理念则更能推动多元开放的脱贫新格局。它要求全面调动社会企业、非营利性组织等参与到新一轮的脱贫攻坚之中，还应加大与其他国家、国际组织间的合作交流，更重要的是，渝东北贫困地区脱贫需要打破地区隔阂，以全新的扶贫格局开展全新的脱贫工作。

五是有助于共享脱贫成果。共享理念的提出深刻阐释了精准扶贫的脱贫目标，实现小康社会全面建成需要着重关注贫困形势更为复杂、贫困程度更为严重的深度贫困区。共享脱贫成果不仅意味着贫困地区间的扶贫标准一致，发展要求一致，更在于发达地区要照顾贫困地区的发展，在整个社会范围内实现发展成果共享。共享发展成果本身便是社会主义的内在要求，解决区域性贫困问题，尤其是连片特困地区或深度贫困区的贫困问题对于实现社会公平、推动社会健康发展而言至关重要。

2.2.7 参与式扶贫理念

参与式扶贫是 20 世纪 80 年代以来逐渐发展起来的一种扶贫方式，就是在扶贫项目的设计、规划、实施、监管和验收过程中，将参与式理念和工作方法贯穿始终，核心在于扶贫开发实践中多方扶贫主体与当地贫困人口之间的相互作用和联系，是参与式发展理念应用于脱贫工作实践，强调扶贫客体主动参与到脱贫活动中的一种互动型扶贫，通过自下而上的决策方式，激发贫困人群的积极性、主动性、参与性和创造性，增强自身发展能力[①]。

参与式扶贫的关键在于"赋权于民"，这意味着要改变以往项目安排由行政命令的方式，打破一套束缚贫困农民脱贫的各种体制机制障碍，充分尊重村民意愿，保障贫困农民的参与需求。将"参与式"扶贫理念全面应用于贫困地区建设已有先例，这种脱贫方式在云南、贵州、安徽、广西等省区的外资扶贫项目中取得了良好成效。如：2014 年 4 月 24 日《广西日报》报道，广西通过参与式方式进行扶贫，改变了以往项目安排由行政命令的方式，充分尊重村民意愿、激发村民主动参与意识，为扶贫开发构建和谐社会、打赢脱贫攻坚战等提供了更广泛的群众基础。这也是本书选择将其理念作为理论基础的原因之一。

---

① 包月英，张海永，高飞. 欠发达地区农村扶贫开发问题及政策建议 [J]. 中国农业资源与区划，2009，30（6）：25-28.

2.2.8　合作型反贫困理论

合作型反贫困认为反贫困工作不是由任何一个单一主体的投入即可完成的，它需要政府、社区、贫困群体之间的有效合作，这种有效合作必须通过一个有效的合作平台来完成。作为一种减贫理念，该理论强调各扶贫主体和扶贫客体之间的合作，从制度层面上设计可持续的农村反贫困体制机制，消除贫困不利因素，从而可在贫困人口自身能力发展、合作机制、治理结构等方面为贫困地区人群脱贫乃至为该区域社会、经济、政治等诸方面的协调和可持续发展构建制度基础①。

与参与式扶贫理念不同的是，"合作型反贫困"更加强调官民合作机制中贫困人群与政府的平等对话、平等合作的地位，切实提升贫困人群的权利意识，增强贫困个体自主发展能力。具体而言，"参与式反贫困"的实际主体还是政府及外部力量，贫困群体只是一个"参与者"，在这种情况下，虽然贫困群体被赋予了参与发展的权利，但扶贫活动本质上仍然属于自上而下的"给予"与"接受"关系，贫困群体仍处于"下端"位置；而"合作型反贫困"中，反贫困活动中的政府与贫困群体不再是"给予"与"接受"的关系，而是一种通力协作关系，共同面对如何消除贫困。这种情况下，贫困看成是政府、贫困社区（贫困村）和贫困群体所共同面对的"客体"，必须确实提升贫困群体的主体位置，使之处于一个与政府平等对话、平等合作的地位。与此同时，在政府内部以及贫困社区内部，系统的合作也成为必要，以便整合并优化反贫困资源，提高政府反贫困的成效。从一定程度上说，践行"合作型反贫困"理念，不仅可为脱贫工作机制创新设计，还可为财政扶贫资金使用机制提供新思路，体现权利扶贫的新理念，有助于解决权利贫困和"大扶贫"格局下扶贫资源整合问题，是新型农村社会、经济治理模式的雏形。

---

① 林万龙，钟玲，陆汉文．合作型反贫困理论与仪陇的实践［J］.农业经济问题，2008，28（11）：59-65.

2.2.9 多元共治贫困理论

脱贫是一个动态的演化过程,随着我国经济发展、扶贫政策的实施和扶贫资金的大规模投入,部分中西部地区已摆脱绝对贫困,完成脱贫任务,进入贫困缓冲期,但部分脱贫地区出现相对贫困和脱贫再返贫交织的现象。2020 年我国将实现现行标准下农村贫困人口全部脱贫、贫困县全部摘帽这一战略目标,但并不意味着贫困问题的消除和贫困治理的终结,贫困人口持续减少的"表象"背后是相对贫困的恶化①。那么,2020 年后扶贫时代的相对贫困现象依然值得关注。2013 年以来,我国在已摆脱绝对贫困的东部六省相应设立六个国家级扶贫改革试验区,先行先试,探索缩小发展差距、实现共同富裕的新模式,为国家扶贫战略转型提供了借鉴与示范。实践表明,六个扶贫改革试验区在治理贫困问题的创新实践上具有一致性②,聚焦于多维贫困,通过政府、市场和社会多元主体等多条路径展开,取得了阶段性进展。因此,厘清多元共治贫困的模式,可在一定程度上为 2020 年后扶贫时代稳定脱贫及相对贫困治理提供借鉴。这也是本书将其作为后面章节构建多主体参与的脱贫联动机制的理论基础,又可成为为后续相对贫困治理提供理论指导的缘由之一。该理论框架乃由谢玉梅和臧丹基于江苏省泗阳县的个案研究后,提出的一个多元共治贫困理论框架③,其思想为本书研究多主体参与的精准脱贫联动机制的设计和运作机理提供了铺垫。现对该理论作一简单介绍。

---

① 陈宗胜,沈扬扬,周云波. 中国农村贫困状况的绝对与相对变动——兼论相对贫困线的设定 [J]. 管理世界, 2013 (1): 67-77.

② 左停,金菁,赵梦媛. 扶贫措施供给的多样化与精准性——基于国家扶贫改革试验区精准扶贫措施创新的比较与分析 [J]. 贵州社会科学, 2017 (9): 117-124.

③ 谢玉梅,臧丹. 多元共治贫困:基于江苏省泗阳县的个案研究 [J]. 农业经济与管理, 2018, 51 (5): 30-39.

　　首先，我们需要了解为何要提出多元共治贫困或多主体参与协同治理贫困。消除贫困和实现可持续发展一直是联合国关注的重点议题①，倡导多元主体参与贫困治理是政策制定者和学者不谋而合的观点，但多元主体参与贫困治理仍存在挑战。由于政府掌握和支配着国家公共资源，在减贫中政府一般发挥主导和决定性作用②，但低效率常导致较低的投入产出比。一方面，在我国传统贫困治理中，政府对农村贫困政策的干预并未对减贫效应形成持久的影响，冲击响应快速衰减③；另一方面，财政扶贫资金在投放、使用和管理过程中，由于委托代理问题常导致资金使用效率较低、挪用占用情况严重、瞄准精度失衡④。此外，政府贫困兜底最根本的障碍因素不在于社会效率，而是预算不足。在新常态下，我国经济增速放缓导致各级财政收入增长下降，势必影响民生投入，必须辅以其他力量的介入⑤⑥。伴随农村制度变迁、公民社会发展以及公共产品需求变化，减贫更强调赋权和参与，国际援助项目、民间组织和慈善力量在官方影响和民间渴求下，逐渐成长为促进贫困地区扶贫开发和村民自我发展能力增强的中坚力量，在贫困人口话语权提升、妇女地位和赋权方面发挥积极作

---

　　①　Asadullah M N, Savoia A. Poverty reduction during 1990-2013: Did millennium, development goals adoption and state capacity matter? [J]. *World Development*, 2018 (105): 70-82.

　　②　陈新，沈扬扬. 新时期中国农村贫困状况与政府反贫困政策效果评估——以天津市农村为案例的分析 [J]. 南开经济研究, 2014 (3): 23-38.

　　③　叶初升，张凤华. 政府减贫行为的动态效应——中国农村减贫问题的 SVAR 模型实证分析 (1990~2008) [J]. 中国人口·资源与环境, 2011, 21 (9): 123-131.

　　④　温涛，朱炯，王小华. 中国农贷的"精英俘获"机制: 贫困县与非贫困县的分层比较 [J]. 经济研究, 2016 (2): 111-125.

　　⑤　Fiszbein A, Kanbur R, Yemtsov R. Social protection and poverty reduction: Global patterns and some targets [J]. *World Development*, 2014, 61 (61): 167-177.

　　⑥　国务院发展研究中心"中国民生调查"课题组，李伟，张军扩，等. 中国民生调查 2016 综合研究报告——经济下行背景下的民生关切 [J]. 管理世界, 2018 (2): 1-12.

用①②。社会公众因行动的灵活性也逐渐参与到扶贫工作中③④。社会组织和社会公众参与扶贫工作的最大挑战是力量分散且缺少基层土壤，迫切需要地方政府搭建一套稳定可靠的扶贫班子⑤⑥。减贫需要"有为的政府""有心的社会"，更需要"有效的市场"，市场参与扶贫的普遍做法是产业引导减贫、金融促进发展，但是产业在贫困瞄准和收入带动方面存在精英俘获现象，市场机制的固有缺陷会引发诸如污染、土地使用竞争、资源争夺以及家庭劳动力再分配等环境和社会问题。随着时间的推移，由于社会保障不足，依靠扶贫开发的贫困户贫困风险会增加⑦⑧。我国 1986 年开始推行的大规模开发式扶贫主要以市场为导向开发贫困地区资源，但成效受制于政策区域靶向精准、农村市场完善程度、贫困群体瞄准精度等，农村市场发育缓慢导致市场机制减贫渠道不畅⑨。如此一来，多元主体参与共同治理贫困就成为新趋势。

总而言之，由于后期贫困治理对教育、健康、环境等社会发展能力和农户可行能力提出了更高要求，政府应成为减贫的主导力量，但并非对贫困问题大包大揽；市场应成为减贫的主要手段，但并非解决所有问题的灵

---

① Ganle J K, Afriyie K, Segbefia A Y. Microcredit: Empowerment and disempowerment of rural women in Ghana [J]. *World Development*, 2015, 66 (2): 335-345.

② Kotsadam A, Tolonen A. African mining, gender, and local employment [J]. *World Development*, 2016, 83 (7): 325-339.

③ 帅传敏，李文静，程欣，等. 联合国 IFAD 中国项目减贫效率测度——基于 7 省份 1356 农户的面板数据 [J]. 管理世界, 2016, 270 (3): 73-86.

④ 毕娅，陶君成. 基于城乡资源互补的社会众筹扶贫模式及其实现路径研究 [J]. 管理世界, 2016 (8): 174-175.

⑤ 韩俊魁. 透过政府与非营利组织共治而减贫：大扶贫视野下云南多案例比较研究 [J]. 经济社会体制比较, 2016 (2): 143-153.

⑥ 倪羌莉，童雅平. 富裕中的贫困现状及精准扶贫对策——以江苏省南通市低收入农户为例 [J]. 管理世界, 2016 (12): 176-177.

⑦ Nillesen E, Bulte E. Natural resources and violent conflict [J]. *Annual Review of Resource Economics*, 2014, 6 (1): 69-83.

⑧ Thiede B C, Lichter D T, Slack T. Working, but poor: The good life in rural America? [J]. *Journal of Rural Studies*, 2018, 59 (3): 183-193.

⑨ 邓维杰. 贫困村分类与针对性扶贫开发 [J]. 农村经济, 2013 (5): 42-44.

丹妙药；社会力量理应成为扶贫参与力量，但各扶贫主体孤军作战不能很好地应对贫困治理过程中农户内生动力提升和可持续稳定脱贫问题。因此，多元共治贫困并不是简单的多元治理，而是以精准脱贫为目的，扶贫对象、政府部门和社会组织等相互联系、相互作用、相互监督的一套完整系统①。

该理论框架有三层含义：一是多元扶贫目标的融合。随着我国绝对贫困的消除，相对贫困背景下呈现的不平衡不充分问题将仍十分突出。在从脱贫高速发展向脱贫质量转化过程中，贫困地区和贫困户能力提升、教育医疗等社会公平发展将成为贫困治理的主体。二是多元扶贫主体的参与。多元扶贫目标要求多元主体通力合作，政府应从"工具性—价值性"视角引导不同社会力量参与，促使社会企业、社会组织在经济利益的驱使下增强其行动的可持续性，在社会文化因素"价值内化"过程中参与贫困治理，履行社会责任。三是"多位一体"模式的协同推进。贫困治理的首要问题是如何构建有效机制以充分发挥不同主体在各自边界内的优势与作用。在贫困治理中，政府通过专项扶贫资金引导农户收入增长和村集体经济发展，通过行业扶贫将教育、医疗等嵌入贫困地区，通过社会扶贫为社会组织和社会公众畅通参与扶贫的渠道，试图构建一个多元主体相对独立且良性互动的网络结构（图 2-2），在此结构中多种扶贫路径通过耦合机制促进扶贫目标的实现。事实上，该框架亦融入了参与式扶贫与合作型反贫困理念，是对该理念的继承与发展。

目前，尽管学术界关于不同主体参与贫困治理已有大量研究成果，但缺乏如何通过多元共治利用好政府、市场和社会三种资源，促进专项扶贫、行业扶贫与社会扶贫协同合作的深入研究。本书对此进行了补充和丰富，后续章节在渝东北贫困地区扶贫实践案例中，探索创新政府、市场和社会共治贫困的模式（包括政府、地方高校、金融机构、行业企业、社会

---

① 杜国明，于佳兴，李全峰．精准扶贫区域系统及其运行机制 [J]．东北农业大学学报（社会科学版），2017，15（5）：24-29.

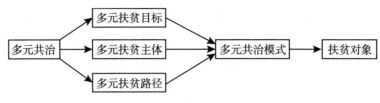

图 2-2　多元共治贫困理论框架

组织、村、贫困户等多元主体），使多种力量相互促进，实现村集体和村民收入同步增长。在扶贫开发与社会保障并重的制度设计下，一方面通过"政校企村"共建模式发展村集体经济（特色农产业）助力贫困人口脱贫，"政校企村"共建活动是由区/县级乡镇领导牵头，区/县直部门和优秀企业（农业企业、金融机构、合作社等）与经济薄弱村结对帮助开展基础设施建设、特色产业发展和民生项目推进，促进经济薄弱村的显性收入增长和内生动力提升；另一方面通过认真落实结对帮扶工作和"家门口"就业工程带动农户自我觉醒，实现收入增长。结对帮扶意指区/县直机关工作人员、其他扶贫主体（包括地方高校）与低收入农户结对，帮助其选准适合自己的"家门口"就业项目，实现脱贫致富。本书后续章节中不仅分析渝东北贫困区多主体协同治理贫困的联动机制问题，厘清不同扶贫主体在联动机制中的作用及机制运作机理，同时理论模型和实践思路也可为2020年后扶贫时代相对贫困治理提供相关启示。

2.3　演化博弈论与模型设计

2.3.1　演化博弈论

博弈论（Game Theory）是系统研究各种决策问题，寻求在各博弈方具有充分或者有限理性（Full or Bounded Rationality）、能力的条件下，合理的策略选择和合理选择策略时博弈的结果，并分析这些结果的经济意义、效率意义的理论和方法①。博弈论研究的问题大多是在各博弈方之间的策略对抗、竞争，或者面对一种局面时的对策选择，因此也被称为"对策论"，具体的博弈问题则被称为"对策问题"。其所研究的决策问题是一个有开始、有结束、有结果的整个过程，包含多个面对一定局面的对策选择，而问题的解决则常常是由一组对策构成的一个完整的行动计划。这些决策问题的研究，并不局限于站在某个决策方的立场上找到针对其他方的对策，更重要的是分析在这些决策过程中各决策方相互制约、相互作用的规律，导出合理的结果并用以说明相应的实际问题，不仅为了指导各决策方的合理决策，也可指导具有组织和管理职能的政府及其机构制定合理的政策和规则。

演化博弈论（Evolutionary Game Theory）是把博弈理论分析和动态演化过程分析两者结合起来的一种理论。在方法论上，它不同于博弈论将重点放在静态均衡和比较静态均衡上，强调的是一种动态的均衡。演化博弈论源于生物进化论，它曾相当成功地解释了生物进化过程中的某些现象。当前，经济学家常运用演化博弈论分析社会习惯、规范、制度或体制形成的影响因素以及解释其形成过程，如：用户选择交通出行方式、企业战略联盟、产学研联盟合作与校企合作、用户个体决策等。

在传统博弈理论中，常常假定参与人是完全理性的，且对问题拥有完全信息，但对现实的经济生活中的参与人来讲，参与人的完全理性与拥有完全信息是很难实现的。在企业的合作竞争中，参与人之间是有差别的，经济环境与博弈问题本身的复杂性所导致的信息不完全和参与人的有限理性问题是显而易见的。与传统博弈理论不同，演化博弈论并不要求参与人是完全理性的，也不要求拥有完全信息。人的有限理性是由两方面原因引起的：一方面是由于人的感知认识能力限制，它包括个人在获取、储存、追溯和使用信息的过程中不可能做到准确无误；另一方面则是来自语言上的限制，因为个人通过语句、数字或图表来表达自己的知识或感情时是有

---

① 谢识予. 经济博弈论（第三版）[M]. 上海：复旦大学出版社，2012.

限制的。

一般的演化博弈论具有如下特征：它的研究对象是随着时间变化的某一群体，理论探索的目的是为了理解群体演化的动态过程，并解释说明为何群体将达到这一状态以及如何达到。影响群体变化的因素既具有一定的随机性和扰动现象（突变），又有通过演化过程中的选择机制而呈现出来的规律性。大部分演化博弈论的预测或解释能力在于群体的选择过程，通常群体的选择过程具有一定的惯性，同时这个过程也潜伏着突变的动力，从而不断地产生新变种或新特征。这种动态性和后面章节分析政府主导下联合其他扶贫主体共同作用产生效果所体现的动态特征一致。

演化博弈论认为，时间是不可逆的，过去时间内的状态与未来时间的状态是不对称的，因而，主体行为演化状态跟初始的时间状态息息相关。在演化博弈模型中，随机（突变）因素起着关键的作用，演化过程常被看成是一种试错的过程。行为人会尝试各种不同的行为策略，并且每一次都将发生部分替代。在演化博弈论中，行为主体被假设为程序化地采用某一既定行为，它对于经济规律或某种成功的行为规则、行为策略的认识是在演化的过程中得到不断的修正和改进的，成功的策略被模仿，进而产生出一些一般的"规则"和"制度"并作为行为主体的行动标准。在这些一般的规则下，行为主体获得了"满意"的收益。

可以看出，演化博弈论不再将人视为超级理性的博弈方，而是认为人类通常是通过试错的方法达到博弈均衡的，与生物进化原理具有共性，所选择的均衡是达到均衡的均衡过程的函数，因而历史、制度因素以及均衡过程的某些细节均会对博弈的多重均衡的选择产生影响①。演化博弈论摒弃了完全理性的假设，从系统论出发，把群体行为的调整过程看做一个动态系统，这其中每个个体的行为及其与群体之间的关系得到了单独的刻画，可以把从个人行为到群体行为的形成机制以及其中涉及的各种因素都

① Malhotra D. Decision making using Game Theory: An introduction for managers by Anthony Kelly [J]. *Academy of Management Review*, 2003, 30 (1): 193-194.

纳入演化博弈模型中去，构成一个宏观模型，因此能够更真实地反映行为主体的多样性和复杂性，并且可以为宏观调控群体行为提供理论依据。行为主体在演化过程中不断修正和改进自己的行为，模仿成功的策略等，都需要一个相对较长的时间。在多种扶贫主体联动作用机制影响下，农户是否实施特色产业规模化生产经营以期作为脱贫的有效方式，其决策行为应作为一个动态过程来研究，运用演化博弈来分析并认识农户主体决策行为演变的动态过程和规律，这样有助于政府在扶贫过程中观察政策的实施效果，并为及时调整政策提供现实依据。为此，本书选择演化博弈方法探讨多主体参与的政府和农户双方决策过程中的动态影响机制，从而为政府扶贫政策设计提供合理的决策依据。

2.3.2　扶贫主体与农户间博弈模型设计

在演化博弈模型中，扶贫主体包括代表政府、企业（金融机构）、地方高校等行为主体，为简化分析，模型中以政府为扶贫代表主体出现，政府采取的措施在实践中通过与其他扶贫主体的合作来共同发挥效果。例如：政府对农户采取培训措施，事实上是在扶贫政策实施过程中采取"政府+地方高校或企业"双方主体的合作运作方式，通过代表地方高校或企业的扶贫主体（如地方本科院校、高职高专、科研院所、企业等资深专家和服务团队）直接或间接地对农户进行就业创业、科技培训等服务。因此，在分析政府扶贫主体所采取的措施时，有必要对政府选择的扶贫措施（即选择政策工具类型）进行划分和界定。

一般而言，政策工具类型种类较多，按照不同标准进行划分，可以分为不同工具类型，如：按使用方式划分有激励类、管制类、信息传递类三种①；按政府强制程度高低划分有强制类、市场类、引导类和自愿类四

---

① 顾建光，吴明华．公共政策工具论视角述论 [J]．科学学研究，2007，25（1）：47-51．

种①；按政府职能角度划分有政府供应、生产、补贴和管制四种类型②。这些分类都凸显了其各自优点，根据现实中扶贫政策措施和脱贫工作实践情况，本书按照使用方式划分方法来给出政府扶贫主体选择的工具或措施。具体而言，激励类工具带有非强制性，如经济刺激、补贴等，这类工具在一些领域很容易得到实行，较受群众青睐，引入模型中主要指政府以产业扶贫项目形式提供补贴刺激农户发展特色农产业来实现脱贫。管制类工具带有强制性特征，如法律法规、监督制裁、规定、规章、条例等，这种管制通常是一种在事发之后采取的政策工具，当发现了不希望出现的行为之后，于是采取管制，因此，可能会引发来自作为政策对象的行为者的阻挠。管制类工具引入模型中主要指政府与企业（金融机构）相互联合，通过鼓励金融机构对农户提供信贷，同时又对信用贷款失信用户采取联合惩戒措施来达到自身目的。信息传递类工具很适合现代社会成员之间的关系，这类工具以信息引导沟通为主，作为一种"软工具"，它是政府让各利益相关者理解各种扶贫政策意图的重要桥梁，也是促使目标群体接受扶贫政策的重要保障。这类工具使用的重要性也与日俱增，引入模型中主要指政府通过公共传媒途径进行扶贫政策宣传，以及与其他扶贫主体合作，通过培训基地、实训场所、课堂讲座等方式使农户农业生产经营和管理技能得到提升。

由上分析可知，模型设计选择产业扶贫项目补贴、贷款失信惩戒和科技培训三种工具，分别代表政府、政府与金融机构（企业）、政府与地方高校等扶贫主体在实践中对农户所采取的扶贫措施。模型中，政府行为通过扶贫政策的实施来体现。于是，演化博弈模型可视为政府与农户间双方的博弈。我们知道，十九大报告提出依靠发展特色农产业来实现脱贫，为此，模型设计以发展特色农产业为例，分析在政府扶贫主体（各种扶贫政

① 王辉. 政策工具选择与运用的逻辑研究——以四川 Z 乡农村公共产品供给为例 [J]. 公共管理学报，2014，11（3）：14-23.

② 欧文·E. 休斯. 公共管理导论（第四版）[M]. 张成福，译. 北京：中国人民大学出版社，2015.

策）推动影响下农户是否愿意发展规模化特色农产业来实现脱贫。模型设计过程主要包括条件假设和求解分析两个部分。

第一，模型条件假设。现实中，农户是否从事规模化农业生产受诸多因素影响，就其影响因素而言大致相同，主要包括个体特征类变量①②③（户主年龄、性别、文化水平、政策认知、技术认知、环境认知、生活经历、社会经济活动角色）、家庭特征类变量④⑤（土地经营规模、劳动力数量、家庭收入结构、消费水平、社会资本或关系、资源条件）、外部社会环境特征类变量⑥⑦⑧（自然条件、地理特征、农产品价格、市场风险、农业补贴政策、金融信贷、保险、技术获取、机械化水平、区域经济发展水平）等。由于本节模型设计主要从政府行为角度选择工具因素，即主要考虑外部环境特征因素的影响，因此，模型在不考虑其他影响因素情况下，给出如下条件假设。

假设 1　在"自然"状态下存在一个由政府扶贫主体和农户两种有限理性博弈群体组成的系统，政府希望通过相关产业扶贫政策刺激贫困地区农户自我能力发展，实施规模化特色农产业生产经营以实现农户长期稳定

①　Heltberg R. Rural market imperfections and the farm size-productivity relationship：Evidence from Pakistan［J］. *World Development*，2004，26（10）：1807-1826.

②　Bartolini F，Viaggi D. The common agricultural policy and the determinants of changes in EU farm size［J］. *Land Use Policy*，2013，31（2）：126-135.

③　钟真，孔祥智. 市场信号、农户类型与农业生产经营行为的逻辑——来自鲁、晋、宁千余农户调查的证据［J］. 中国人民大学学报，2013（5）：62-75.

④　张恩广，向月军，卢文凤，等. 重庆丘陵山区家庭农场主扩大经营决策影响因素的实证分析［J］. 南方农业学报，2018，49（4）：818-824.

⑤　韩苏，陈永富. 浙江省家庭农场经营的适度规模研究——以果蔬类家庭农场为例［J］. 中国农业资源与区划，2015，36（5）：89-97.

⑥　孙伟艳，王新利. 农户农业经营行为产生机理对农业补贴政策的修正研究——基于辽宁省 525 户农户的实证分析［J］. 农业技术经济，2016（10）：59-66.

⑦　文长存，孙玉竹，魏昊，等. 新形势下农户粮食规模经营行为及其影响因素研究——基于粮食主产区的调查数据［J］. 华中农业大学学报（社会科学版），2017（3）：8-17.

⑧　原伟鹏，刘新平，胡娟. 土地整治促进家庭农场适度规模经营研究——基于伊犁州和塔城地区调研［J］. 中国农业资源与区划，2017，38（1）：67-73.

增收，其有两种可选择的策略——实施扶贫政策工具刺激和不实施扶贫政策工具刺激。农户（主要代表从事农业生产劳动来维持生计的家庭扶贫户）也有两种可选择的策略——扩大农业生产规模和不扩大农业生产规模。农户选择这两种策略的行为特征表现在：选择前者策略倾向于采用现代农业新技术进行专业型、技能型的特色农产业规模化生产，主要以市场为导向①，追求利润最大化；选择后者策略倾向于采用传统农业生产技术（主要来自其长期农业生产实践），保持现有生产条件，致力于维持现有生计水平②，以个体方式在分散小块土地上从事农业生产，主要追求自给自足的小农经济方式③。政府和农户双方都不能完全了解博弈的全部信息，博弈一方也难以完全预测另一方博弈的结果，博弈双方只能根据一定的概率来预测其收益期望值。

假设 2 农户若选择不扩大生产经营，在农业生产过程中习惯采用传统生产技术和经营方式，获得的收益设为 TP；农户若选择扩大生产规模，则以市场为导向进行规模化特色农产业生产需要投入一定的生产经营成本（如土地承包、人工管理、生产施肥、生产设备或技术投入等），将此成本总投入设为 NCI，选择该策略后，农业生产资源利用率和农业生产技术效率提升会促使农户收益（包括收入和社会资本）得到提高④，这种收益设为 NP（$TP \leq NP$）。农户若选择不扩大生产，按照小农经营方式自给自足，如若贷款则在信用贷款过程中难以有稳定收入来源按时偿还贷款，其失信程度设为 TQ；选择扩大生产进行特色农产业规模化经营后（这种情

---

① 徐玉婷，杨钢桥. 不同类型农户农地投入的影响因素 [J]. 中国人口·资源与环境，2011，21（3）：106-112.

② Dorward A, Anderson S, Bernal Y N, et al. Hanging in, stepping up and stepping out: Livelihood aspirations and strategies of the poor [J]. *Development in Practice*, 2009, 19（2）：240-247.

③ 王瑶. 农户分化对农地经营行为的影响研究——基于生计型和利润型农户的视角 [J]. 农村经济与科技，2017，28（17）：26-28.

④ 刘天军，蔡起华. 不同经营规模农户的生产技术效率分析——基于陕西省猕猴桃生产基地县 210 户农户的数据 [J]. 中国农村经济，2013（3）：37-46.

况下一般通过当地农村专业合作社统一销售），农户将有稳定的收入来源，则在信用贷款过程中失信程度降低，设为 $NQ(NQ < TQ)$。

假设 3　设政府实施扶贫政策刺激的总成本为 GC。政府为农户提供一定的农业产业扶贫项目补贴进行激励（补贴对象包括农户、合作社、农业企业等，本模型仅考虑农户对象），设补贴标准（或系数）为 β，即农户若进行规模化特色农产业生产经营，实际生产经营投入成本为 $(1 - \beta) \times NCI$。鉴于金融扶贫政策针对扶贫户倾斜力度较大，在农业生产与经营过程中，农户可通过小贷公司、村互助金、商业银行等进行贷款（贷款后是否有充足的利润回收来偿还贷款，受诸多因素影响且存在不确定性），若政府与金融机构合作对信用贷款失信用户采取失信联合惩戒措施，设惩戒强度（或系数）为 λ，惩戒对农户带来的损失（如行政性、市场性、行业性、社会性等约束）即为惩戒系数与失信的程度相乘。设政府规定农户在小额信用贷款过程中失信程度不得高于 Q^*。政府与教育机构合作采取科技培训、农技服务、集中培训、农田实验技术指导等形式来提高农民科学素养和生产技能，进而提高农户农业生产经营能力，设政府在扶贫过程中对农户扩大生产发展特色农产业规模进行引导、实地培训或教育的单位成本为 θ，其值越高，代表政府对指导农户就业创业和技能的培训力度越强。

假设 4　在政府主体采取扶贫政策刺激条件下（政策实施过程中政府与其他扶贫主体的合作行为使其共同发挥作用），农户若选择扩大生产规模会逐渐形成特色农产业规模化以实现稳定就业增收脱贫，同时也具有稳定的收入来源并能偿还农业生产过程中有关贷款，由此带来的扶贫脱贫效果为政府扶贫主体在扶贫过程中所获得的成绩，即扶贫政策刺激收益，设为 GP；政府若不实施扶贫政策进行刺激和贷款失信治理，在新一轮扶贫标准下返贫农户将可能会增加，农户在生产经营过程中信用贷款出现失信程度也可能会增加，不良贷款将居高不下，民众对政府的不作为产生消极抵触情绪，从而会使民众对政府失去信任，政府形象在公众心目中严重受损，将该损失设为 GL。

假设 5　假设农户保持现有生产条件并以维持生计为目标，选择不扩大生产经营后将会因缺乏稳定的收入来源，导致信用贷款失信程度高于政府规定的失信行为标准，农户选择扩大生产规模后因有稳定的收入来源致使信用贷款失信程度低于该标准，即 $TQ > Q^* > NQ$。农户选择扩大生产规模策略的概率设为 x，选择不扩大生产规模策略的概率为 $(1-x)$；政府在扶贫过程中实施扶贫政策工具刺激的概率为 y，不实施扶贫政策刺激的概率为 $(1-y)$，且 x（$0 \leqslant x \leqslant 1$）和 y（$0 \leqslant y \leqslant 1$）分别是关于时间 t 的函数。

综合以上各条件假设，可构建政府扶贫主体与农户之间博弈的收益矩阵，如表 2-1 所示。

表 2-1 　　　　　　　　　政府扶贫主体与农户间博弈的收益矩阵

主体行为策略选择		政府扶贫主体	
		实施扶贫政策工具刺激	不实施扶贫政策工具刺激
农户主体	扩大生产规模	$NP - (1-\beta) \times NCI - \lambda \times NQ + \theta(Q^* - NQ)$；$GP - \beta \times NCI + \lambda \times NQ - GC$	$NP - NCI$；GP
	不扩大生产规模	$TP - \lambda \times TQ - \theta(TQ - Q^*)$；$\lambda \times TQ - GC$	TP；$-GL$

第二，演化博弈模型求解。政府扶贫主体和农户都是有限理性的个体，博弈双方无法完全理性地判断对方采取策略的结果，因此，根据演化博弈论可知，农户选择扩大生产规模策略后的收益为：

$$U_{f1} = y[NP - (1-\beta) \times NCI - \lambda \times NQ + \theta(Q^* - NQ)] + (1-y)(NP - NCI)$$
$$= y[\beta \times NCI - \lambda \times NQ + \theta(Q^* - NQ)] + (NP - NCI) \qquad (2\text{-}1)$$

农户选择不扩大生产规模策略后的收益为：

$$U_{f2} = y[TP - \lambda \times TQ - \theta(TQ - Q^*)] + (1-y) \times TP$$
$$= y[-\lambda \times TQ - \theta(TQ - Q^*)] + TP \qquad (2\text{-}2)$$

由式（2-1）和（2-2）可得到农户选择策略的平均收益为：

$$\overline{U}_f = x\,U_{f1} + (1 - x)\,U_{f2} \tag{2-3}$$

政府对农户扶贫政策措施进行刺激，则收益为：

$$U_{g1} = x[\,GP - \beta \times NCI + \lambda \times NQ - GC\,] + (1 - x)(\lambda \times TQ - GC)$$

$$= x[\,GP - \beta \times NCI - \lambda \times (TQ - NQ)\,] + (\lambda \times TQ - GC) \tag{2-4}$$

若政府对农户扶贫政策不进行刺激，则收益为：

$$U_{g2} = x \times GP + (1 - x)(-GL) = x(GP + GL) - GL \tag{2-5}$$

由式（2-4）和（2-5）可得到政府扶贫主体采取策略的平均收益为：

$$\overline{U}_g = y\,U_{g1} + (1 - y)\,U_{g2} \tag{2-6}$$

根据假设和模型求解，此时政府和农户构成的系统可表示关于时间 t 的函数，用复制动态方程组可表示为：

$$\begin{cases} \dfrac{dx}{dt} = x(1 - x)\{y[\beta \times NCI + (\lambda + \theta)(TQ - NQ)] + (NP - TP - NCI)\} \\[2mm] \dfrac{dy}{dt} = y(1 - y)\{x[-\beta \times NCI - \lambda(TQ - NQ) - GL] + (\lambda \times TQ + GL - GC)\} \end{cases}$$

$$\tag{2-7}$$

令 $\dfrac{dx}{dt} = 0$ 且 $\dfrac{dy}{dt} = 0$ 可以得到由政府和农户构成系统的五个稳定点，即 $(0,0)$，$(0,1)$，$(1,0)$，$(1,1)$ 和 (x^*, y^*)，其中：

$$x^* = \frac{\lambda \times TQ + GL - GC}{\beta \times NCI + \lambda(TQ - NQ) + GL};\quad y^* = \frac{NP - TP - NCI}{-\beta \times NCI - (\lambda + \theta)(TQ - NQ)}$$

通过利用雅克比矩阵行列式和矩阵的迹可判断由政府扶贫主体和农户构成系统得到五个稳定点的演化稳定性，即：当矩阵行列式的值大于 0 且矩阵的迹（特征值总和）为负值时，此时得到系统的点为演化稳定点，相对应的策略为演化稳定策略。由此，构建的雅克比矩阵可表示为：

$$\begin{bmatrix} (1 - 2x)\{y[\beta \times NCI + (\lambda + \theta)(TQ - NQ)] + (NP - TP - NCI)\} & x(1 - x)[\beta \times NCI + (\lambda + \theta)(TQ - NQ)] \\ y(1 - y)[-\beta \times NCI - \lambda(TQ - NQ) - GL] & (1 - 2y)\{x[-\beta \times NCI - \lambda(TQ - NQ) - GL] + (\lambda \times TQ + GL - GC)\} \end{bmatrix}$$

由雅克比矩阵行列式的计算分析可知，当 $NP - TP - NCI < 0$ 且 $\lambda \times TQ + GL - GC < 0$ 时，$(0,0)$ 为系统均衡稳定解；当 $[\beta \times NCI + (\lambda + \theta)(TQ - NQ) + (NP - TP - NCI)] < 0$ 且 $\lambda \times TQ + GL - GC > 0$ 时，

$(0, 1)$ 为系统均衡稳定解；当 $NP - TP - NCI > 0$ 且 $[-\beta \times NCI + \lambda \times NQ - GC] < 0$ 时，$(1, 0)$ 为系统均衡稳定解；当 $[\beta \times NCI + (\lambda + \theta)(TQ - NQ) + (NP - TP - NCI)] > 0$ 且 $[-\beta \times NCI + \lambda \times NQ - GC] > 0$ 时，$(1, 1)$ 为系统均衡稳定解。将第五个稳定点 (x^*, y^*) 代入雅克比矩阵中可知矩阵的行列式为正值且矩阵的迹为 0，此为系统的鞍点，或者向 $(0, 1)$，或者向 $(1, 0)$ 点演化，都可得到系统均衡稳定解。

通过分析系统均衡稳定解，可对以下四种情况进行讨论：

一是当 $NP - TP - NCI > 0$ 时，无论扶贫政策执行与否，农户都会选择扩大生产发展规模化特色农产业来提高产量和收入进而改善生计。由于此时 $NP - NCI > TP$，事实上，农户选择扩大生产规模策略能够获得更多的经济利润或好处（如提高收入、社会资本、生活质量等），因此，农户会自发地选择采取扩大生产规模策略来脱贫致富，政府无须采取扶贫政策，也无须与其他扶贫主体联合采取扶贫激励措施进行刺激。

二是当 $[\beta \times NCI + (\lambda + \theta)(TQ - NQ) + (NP - TP - NCI)] < 0$ 时，尽管政府实施扶贫政策刺激会给选择扩大生产规模策略的农户带来部分生产成本补偿，并提高其积极性，但这种扶贫政策激励不足以弥补该类农户选择不扩大生产规模策略后所获得收益的差额。因此，在这种情况下，尽管有扶贫政策激励，但农户仍会倾向选择采取不扩大生产规模策略，此时政府采取扶贫政策措施难以发挥预期的刺激效果。

三是在扶贫政策刺激下，当 $[\beta \times NCI + (\lambda + \theta)(TQ - NQ) + (NP - TP - NCI)] > 0$ 且 $[-\beta \times NCI + \lambda \times NQ - GC] > 0$ 时，系统则会演化为农户选择采取扩大生产规模策略的稳定状态，此时农户选择扩大生产规模策略后的净收益与选择不扩大生产规模策略相比更多，政府对失信用户进行失信联合惩戒带来的社会效益足够减轻扶贫政策成本压力，或转为对农户生产经营的产业补贴激励，从长远考虑这种情况可使博弈双方都能够获得好处，因此，能够保持双方稳定。

四是当 $NP - TP - NCI < 0$ 且 $\lambda \times TQ + GL - GC < 0$ 时，政府与金融机构合作对信用贷款失信用户进行失信联合惩戒带来的社会效益，不仅不

足以弥补实施扶贫政策进行刺激时对农业产业扶贫项目投入的成本支出，而且将民众对政府扶贫政策刺激效果的认可量化也无法弥补差值，在这种情况下，对政府而言，尽管初始选择对农户实施扶贫政策进行激励，但从长远看扶贫政策刺激难以达到预期效果，因而政府会慢慢放弃扶贫政策刺激，最后会使系统演化到这样一种稳定状态，即：政府的策略为选择不实施扶贫政策，农户的策略为选择不扩大生产规模。

综合以上分析，我们难以看到政府扶贫主体与农户主体之间行为变化规律的可视化效果，为更形象化和直观化地体现政府扶贫主体及其与其他扶贫主体的联动作用影响效果，第 8 章将采用仿真实验方法进行模拟，刻画农户生产经营决策行为的动态演变过程和规律，让政府在扶贫过程中观察农户主体行为演变状态，从而根据扶贫政策刺激效果（有效/无效）来调整工作机制和后续扶贫政策的制定及实施强度。

第3章 渝东北贫困地区脱贫基础与现状

在上一章中，我们全面分析了与本论题有关并能提供支撑的一些理论原理和观点，由于本书选择渝东北贫困地区为研究重点，在提出构建多主体参与的脱贫联动机制的理论分析框架之前，有必要先了解该地区扶贫脱贫工作的一些概况，包括该地区具备的一些脱贫基础条件和农户家庭及生活环境情况。在接下来的两章中，我们将运用 SWOT 分析工具，全面分析该地区脱贫概况，并通过抽样调查深入认识农户家庭生活环境、农村公共基础设施建设、农户对当前脱贫工作的评价及农户对扶贫资源的需求等情况。与此同时，我们也分析了该地区扶贫脱贫经验和脱贫工作成绩。该地区脱贫攻坚取得了突破性进展，抓住了国家各种政策利好和机遇，在取得脱贫业绩和巩固脱贫成果的同时，我们也应该看到，该地区后期贫困治理仍面临着一些挑战和困境，这些将在第四章进行详细阐述。本章中，我们先来认识渝东北贫困地区脱贫攻坚具有哪些基础，在脱贫攻坚实战中取得了哪些丰富的经验，有哪些战果，农户当前的生活环境状况如何，农户对各项扶贫脱贫工作推进程度有何评价，农户对当前扶贫资源又有哪些需求，等等。

3.1 渝东北贫困地区脱贫基础

3.1.1 渝东北地区脱贫自然资源基础

2017 年 9 月，重庆市规划局、统计局、国土房管局、市普查领导小组办公室联合发布《重庆市第一次地理国情普查公报》，数据表明：重庆市各地貌类型中，平原面积占比为3.74%，在秀山、梁平、荣昌等区县呈现集中连片分布；台地面积占比为5.33%，主要分布于垫江、合川、永川、长寿、涪陵、忠县、梁平、大足等区县；丘陵、山地面积占比分别为15.6%、75.33%。

渝东北地区包括万州、丰都、垫江、忠县、开州、梁平、城口、云阳、奉节、巫山、巫溪等11个区县（见图3-1），面积3.39万 km²。其中，属于2015年重庆市国家级贫困区县有8个，分别是城口县、巫溪县、巫山县、奉节县、云阳县、开州区、万州区、丰都县。渝东北地处渝、鄂、川、陕等四省市交界地带，是重庆的东北"门户"。该区域颇为"特殊"——处于三峡库区，又是秦巴山连片特困地区之一。渝东北地区丘陵山地面积占比相对较高，但自然资源极其丰富，具有天然的区域优势。因此，我们以2015年纳入重庆市国家级贫困8个代表性区县为例，自然资源优势主要从土地资源、矿产资源、生物资源、水能资源、旅游资源与特产五个方面进行分析，如表3-1所示，这些为渝东北贫困地区脱贫攻坚提供了良好的基础和资源利用条件。

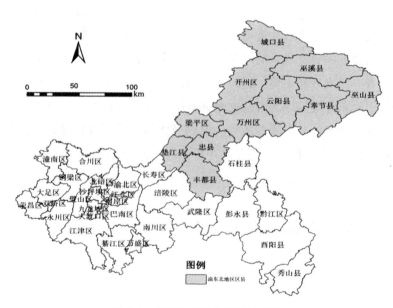

图3-1 渝东北地区各区县地理图

表 3-1　　　　　　　　　　　　　　渝东北国家级贫困区县自然资源概况

区/县	土地资源	矿产资源	生物资源	水能资源	旅游资源与特产
城口县	城口属米仓山、大巴山中山区，由一系列西北—东西走向的雁列式褶皱和冲断层组成，山脉受地质构造和岩性的控制，排列较为整齐，山岭均由北西向南东扩展；境内最高点光头山海拔 2 685.7 m，最低点沿河乡岔溪口海拔 481.5m；全县地势南东偏高，北西偏低，东西长 96km，南北宽 66km，幅员面积3 289.06km²	主要有铁、锰、钡、钒、铅锌、锗、镓、煤、白云岩、石灰岩、磷、硫、盐、重晶石、重毒石、石棉、石膏、石英砂石、高岭土、大理石、辉绿岩铸石、含硫石质沥青、古生物碎屑灰岩等多种矿产	城口县属川东盆地偏湿性常绿阔叶林亚热带。植被资源有乔木、灌木、木质藤本和竹类 4 个大类。其中乔木又分为 59 科、136 属、280 多个种别；灌木分为 48 科、112 属、226 种；木质藤本分为 24 科、49 属、96 种；竹类近 20 种；珍稀树种有水杉、银杏、杜仲、鹅掌楸、香果树等；经济林木有漆树、茶树、核桃、板栗、油桐、花椒、苹果、梨、柿等 9 种；木本药材有杜仲、黄柏和世界稀有药材——荆豆；林下植物有木姜子、卫茅、蔷薇、火棘等；竹类有白夹竹、斑竹、荆竹、巴山木竹等 20 种；动物资源主要有兽类、鸟类、两栖类、鱼类等，兽类有 52 种，鸟类共 141 种，两栖类 8 种，鱼类共 4 目 9 科 7 亚科 27 种	城口地表水系发育，河网密布。地表水属长江水系，主要以岩溶水的形式在地下深处运动，资源总量为 6.22 亿 m³，占境内水资源总量的 20%。县有大小河流 779 条，流域面积 10 km² 以上的河流有 45 条，流域面积 100 km² 以上的河流 13 条，50～100 km² 的 6 条，10～50 km² 的 26 条	旅游资源：大巴山国家级自然保护区、九重山国家森林公园、巴山湖国家湿地公园、神田草原、中国亢谷风景区、城口县苏维埃政权纪念公园等景区 名优特产：城口山地鸡、城口核桃、城口老腊肉、野生岩耳、黄安坝野生蜂蜜、黑木耳、香菇、中药材、野生板栗等农产品

续表

区/县	土地资源	矿产资源	生物资源	水能资源	旅游资源与特产
巫溪县	山地为主，属于典型的中深切割中山地形，境内山大坡陡，立体地貌明显。县域内地带性土壤为黄壤，土壤分为7个土类、26个土属、76个土种。低山河谷区多为紫色土、水稻土；中山区多为黄壤、石灰（岩）土；半高山为黄棕壤土；高寒山区为棕壤土。海拔139.4~2 796.8 m不等，面积4 030 km²	矿产18种，探明的8种；煤产地48处，储量7 000万吨；石灰石储量1.5亿吨；盐卤储量8.38亿 m³；大理石储量1亿 m³；磷矿探明储量406.45万吨；黄铁矿总储量2 830万吨	重庆森林资源第一大县。县内天然植被包括常绿阔叶林、针叶林和落叶阔叶林、针阔叶混交林，灌丛及草甸。海拔800m以下主要为马尾松、杉、柏、樟、楠、油桐、桑、茶、柑橘林分布区；800~1 500m是水杉、油杉、云南松、香椿、小木漆、梨、苹果分布区；1 500~2 100m主要有华山松、油松、大木漆、冷杉、云杉、桦木林等；2 100m以上主要是冷杉。县域森林覆盖率46.2%，珍稀名木古树316株，藻类植物145种，维管植物3 500余种，其中国家重点保护植物有53种，一级有红豆杉、南方红豆杉、珙桐、银杏、水杉等6种；二级有杜仲、香樟、楠木等47种；陆生野生动物749种，其中国家重点保护动物36种，国家一级保护动物有金钱豹、云豹、金丝猴、金雕、玉带海雕、林麝6种，二级保护动物有猕猴、黑熊等30种	大宁河等15条主要河流，均属长江水系。年均降水量56.6亿 m³，地表径流量34.6亿 m³。地下水总量为11.22亿~11.99亿 m³。各类蓄引提水工程162处，引水量2 853万 m³。其中，水库有效库容94万 m³；中型引水堰一条，引水总量1 287万 m³；小型蓄引水道1 003条，年引水总量1 102万 m³	旅游资源：红池坝国家森林公园（国家级1个），宁厂古镇、阴条岭、灵巫洞、荆竹坝岩棺群（省市级4个），大官山、庙峡翡翠谷、云台峰、野人谷、月牙峡、猫儿背天然氧吧、朝阳石林、团城幽峡、高楼河原始森林（县级10个）等景区。名优特产：巫溪洋芋、巫溪洋鱼、巫溪桔梗果脯、巫溪大宁党参果脯、巫溪特产鹿茸片、野生土蜂、野生天麻、野生香菌、黑木耳、核桃、当归、黄肉牛、大宁河鸡、板角山羊、巫溪大鲵、银针茶叶、紫薯粉丝、松仁、川贝母、老腊肉、紫色红薯等

续表

区/县	土地资源	矿产资源	生物资源	水能资源	旅游资源与特产
巫山县	典型的喀斯特地貌，地层为沉积岩地层，岩层软硬相间，次级褶皱及断裂构造十分明显，构造地质背景复杂。海拔73.1~2 680 m，面积2 958 km²	主要有黑色金属、有色金属、化工原料、非金属矿四大类，其中煤、铁、硫、石灰岩分别为1.7亿吨、1.53亿吨、1亿吨、0.5亿吨	珍稀动物有金丝猴、鬣羚、牛羚、白唇鹿、鸳鸯、大鲵、红腹角雉、白尾椎红雉、绿尾红雉、猕猴、穿山甲、水獭、大灵猫、小灵猫、猞猁、獐、马鹿、斑羚、白冠长毛雉、金鸡等，有各种野鸟100余种，有豺、狼、熊、野猪、鹿等走兽50余种；珍稀植物有猕猴桃、野生大豆、三叶、金橘、桑、香樟、重阳木、银杏、红豆、珙桐、三尖杉、杜仲等	境内雨量充沛，溪河众多，水能蕴藏量27 423万吨，可开发量达352万千瓦	旅游资源：巫山小三峡、象鼻山、梨子坪森林公园、大宁河古栈道、大昌古镇等。境内有以峡谷、江河风光为主的长江三峡；有以探险、休闲、漂流为主的小三峡；有以曲径探幽、神女峰为代表的"三台八景十二峰"景点群。 名优特产：巫山烤鱼、巫山包面、水口钮丝面、翡翠凉粉等
奉节县	以山地为主，最高海拔达2 123 m。总体为东南、东北高而中部偏西稍平缓，南北约为对称分布，以长江为对称轴，离长江越远海拔越高，有少量平缓河谷平坝。面积4 098km²	主要有煤、硫铁矿、石灰石、石膏、页岩、海泡石、大理石、铁、铝土、钾、石英石、皂石等30余种，其中，前五种储量分别为3.96亿吨、7 300万吨、4.7亿吨、2 800万吨、2.43亿吨	境内主要有植物244科、1 285种，动物165科、558种；珍稀动物主要有大鲵、獐、豹、鹿、野猪等，珍稀植物主要有水杉、银杏、领椿木、莲香树等	境内河流属长江水系，其中长江干流长41.5km，另有梅溪河、大溪河、石笋河、草堂河、朱衣河等主要河流。除长江过境水资源外，另有水库49座，水库总库容1 445万 m³，有效库容1 133.1万 m³；池塘5 966口，蓄水量2 455万 m³	旅游资源：奉节天坑地缝、白帝城、瞿塘关遗址博物馆、天鹅湖风景区、长龙山风景名胜区等。 名优特产：奉节脐橙、奉节汀来泡菜、奉节夔柚等农产品

续表

区/县	土地资源	矿产资源	生物资源	水能资源	旅游资源与特产
云阳县	总面积 3 649km²，其中，农用地 2 743.98km²，占 75.22%；建设用地 184.1km²，占 5.05%；未开发利用地 719.87km²，占 19.74%。该县属喀斯特地貌，长江由西向东中分县境。境内海拔最高处达 1 809m（农坝镇云峰山野猪槽包），最低 139m（长江出境处）	主要有岩盐、天然气、煤、石灰石、粉石英等 15 种，已探明且具开采价值主要有盐、铁、钼、钒、硫铁、天然气、粉石英、水泥用灰岩等矿产资源，其中已探明岩盐储量约 6.75 亿吨，铁矿储量约 657.8 万吨，钒矿矿石储量 357.2 万吨，硫铁矿储藏量约为 1 627.2 万吨，天然气储量约 1 500 亿 m³，粉石英矿储量约 5 177万吨	境内野生植物达 2 000 种，其中林木植物有 97 科、287 属、839 个树种；珍稀古树 29 科、34 属、39 个品种。野生动物有 110 科 240 种，珍稀动物有 68 种，其中大鲵、水獭、锦鸡等国家三类保护动物达数十种	水资源由境内径流、地下水和外来客水三部分组成。主要河流除长江外，流经县境且流域面积达 5 000 km² 的有澎溪河，1 000 km² 以上有汤溪、磨刀溪、长滩河；500 km² 以上 5 条，100 km² 以上 13 条，50 km² 以上 21 条。溪流径流靠降水补给。年均降水量 43.8 亿 m³，年均径流量 22.7 亿 m³。地下水总量 4.1 亿 m³。水力资源蕴藏量 32.35 万千瓦，可开发利用 27.44 万千瓦，已开发 3.30 万千瓦，占可开发量的 12%	旅游资源：龙缸景区、张飞庙、三峡文物园、登云梯、磐石城、龙脊岭公园、彭氏宗祠、恐龙化石群等，云阳县列入《全国文物分布图》的古建筑、古遗址、古墓葬、石刻造像等文物共 145 处，其中：国家级文物保护单位 1 处，省级保护单位 3 处，县级文物保护单位 16 处，名列长江三峡库区各县之首。名优特产：云阳桃片糕、五香手撕牛肉、云阳黑芝麻等

续表

区/县	土地资源	矿产资源	生物资源	水能资源	旅游资源与特产
开州区	在造山运动及水流侵蚀切割下，形成山地、丘陵、平原三种地貌类型。山地占63%、丘陵占31%、平原占6%，地势由东北向西南逐渐降低，海拔在134～2 626 m不等，北部多在1 000 m以上。总面积3 963km²	矿藏主要有铁、铜、铅、锌、石膏、大理石等，其中煤和天然气储量最为丰富。煤蕴藏量2.5亿吨，年开采量220万吨；天然气储量2 650亿m³，属国家大型气田	高等维管植物76科302种，其中裸子植物5科23种、被子植物64科269种、蕨类植物7科10种。主要树种有石栎、青冈、小叶青冈、山茶、木荷、樟、桢楠、棕榈等；野生动物200余种，其中兽类26种、鸟类78种、爬行类11种、两栖类19种、鱼类13种、无脊椎动物75种。主要兽类有獐子、金丝猴、野猪等，鸟类主要有白鹤、画眉、布谷鸟、雉鸡、鹰等	境内共5条主要河流（东河、南河、浦里河、桃溪河等），蕴藏量达21.8万千瓦，可开发量8.5万千瓦	旅游资源：刘伯承同志纪念馆（故居）、南雅大佛寺、花仙峡、七里潭廊桥、雪宝山国家森林公园、汉丰湖等。名优特产：冰薄月饼、水竹凉席、龙珠茶、香绸扇、南门红糖、木香、春橙等
万州区	处于三峡库区腹心，耕地105.63 km²，主要分为丘陵、低山区和高山区三种类型。海拔在106～1 762 m不等。辖区总面积3 457km²，低山、丘陵面积约占四分之一，低中山和山间平地面积约占四分之一，极少平坝和台地，且零星散布	探明矿产资源10多种，主要有煤、天然气、铁、钛、金、镍、铀、白云石、石灰石等。矿产储量丰富，其中，煤1 278万吨，天然气2 400亿m³，岩盐2 800亿吨	共有植物99科、255属、505种，其中裸子植物7科、15属、24种，被子植物92科、240属、505种，主要树种为马尾松、杜鹃、黄荆等；野生动物312种，其中兽类69种、鸟类124种、爬行类15种、两栖类12种、鱼类92种，保护动物有金猫、金钱豹、旱獭、水獭、大灵猫、小灵猫、林麝、毛冠鹿、白冠长尾雉、娃娃鱼等	境内河流、溪涧切割深，均属长江水系。流域面积达100 km²以上河流有苎溪河、渡河、石桥河、汝溪河、浦里河、泥溪河、五桥河、新田河，溪沟93条，总水域面积108.66 m²。水能资源可开发量32.32万千瓦	旅游资源：万州大瀑布、潭獐峡、龙泉风景区、西山碑、库里申科烈士墓园、天生城、西山钟楼、大垭口、歇凤山、贝壳山、盐井龙洞、悦君山、乌龙池、天生城、泉活森林公园、铁峰山国家森林公园等。名优特产：万县红橘、万县胭脂鱼、万州烤鱼、万州格格、万州榨菜等

区/县	土地资源	矿产资源	生物资源	水能资源	旅游资源与特产
丰都县	由一系列平行褶皱山系构成，以山地为主，丘陵次之，仅在河谷、山谷间有狭小的平坝。海拔最高2 000m，最低175m。总面积2 901km²	主要有天然气、铝土矿、石灰石、白云石、煤、铁、硫、石膏等，次为铜、锌和重晶石脉。其中，煤矿储量约为156万吨	野生动物种类约300种，主要有哺乳纲兽类10余科、约40种；鸟纲15科、200余种；鱼纲13科、54种；珍稀动物有虎、金钱豹、黑颈鹤、红腹角雉、鲟鱼等；天然乔木170余种，主要有马尾松、柏、青杠、麻柳、黄连木、漆树、枫香、榕木、杉木等；竹类10余种，主要有冷竹、白类竹、斑竹、慈竹、龙头竹、水竹、冬竹等；中药材1 200种，其中野生药材1 015种，主要有泡参、天麻、麦冬、天冬、半夏、香附子、草乌、苦参、百部、五味子、舒筋草等	境内河流均属长江水系，主要有龙河、渠溪河、碧溪河、白水河、小福溪、大沙溪、朗溪、赤溪、木削溪、汶溪、双溪、玉溪等。年均过境水4 371.8亿m³，其中，长江过境水达4 258亿m³	旅游资源：双桂山国家森林公园、牛牵峡漂流、双路九重天栈道、丰都名景（奈河桥、鬼门关、黄泉路、望乡台、天子殿、二仙楼、五云楼、寥阳殿、百子殿、玉皇殿、阴司街、鬼国神宫、鹿鸣寺、苏公祠）、南天湖、龙河国家级湿地公园、雪玉洞、世平森林公园等。名优特产：包鸾竹席、鬼城叶脉画、鬼城麻辣鸡等

注：根据8个区县人民政府信息网站公布的数据进行整理。

3.1.2 渝东北地区发展战略定位

渝东北集中连片特困地区作为国家重点生态功能区，有着重要的战略地位，在其功能区域类型中，巫山县、奉节县、云阳县纳入三峡库区水土保持生态功能区，巫溪县、城口县纳入秦巴生物多样性生态功能区。除此之外，渝东北地区发展战略定位于国家农产品主产区、长江流域重要生态屏障和长江上游特色经济走廊，以及长江三峡国际黄金旅游带和特色资源加工基地。可以看出，渝东北地区发展的首要任务是要体现"生态功能"，突出发展理念和发展方式的转变，重点是"发展"。要加强生态环境保护，着力打造长江流域重要生态屏障，提供生态产品，发展生态经济，其路径是把生态文明建设放在更加突出的地位，实行"面上保护、点上开发"。"生态功能"更加突出三峡库区水源"涵养"这个重点，着力涵养保护好三峡库区的青山绿水，肩负起长江上游重要生态屏障的责任，提高基本公共服务水平，这是国家战略的需要。该片区环境保护任务最重，发展压力最大。

以上战略定位既为重庆发展带来了机遇，也为渝东北贫困地区脱贫攻坚提供了切入点，在发展的同时亦可推动脱贫工作。首先，按照定位和发展方向，着力打造农产品主产区，可增强梁平、垫江、万州、丰都、忠县、开州等6区/县国家农产品主产区/县农业综合生产能力，构建渝东北地区农产品特色经济板块，大力发展特色效益农业，带动一批贫困户率先脱贫。其次，在推进区/县及市级特色工业园区开发过程中，搞好特色资源加工、机械加工、轻纺食品、生物医药、商贸物流、生态旅游等产业发展，着力打造长江上游特色经济走廊、长江三峡国际黄金旅游带和特色资源加工基地，这些发展思路为吸引相关行业企业进驻渝东北地区进行价值创造活动，从生态扶贫、旅游扶贫、科技扶贫、产业扶贫等方面推动扶贫脱贫工作带来了方向指引。

3.1.3 重庆及渝东北地区产业经济基础

第一，重庆经济快速增长。一方面，《2018年重庆市政府工作报告》和《2017年重庆市国民经济和社会发展统计公报》指出，近五年来，重庆市三次产业结构从过去的8.2∶45.6∶46.2调整为6.9∶44.1∶49，全市综合经济实力提升较大，地区生产总值年均增长10.8%，人均生产总值超过全国平均水平，2017年达到63 689元。当前，已形成了汽车、电子信息等千亿级产业集群，战略性新兴制造业对工业增长贡献率达到37.5%；生产性服务业加快发展，金融业增加值占比提高到9.3%；旅游、会展、商贸等生活性服务业持续增长，跨境结算、服务外包等新兴服务业蓬勃发展，服务贸易额年均增长20%以上。2017年实现地区生产总值达到1.95万亿元，同比增长 9.3%，按产业分，第一产业增加值 1 339.62 亿元，增长 4.0%；第二产业增加值 8 596.61 亿元，增长 9.5%；第三产业增加值 9 564.04 亿元，增长 9.9%；固定资产投资、社会消费品零售总额、进出口总额分别增长 9.5%、11% 和 8.9%；实现一般公共预算收入 2 252 亿元，收入结构持续优化；城乡居民人均收入分别达到 32 193 元和 12 638 元，增长 8.7% 和 9.4%。在农业方面，2017 年实现农林牧渔业增加值 1 363.87 亿元，同比增长 4.1%。其中，种植业 894.18 亿元，增长 4.2%；畜牧业 309.56 亿元，增长 1.5%；林业 62.15 亿元，增长 11.8%；渔业 73.73 亿元，增长 7.6%；农林牧渔服务业 24.24 亿元，增长 10.3%。在统筹城乡发展方面，新建和改建农村公路 4.8 万 km，实施 2 100 个村环境综合整治，农村居民饮水安全覆盖面扩大，农村生产生活条件明显改善；新型农业经营体系加快构建，特色效益农业产值年均增长 15% 左右；农村集体产权制度、地票制度等综合改革取得积极成效。在推进三峡后续工作过程中，建成了一批基础设施和产业项目，库区生产生活生态条件得到了持续改善。

另一方面，来自《2019 年重庆市国民经济和社会发展统计公报》中的数据显示，全年地区生产总值 23 605.77 亿元，比上年增长 6.3%。按产业分，第一产业增加值 1 551.42 亿元，增长 3.6%；第二产业增加值 9 496.84 亿元，增长 6.4%；第三产业增加值 12 557.51 亿元，增长 6.4%。三大产业结构调整为 6.6 : 40.2 : 53.2。全年非公有制经济增加值 14 699.61 亿元，增长 6.9%，占全市经济总量的 62.3%。按常住人口计算，全市人均地区生产总值 75 828 元，比上年增长 5.4%；全员劳动生产率为 128 035 元/人，比上年增长 6.5%。农业方面，全年农林牧渔业增加值 1 581.15 亿元，比上年增长 3.7%。其中，种植业 1 042.23 亿元，增长 5.5%；畜牧业 345.87 亿元，下降 5.7%；林业 82.02 亿元，增长 10.8%；渔业 81.30 亿元，增长 2.8%；农林牧渔服务业 29.74 亿元，增长 8.4%。工业和建筑业方面，全年工业增加值 6 656.72 亿元，比上年增长 6.4%。规模以上工业增加值比上年增长 6.2%；全年建筑业增加值 2 840.12 亿元，比上年增长6.6%。服务业方面，全年批发和零售业增加值2 192.06亿元，比上年增长6.6%；交通运输、仓储和邮政业增加值977.14亿元，增长6.9%；住宿和餐饮业增加值501.98亿元，增长7.5%；金融业增加值2 087.95亿元，增长8.0%；房地产业增加值1 473.04亿元，增长2.7%；其他服务业增加值5 325.34亿元，增长6.3%。全年规模以上服务业企业营业收入3 788.66亿元，比上年增长14.0%。全年固定资产投资总额比上年增长5.7%。全年社会消费品零售总额比上年增长8.7%，扣除价格因素实际增长6.9%，其中，乡村消费品零售额增长12.3%。按消费类型统计，商品零售额增长7.7%，餐饮收入额增长13.6%。全年货物进出口总额5 792.78亿元，比上年增长11.0%，其中，出口3 712.92亿元，增长9.4%。在居民收入和消费方面，全市居民人均可支配收入28 920元，比上年增长9.6%，其中，农村居民人均可支配收入15 133元，增长9.8%。若按常住居民五等份收入分组①，低收入组人均可支配收入9 050元，中等偏下收入组人均可支配收入16 455元，中等收入组人均可支配收入24 609元，中等偏上收入组人均可支配收入36 586元，高收入组人均可支配收入65 941元；全市居民人均消费支出20 774元，比上年增长7.9%，其中，农村居民人均消费支出13 112元，增长9.5%。全市居民恩格尔系数为32.1%，比上年下降0.2个百分点，其中，城镇为31.2%，农村为34.9%。值得一提的是，全市脱贫攻坚成效明显。2019年末全市农村贫困人口2.4万人，比上年末减少11.5万人；贫困发生率0.12%，比上年下降0.58个百分点。全年全市贫困地区农村居民人均可支配收入13 832元，比上年增长10.9%，扣除价格因素，实际增长8.0%。

由上看出，重庆市全面落实习近平总书记对重庆市提出的"两点"定位、"两地""两高"目标，坚持稳中求进工作总基调，深入贯彻新发展理

---

① 居民五等份收入分组是指将所有调查户按人均收入水平从低到高顺序排列，平均分为五个等份，处于最高20%的收入群体为高收入组，以此类推依次为中等偏上收入组、中等收入组、中等偏下收入组、低收入组。

念，落实高质量发展要求，深化供给侧结构性改革，持续打好"三大攻坚战"①，大力实施"八项行动计划"②，统筹推进稳增长、促改革、调结构、惠民生、防风险、保稳定，全市经济稳中有进，经济高质量发展势头强劲，为渝东北地区扶贫脱贫工作提供了强大的经济支撑和动力。

第二，渝东北地区经济实现了稳步增长。从渝东北地区产业经济来看，2016 年实现地区生产总值 3 034.69 亿元，同比增长 10.6%。其中，第一产业增长 5.3%；第二产业中工业增加值 875.98 亿元，增长 10.3%；第三产业增长 9.7%，三大产业增加值比为 13.65：43.95：42.4。2019 年各个区/县经济再次实现了稳中有进③，现以代表性的 8 个区县为例进行说明。

一是城口县。2019 年，全县实现地区生产总值 52.50 亿元，同比增长 6.0%。分行业看，第一产业增加值 10.52 亿元，同比增长 3.9%；第二产业增加值 9.52 亿元，同比增长 10.3%；第三产业增加值 32.46 亿元，同比增长 5.5%。三大产业结构比为 20.0：18.1：61.9。农业方面，实现农业生产总值 16.96 亿元，现价同比增长 18.9%，可比价同比增长 3.8%。工业方面，实现规模以上工业总产值 10.46 亿元，同比增长 20.3%，规模以上工业增加值同比增长 11%。房地产开发完成投资 5.43 亿元，同比增长 62.2%。实现社会消费品零售总额 14.24 亿元，同比增长 8.1%。分城乡看，城镇和乡村分别实现社会消费品总额 9.96 亿元和 4.27 亿元，同比分别增长 8.3% 和 7.7%；按消费类型看，实现商品零售和餐饮收入 12.24 亿元和 1.99 亿元。批发和零售业销售额同比增长 14.5%，住宿和餐饮业营

---

① "三大攻坚战"主要是指：防范化解重大风险、精准脱贫、污染防治。

② "八项行动计划"主要指：实施以大数据智能化为引领的创新驱动发展战略行动计划、实施乡村振兴战略行动计划、实施基础设施建设提升行动计划、实施军民融合发展战略行动计划、实施科教兴市和人才强市行动计划、实施内陆开放高地建设行动计划、实施以需求为导向的保障和改善民生行动计划、实施生态优先绿色发展行动计划。

③ 2019 年数据根据 8 个区县人民政府信息网站公布的数据及 2019 年 8 个区县国民经济和社会发展统计报告进行整理。

业额同比增长 9.5%。全体常住居民人均可支配收入达到 17 173 元，同比增长 10.5%，其中，城镇常住居民人均可支配收入达到 29 087 元，同比增长 8.0%；农村常住居民人均可支配收入达到 10 404 元，同比增长 10.0%。银行业金融机构各项存款余额 125.44 亿元，同比增长 9.7%，其中，住户存款余额达到 69.53 亿元，同比增长 18.9%；各项贷款余额 92.80 亿元，同比增长 20.7%。

二是巫溪县。2019 年，全年实现地区生产总值 1 075 775 万元，比上年增长 7.0%。按产业分，第一产业增加值 231 804 万元，增长 4.6%；第二产业增加值 264 465 万元，增长 7.6%，其中工业增加值 79 233 万元，增长 9.5%，建筑业增加值 185 232 万元，增长 6.7%；第三产业增加值 579 506 万元，增长 7.5%。三大产业结构比为 21.5∶24.6∶53.9。三大产业对 GDP 的贡献率分别为 13.6%、27.0%、59.4%，依次拉动经济增长 1.0 个百分点、1.9 个百分点和 4.1 个百分点。按常住人口计算，全县人均地区生产总值达到 28 011 元，比上年增长 7.0%。全县财政用于扶贫方面的投入 42 613 万元，当年减少农村贫困人口 10 448 人。农业方面，实现农业增加值 234 976 万元，比上年增长 4.6%，其中，农、林、牧、渔业增加值 231 804 万元，增长 4.6%，农、林、牧、渔业服务业增加值 3 172 万元，增长 2.9%。工业与建筑业方面，全县工业增加值 79 233 万元，增长 9.5%，其中规模以上工业增加值比上年增长 9.8%；建筑业总产值达到 553 860 万元，同比增长 17.9%。服务业方面，全年交通运输、仓储和邮政业增加值 21 566 万元，增长 2.5%；批发和零售业增加值 99 271 万元，比上年增长 4.8%；住宿和餐饮业增加值 19 206 万元，增长 6.7%；金融业增加值 74 267 万元，增长 7.8%；房地产业增加值 55 721 万元，与上年持平；营利性服务业增加值 76 999 万元，增长 20.6%；非营利性服务业增加值 229 484 万元，增长 6.6%。实现社会消费品零售总额 313 850 万元，比上年增长 13.0%。完成固定资产投资 74.7 亿元，同比增长 10.6%。居民收入和消费方面，全县常住居民人均可支配收入 16 402 元，同比增长 10.6%，其中，城镇常住居民人均可支配收入达到 26 958 元，同比增长

8.1%，城镇常住居民人均生活消费支出16 859元，增长4.8%，城镇居民恩格尔系数为37.2%；农村常住居民人均可支配收入10 284元，增长10.3%，农村常住居民人均生活消费支出9 538元，增长11.4%，农村居民恩格尔系数为40.4%。

三是巫山县。2019年，全年实现地区生产总值1 729 677万元，比上年增长8.6%。其中，第一产业增加值291 739万元，增长4.1%；第二产业增加值508 254万元，增长11.2%；第三产业增加值929 684万元，增长8.5%。第一、二、三产业对经济增长的贡献率分别为7.9%、37.2%和54.9%，分别拉动经济增长0.7、3.2和4.7个百分点。三大产业结构比为16.9：29.4：53.7。按常住人口计算，全县人均地区生产总值38 778元，比上年增长8.9%。农业方面，全年农林牧渔业增加值291 739万元，比上年增长4.1%，其中，农业增加值175 270万元，增长4.3%；林业增加值44 901万元，增长11.1%；畜牧业增加值68 895万元，下降2.3%；渔业增加值2 674万元，增长1.3%。工业与建筑业方面，全年实现工业增加值142 447万元，比上年增长11.8%，其中，规模以上工业产值155 177万元，比上年增长19.6%；全年建筑业增加值365 807万元，比上年增长10.9%。实现固定资产投资比上年增长11.6%。全年社会消费品零售总额比上年增长12.3%，按经营单位所在地分，城镇消费品零售额增长12.3%，乡村消费品零售额增长12.4%。从消费类型上看，商品零售增长12.3%，餐饮收入增长12.2%。居民收入方面，全体居民人均可支配收入20 144元，比上年增长10.8%，其中，城镇常住居民人均可支配收入32 759元，比上年增长8.6%；农村常住居民人均可支配收入11 229元，比上年增长10.0%。

扶贫脱贫工作方面，该县全力推进"精准扶贫"，选派24名"央企"和市级单位干部、336名县级单位干部到深度贫困镇驻镇和119个贫困村驻村，选派461名乡镇干部到186个非贫困村驻村，实现贫困村与非贫困村同步推进。精准识别易地扶贫搬迁对象，全年实施搬迁8 615户31 395人。全面落实义务教育"免补"政策、营养改善计划和教育资助政策，全年资助 4.8 万人次（7 158 万元），办理大学生生源地助学贷款 4 348 人次（3 272 万元）。全面实施医疗救助保障，全年累计实施医疗救助 3.1 万人次（1.1 亿元），贫困患者住院医疗费用自付比例为 7.16%，县域内就诊率 96.49%。与此同时，该县持续加大公共服务、产业培育、就业帮扶等扶贫措施力度，扎实推进农村人居环境整治，不断改善生产生活条件。实现全县行政村动力电覆盖率 100%，4G 网络全覆盖率 100%；全年贫困劳动力劳务输出 3.8 万人，扶贫公益性岗位新增安置贫困户劳动力 967 人；新增扶贫小额信贷 5 473 户（1.35 亿元）。全年脱贫 1 204 户 3 481 人，系统内未脱贫对象 248 户 662 人，贫困发生率从 13.7% 降至 0.14%。

四是奉节县。2019 年，全年实现地区生产总值 303.42 亿元，同比增长 6.3%，其中，第一产业增加值 50.96 亿元，同比增长 5.1%；第二产业增加值 118.77 亿元，同比增长 8.5%；第三产业增加值 133.69 亿元，同比增长 4.8%。三大产业结构比为 16.8∶39.1∶44.1，三大产业对经济增长的贡献率分别为 13.5%、51.4%、35.1%。按当年常住人口计算，全县人均地区生产总值 41 194 元，比上年增长 5.4%。农业方面，全年完成农林牧渔业增加值 50.95 亿元，比上年增长 5.1%，其中，农业增加值 38.55 亿元、林业增加值 1.21 亿元、牧业增加值 10.52 亿元、渔业增加值 0.68 亿元。第一产业对经济增长的贡献率为 13.5%，拉动 GDP 增长 0.8 个百分点。工业与建筑业方面，全年实现工业增加值 24.23 亿元，比上年增长 5.1%，其中规模以上工业企业 52 家，实现工业总产值 48.62 亿元，比上年增长 0.9%。工业对经济增长的贡献率为 7.04%，拉动 GDP 增长 0.4 个百分点；全年实现建筑业增加值 94.54 亿元，比上年增长 9.5%，对经济增长的贡献率为 44.42%，拉动经济增长 2.8 个百分点。完成全社会固定资产投资总额 214.02 亿元，比上年增长 10.6%。实现社会消费品零售总额 78.59 亿元，比上年增长 10.2%。批发和零售业销售总额 294.17 亿元，比上年增长 10.7%，其中批发业销售额 215.17 亿元，比上年增长 10.4%；零售业销售额 79 亿元，比上年增长 11.8%。住宿和餐饮业营业额 27.74 亿元，比上年增长 8.1%，其中住宿业营业额 4.03 亿元，比上年增长

18.2%；餐饮业营业额 23.71 亿元，比上年增长 6.6%。全年实现交通运输、仓储和邮政业增加值 10.4 亿元，比上年增长 5.6%，占全县 GDP 总量的 3.43%，对经济增长的贡献率为 3.59%，拉动 GDP 增长 0.2 个百分点。全年接待游客 2 040 万人次，同比增长 10.75%；旅游收入 100.55 亿元，同比增长 25.32%。居民收入方面，全县居民人均可支配收入 20 318 元，同比增长 10.9%，其中城镇常住居民可支配收入 30 466 元，同比增长 8.4%；农村常住居民人均可支配收入 12 339 元，同比增长 10.7%。城乡居民收入比从上年的 2.52：1 变为 2.47：1。

扶贫脱贫工作方面，该县累计争取国家扶贫专项资金 30 912 万元，5 152 名贫困人口越过标准线，实施易地扶贫搬迁 438 人。此外，完成各类培训 13 581 人次。全县建档立卡 35 996 户 136 699 人，累计脱贫 34 983 户 133 653 人（含已脱贫不再享受政策对象 3 648 户 14 626 人），135 个贫困村全部出列，贫困发生率由 2014 年的 13.5% 下降至 0.36%。

五是云阳县。2019 年，全年实现地区生产总值（GDP）431.25 亿元，比上年增长 5.4%。按常住人口计算，全县人均地区生产总值 46 420 元，增长 5.5%。分产业看，第一产业增加值 55.59 亿元，比上年增长 4.3%；第二产业增加值 159.39 亿元，增长 5.8%，其中工业增加值 78.66 亿元，增长 8.7%，建筑业增加值 80.74 亿元，增长 2.7%；第三产业增加值 216.27 亿元，增长 5.5%。三大产业结构比为 12.9：37：50.1。农业方面，全年农林牧渔业总产值达 89.16 亿元，其中农业、林业、牧业、渔业、农林牧渔服务业产值分别为 43.55 亿元、4.69 亿元、33.96 亿元、2.77 亿元和 4.18 亿元。全年实现农林牧渔业增加值 58.50 亿元，比上年增长 4.5%。工业与建筑业方面，全年实现工业增加值 78.7 亿元，比上年增长 8.7%，占全县 GDP 的 18.2%，其中规模以上工业增加值增长 9.1%，规模以上工业总产值增长 10.6%；实现建筑业增加值 80.74 亿元，比上年增长 2.7%。实现固定资产投资比上年增长 15%。全年社会消费品零售总额比上年增长 14.1%。按消费类型统计，全年商品销售额增长 12.9%；住宿和餐饮业营业额增长 20.5%。居民收入方面，全县居民人均可支配收入 20 780 元，比上年增长 10.8%。按常住地分，城镇居民人均可支配收入 30 410 元，增长 8.8%；农村居民人均可支配收入 13 261 元，增长 10.5%。城乡居民收入比为 2.29，城乡收入差距逐步缩小。居民消费方面，全县居民人均消费支出 13 844 元，比上年增长 13.6%。按常住地分，城镇常住居民人均消费支出 17 855 元，增长 14.6%；农村常住居民人均消费支出 10 712 元，增长 10.4%。

扶贫脱贫工作方面，全年投入财政性扶贫资金 1.4 亿元，比上年下降 3.4%。新增发放扶贫小额信贷 2.52 亿元。易地扶贫搬迁 1 478 人，下降 49.0%。2019 年末全县农村贫困人口 2 942 人，比上年末减少 7 099 人。全县实施三峡后续项目 37 个，总投资 4.29 亿元。全年三峡库区引进对口支援经济合作项目 14 个，项目资金 1 372 万元。兑付农村移民后期扶持资金补贴 641 万元，发放城镇移民困难扶助资金 2 613 万元。

六是开州区。2019 年，全年地区生产总值 505.59 亿元，比上年增长 6.4%。按产业分，第一产业增加值 72.24 亿元，增长 4.1%；第二产业增加值 210.57 亿元，增长 9.6%；第三产业增加值 222.78 亿元，增长 4.2%。三大产业结构比为 14.3：41.6：44.1。按常住人口计算，全区人均地区生产总值 42 800 元，比上年增长 6.3%。农业方面，全年农林牧渔业增加值 73.67 亿元，比上年增长 4.3%，其中，农业 44.97 亿元，增长 6.3%；牧业 18.56 亿元，下降 4.8%；林业 3.26 亿元，增长 14.7%；渔业 5.45 亿元，增长 4.1%；农林牧渔服务业 1.43 亿元，增长 11.8%。工业与建筑业方面，全年工业增加值 124.09 亿元，比上年增长 9.4%，占全区生产总值的 24.5%，其中规模以上工业企业实现总产值 253.37 亿元，增长 15.7%；实现建筑业增加值 86.48 亿元，比上年增长 9.9%。四大支柱产业中，能源工业实现总产值 13.72 亿元，比上年增长 1.0%；建材工业实现总产值 77.08 亿元，增长 9.9%；食品工业实现总产值 53.56 亿元，增长 7.8%；轻纺服装工业实现总产值 20.93 亿元，增长 9.5%。实现固定资产投资总额比上年增长 12.1%。全年批发和零售业增加值 46.01 亿元，比上年增长 4.9%，占地区生产总值的 9.1%；住宿和餐饮业增加值 10.45 亿元，增长

5.4%，占地区生产总值的2.1%。全年社会消费品零售总额287.04亿元，比上年增长10.3%。全年交通运输、仓储和邮政业增加值11.94亿元，比上年增长4.9%，占地区生产总值的2.4%。全年旅游综合收入64.57亿元，增长16%。全年金融业增加值23.69亿元，比上年增长10.2%，占地区生产总值的4.7%。年末金融机构各项存款余额679.81亿元，增长9.4%；金融机构各项贷款余额302.11亿元，增长27.6%。居民收入和消费方面，全区常住居民人均可支配收入23 938元，比上年增长11.0%。按常住地分，城镇常住居民人均可支配收入33 761元，增长9.1%，人均生活消费支出23 700元，增长10.2%；农村常住居民人均可支配收入14 881元，增长10.7%，人均生活消费支出12 793元，增长9.8%。

扶贫脱贫工作方面，全年批复三峡后续项目35个，下达资金预算3.99亿元；引进对口支援经济合作项目10个，到位资金1 300万元；全年培训移民2 642人次。全年投入市级及以上财政性扶贫资金2.78亿元，比上年增长0.4%。农村扶贫对象脱贫人数8 747人，年末贫困人口2 408人，贫困人口占农业人口比重为0.21%，较上年下降0.78个百分点。

七是万州区。2019年，全年实现地区生产总值920.91亿元，比上年增长3.2%。按产业分，第一产业增加值83.31亿元，增长4.7%；第二产业增加值263.93亿元，下降3.3%；第三产业增加值573.67亿元，增长6.3%。三大产业结构比为9.0∶28.7∶62.3。按常住人口计算，全区人均地区生产总值为55 854元。工业方面，全年实现工业增加值106.48亿元，比上年增长7.1%；全区152家规模以上工业企业完成总产值311.68亿元，比上年增长13.5%。完成固定资产投资187.02亿元，比上年增长0.5%，其中，第一产业投资1.78亿元，增长41.2%，占固定资产投资1.0%；第二产业投资20.71亿元，增长25.4%，占固定资产投资11.1%；第三产业投资164.53亿元，下降3.3%，占固定资产投资87.9%。实现社会消费品零售总额330.85亿元，比上年增长4.3%，其中，乡村消费品零售额增长4.0%。实现批发和零售业商品销售额1 440.37亿元，比上年增长9.1%。实现住宿和餐饮业营业额106.44亿元，比上年增长11.4%。居民收入方面，全区常住居民人均可支配收入 32 120 元，比上年增长 10.6%。按常住地分，城镇常住居民人均可支配收入 40 171 元，增长 9.1%；农村常住居民人均可支配收入 15 864 元，增长 10.8%。居民消费方面，全区常住居民人均消费性支出 23 777 元，比上年增长 9.2%。按常住地分，城镇常住居民人均消费支出 28 445 元，增长 8.2%；农村常住居民人均消费支出 14 352元，增长 8.6%。

扶贫脱贫工作方面，全年新开工移民发展扶持项目 32 个，移民工程本年完成投资 2 105 万元，移民工程资金到位率 100.0%。年末三峡工程农村移民后期扶持人数 8 556 人，大中型水库农村移民后期扶持人数 6 497 人，全年发放三峡库区农村移民后期扶持资金补贴 514.58 万元。全年纳入困难补助的城镇移民 5.77 万户，发放城镇移民困难补助及特殊救济资金 3 804.38万元。全年投入财政性扶贫资金 2.05 亿元。全年农村扶贫对象脱贫人数达 4 604 人。

八是丰都县。2019 年，全年实现地区生产总值 3 058 346 万元，按不变价计算，同比增长 6.4%。其中，第一产业增加值 399 785 万元，同比增长 4.0%；第二产业增加值 1 297 730 万元，同比增长 5.3%；第三产业增加值 1 360 831 万元，同比增长 8.2%。三大产业结构比为 13.1∶42.4∶44.5。按常住人口计算，全年人均地区生产总值达到 51 924 元，比上年提高 4 689 元。农业方面，全年实现农林牧渔总产值 614 356 万元，同比增长 3.4%；实现农林牧渔业增加值 405 694 万元，同比增长 4.2%。其中，农业 226 771 万元，同比增长 5.2%；林业 42 849 万元，同比增长 14.6%；牧业 110 283 万元，同比下降 3.3%；渔业 19 882 万元，同比增长 3.6%；农林牧渔服务业 5 909 万元，同比增长 23.7%。工业和建筑业方面，全年实现全部工业增加值 591 003 万元，同比增长 4.7%，占地区生产总值的 19.3%。其中，实现建筑业总产值3 120 269万元，同比增长 15.9%。完成固定资产投资 1 032 283 万元，同比增长 6.7%。其中，建设与改造投资 630 778 万元，同比增长 1.9%，占全县总投资的 61.1%。从产业看，第一产业完成投资 49 542 万元，同比增长 79.2%；第二产业完成投资 177 859

万元，同比增长 78.8%，其中完成工业投资 177 859 万元，同比增长 78.8%；第三产业完成投资 804 882 万元，同比下降 4.2%。全年实现批发和零售业增加值 292 256 万元，同比增长 5.5%，占全县生产总值的 9.6%；实现住宿和餐饮业增加值 72 469 万元，同比增长 5.5%，占全县生产总值的 2.4%。批发和零售业商品销售额同比增长 11.5%，住宿和餐饮业营业额同比增长 12.7%，社会消费品零售总额同比增长 13.6%。全年实现交通运输、邮政和仓储业增加值 87 541 万元，同比增长 8.4%，占全县地区生产总值的 2.9%。实现旅游直接收入 297 596 万元，同比增长 99.0%；实现旅游综合收入 903 002 万元，同比增长 12.6%。全县实现金融业增加值 123 946 万元，同比增长 4.9%，占全县地区生产总值的 4.1%。年末全县金融机构人民币存款余额 3 458 552 万元，同比增长 6.7%，其中城乡居民储蓄余额 2 874 323 万元，同比增长 11.2%。居民收入方面，全年全体居民人均可支配收入 23 683 元，同比增长 11.3%，其中城镇常住居民人均可支配收入 34 236 元，同比增长 9.2%；农村常住居民人均可支配收入 14 518 元，同比增长 11.3%。居民消费方面，全年全体居民人均消费支出 16 140 元，同比增长 13.3%，其中城镇常住居民人均消费支出 21 978 元，同比增长 15.2%；农村常住居民人均消费支出 11 070 元，同比增长 7.4%。

扶贫脱贫工作方面，全年脱贫 1 367 户 3 771 人，综合贫困发生率降至 0.02%。教育资助惠及 6.8 万人次；累计救治贫困人口 1.86 万人次；巩固提升 12.86 万贫困人口饮水安全；累计完成易地扶贫搬迁 7 369 人，农村宅基地复垦 6 500 户；新开发公益性岗位 244 个，促进转移就业 1 146 人；累计发放扶贫小额信贷 5.2 亿元。

通过以上分析，总体而言，尽管渝东北地区整体处于工业化发展的初级阶段，三大产业结构呈现出"二、三、一"发展态势，产业结构还有待优化，但有着良好的发展基础，这些都为渝东北地区完成脱贫攻坚任务提供了坚实的经济基础，大部分区县扶贫脱贫任务已取得了阶段性突破。

3.2 渝东北贫困地区脱贫概况

3.2.1 渝东北贫困地区脱贫经验

十三五期间，渝东北各区县以习近平新时代中国特色社会主义思想为指导，全面贯彻党的十九大和十九届二中、三中、四中全会精神，坚持稳中求进总基调，深入贯彻新发展理念，坚持以供给侧结构性改革为主线，积极推动高质量发展，认真落实重庆市委、市政府决策部署，持续打好"三大攻坚战"，扎实推进精准扶贫、精准脱贫工作，取得了突破性进展和丰富的脱贫经验。对此，我们主要从四个方面进行分析。

第一，精心组织实施，凝聚强大脱贫攻坚合力。

一是渝东北贫困地区各区或县传达学习贯彻中央和市、区关于脱贫攻坚工作的系列会议精神和部署要求。

二是及时动员部署。各区县召开脱贫攻坚动员部署大会及农业农村暨脱贫攻坚工作会，对脱贫攻坚工作进行再动员、再部署。各帮扶成员会同各镇乡街道及时分别召开了脱贫攻坚动员会议、推进会议，广泛凝聚起了脱贫攻坚工作的强大力量。

三是成立领导机构。各区县成立了以区县一把手为组长、所有区县领导为成员、所有区县级部门为成员单位的脱贫攻坚工作领导小组，统筹协调指挥区县脱贫攻坚工作。领导小组下设办公室，1名厅（或处）级干部任办公室主任，多名副厅（或副处）级干部兼任办公室副主任，坚持每月召开一次领导小组专题会议，听取全区县脱贫攻坚工作推进情况，会商解决存在的问题，部署阶段性重点工作。

四是组建工作队伍。各区县委、区县政府最大化调动全区县各方力量，区县级所有副处级以上部门、所有国企单位、中央和重庆驻区县机关企事业单位、部队以及民主党派、基层商会等全部参与脱贫攻坚战。区县级领导挂帅，由各单位组建帮扶团队，定点帮扶有脱贫任务的乡镇街道。

组建驻村工作队，确定帮扶责任人，采取"一对一、多对一、一对多"等方式，联系帮扶贫困群众，确保帮困不漏户、户户见干部。从区县级部门中挑选领导干部，派驻贫困村担任第一书记，带领贫困群众脱贫致富。

五是强化基层党建。各区县坚持把基层党组织建设作为脱贫攻坚任务的重要抓手，把党的基层组织优势变成深度扶贫优势，把组织活力转化为攻坚动力。通过"看收入、看吃穿、看保障、看稳定"发展态势的"四看"方式，查实找准突出问题，建立专项台账，逐一整改到位；先后约谈党组织书记、班子成员，调整贫困村党组织书记、班子成员。强化先进典型示范引领，开展党员致富带头人轮值参事，配合支持村支部、村委会"两委"落实党员帮扶责任，结对帮带贫困户和"三留守"人员。深入开展"企村共建"，动员非政府组织、党组织参与脱贫攻坚战。

六是层层压实责任。各区县实行区县领导包镇乡街道、驻村工作队包村、帮扶干部包户的"三包"责任机制。区县领导担负总体责任，镇乡街道担负主体责任，区级帮扶团队负连带责任，驻村工作队和帮扶干部负具体责任。镇乡街道、帮扶单位与区县委、区县政府签订脱贫攻坚责任书，帮扶责任人与所属单位签订贫困户帮扶责任书，制定了各种有关扶贫脱贫攻坚的办法和规定，保证了压力层层传导、责任层层落实。

第二，抓住重点关键，精准实施脱贫攻坚帮扶。这方面突出表现有以下三点：

一是抓好项目建设。各区县按照贫困村"建八有、解八难"① 要求以及工作队和村支部及村委会两委意见、镇乡党委政府意见、包干区领导意见、行业主管部门和扶贫办意见"四统一"原则，逐村制定脱贫方案，画好"脱贫路线图"，精准制定项目规划。

二是着力产业扶持。各区县坚持把产业培育作为推动脱贫攻坚的根本出路，实现了有条件的贫困村均有主导产业，发展了适度规模的特色种植

---

① "建八有"主要是：有稳固住房、有饮用水、有电用、有路通自然村、有义务教育保障、有医疗保障、有电视看、有收入来源或最低生活保障；"解八难"主要是解决：住房难、行路难、饮水难、用电难、上学难、就医难、通信难、增收难。

业、养殖业，可持续辐射带动贫困农民增收。扶贫过程中培育了新型经营主体以及龙头企业、专业合作社、家庭农场、大户、社会化服务组织，贫困村农业新型经营主体发展出现了良好势头。

三是精准施策到户。各区县坚持问题导向、结果导向，精准分析致贫原因，帮助贫困户找准"穷根"，对症下药，列出需求清单和任务清单，制定到户精准脱贫方案。坚持工作队和村支部及村委会两委意见、镇乡党委政府意见、帮扶对象意见"三统一"原则，落实就业扶持、低保兜底、困难救济、医疗救助、教育扶持、危房改造、扶贫搬迁等多种不同类型帮扶措施。

第三，增添工作措施，着力强化脱贫攻坚保障。这方面突出表现有以下六点：

一是健全政策体系。各区县聚焦"精准扶贫、精准脱贫"，除落实重庆市委市政府出台的政策外，还加强了"1+2+N"政策保障措施，如出台《关于集中力量打赢扶贫攻坚战的意见》《贫困村脱贫攻坚方案》《贫困户脱贫攻坚方案》以及住房、医疗、教育、低保、就业帮扶、扶贫培训、扶贫对象退出机制等多个配套文件。

二是统筹资金使用。各区县在算清贫困村、贫困户两本"明白账"的基础上，整合农林水、交通、国土、建设、教育、文化、卫生等领域资金，以及对口支援、定点扶贫、东西部扶贫协作、"圈翼"帮扶等多平台资金，其中有行业专项资金、社会帮扶及捐赠资金、业主自筹资金等。同时，引导银行机构积极探索金融扶贫，印发了《扶贫小额信贷实施办法》，建立了《建档贫困户金融服务档案》，建设金融扶贫示范点。

三是建立监管机制。各区县坚持把预防扶贫脱贫领域职务犯罪与强化扶贫资金监管工作相结合，制定了《扶贫攻坚资金管理办法》。由各区县相关职能部门牵头，全程跟踪监管。坚持村村都设公示栏、户户都贴帮扶明白卡、项目个个都挂公示牌，印发政策宣传卡，接受社会监督。与此同时，建立区县公共信息网的扶贫工作板块，实时了解贫困村项目建设进展情况、贫困户帮扶情况，常态加强对脱贫攻坚工作的全程动态监测，及时反馈末端信息，及时整改存在问题，强化后续扶持，巩固脱贫成果。

四是加强培训指导。各区县精心编制并印发了《区县扶贫攻坚帮扶工作手册》，指导帮扶单位、驻村工作队、镇乡街道等有力有序开展脱贫攻坚工作。重视培训镇乡街道分管领导、扶贫专干、贫困村第一书记等各级干部，并针对脱贫攻坚目标任务、脱贫标准、帮扶政策、帮扶措施等培训重点内容进行了专题测试、现场考核，促进扶贫干部全面提升帮扶能力。

五是严格督查考核。各区县坚持逐个镇乡、逐个村社、逐家逐户"解剖麻雀"，在督查验收中找问题，通过区县级督查和交叉验收促整改、促落实。将脱贫攻坚工作纳入镇乡街道、区县级部门（单位）领导班子年度考核内容，加大脱贫攻坚考核权重，并实行"一票否决"，通过"硬"指标形成"硬"约束。

六是规范档案资料。为真实反映、完整记录和更好地指导后期工作，按照国家档案管理标准，各区县结合自身实际，出台《精准扶贫档案分类及档号编制方案》，建立了系统、规范、完善的脱贫攻坚档案，并对驻村工作队员和帮扶干部进行了档案整理专题培训，确保了脱贫攻坚档案资料的规范性。

第四，注重宣传引导，大力提振脱贫攻坚信心。这方面主要表现在：通过横幅、报纸、期刊（《扶贫攻坚动态》）、电视、新媒体、全市"总编台长看扶贫"、专题片等报道、登载相关信息。切实加强舆论引导和新闻宣传，营造"攻坚克难、决战决胜"的浓厚氛围。各区县部门采取多种形式，加大宣传力度，积极引导广大人民群众自觉克服"等、靠、要"的传统观念思想，充分调动广大群众的积极性、主动性和创造性。

3.2.2　渝东北贫困地区脱贫成果

通过上节分析，我们知道，渝东北地区各区县在脱贫攻坚实战中积累了丰富的经验，当然也取得了丰硕的成果。具体而言，主要有七个方面。

第一，形成了较为系统的贫困地区扶贫脱贫认识。扶贫脱贫推进工作过程中，各区县对当地自然地理、经济条件、社会资本等贫困影响因素有了充分的认识，对区域扶贫历史、现状、意义、目标、任务、路径、工作重点、时序、举措等有了深入的把握和理会。与此同时，认真学习同区域深度扶贫相关的各种政策、理论、经验等，如认真学习领会了《中国农村扶贫开发纲要（2001—2010 年）》《中国农村扶贫开发纲要（2011—2020年）》《中共中央国务院关于打赢脱贫攻坚战的决定》《"十三五"脱贫攻坚规划》《中央财政专项扶贫资金管理办法》《关于打赢脱贫攻坚战三年行动的指导意见》《国家乡村振兴战略规划（2018—2022 年）》《中共中央国务院关于实施乡村振兴战略的意见》等文件精神，熟悉了"六个精准""五个一批""四个切实""四项措施"等。

第二，树立了高度重视贫困地区脱贫的思想意识。因应"全面建成小康社会、全面深化改革、全面依法治国、全面从严治党"的四个全面（2014 年 11 月），因应必须牢固树立并切实贯彻"创新、协调、绿色、开放、共享"的五大发展理念（2015 年 11 月），因应"政治意识、大局意识、核心意识、看齐意识"四个意识（2016 年 1 月），因应以人为本执政为民——全党坚持权为民所用、情为民所系、利为民所谋，真诚倾听群众呼声，真实反映群众愿望，真情关心群众疾苦，多为群众办好事、办实事，因应中央扶贫政策的要求，以及个体实现自我实现的需要，渝东北贫困地区各级各类扶贫主体从各个层面树立了高度重视贫困地区脱贫的强烈意识。

第三，建成了贫困地区脱贫健全有力的组织体系。一是组建扶贫开发领导小组，由区县委书记和区县长担任双组长负总责，区县委副书记任常务副组长统筹抓，各区县级领导任副组长、所有区县级部门为成员单位分线抓的领导小组，各区县领导小组统筹谋划本区县脱贫攻坚工作。领导小组下设办公室，1 名区县正职干部任办公室主任，多名区县副职干部兼任办公室副主任。坚持每月召开一次领导小组专题会议，听取全区县脱贫攻坚工作推进情况，会商解决存在的问题，部署阶段性重点工作。二是组建扶贫开发工作队伍。各区县委、区县政府最大化调动全区县各方力量，区县级副处级以上部门、所有国企、中央和重庆驻区县单位、部队以及民主党派、基层商会等全部参与脱贫攻坚战。县区级领导挂帅，由各单位组建帮扶集团，定点帮扶有脱贫任务的乡镇街道。组建驻村工作队，确定帮扶责任人，采取"一对一、多对一、一对多"等方式，联系帮扶贫困群众，确保了帮困不漏户、户户见干部。从区县级部门中挑选领导干部，派驻贫困村担任第一书记，带领贫困群众脱贫致富。三是强化扶贫开发基层党建。坚持把基层党组织建设作为脱贫攻坚的重要抓手，把党的基层组织的优势、活力变成攻坚的优势、动力。通过"四看"方式，查实找准突出问题，建立专项台账，将贫困村基层党建逐一整改到位，并约谈党组织书记、班子成员，调整贫困村党组织书记、班子成员，加强绩效考核。

第四，制定了贫困地区脱贫相互配合的政策体系。各区县相继出台了"1+2+N"政策，形成了多方位的脱贫攻坚保障体系，同时，结合本区县脱贫攻坚重点难点，出台、落实"1+28"脱贫攻坚政策，全面对接市委深化脱贫攻坚工作"1+3"政策措施，配套制定"一个意见两个方案"，为深入推进脱贫攻坚工作提供了政策支撑。

第五，构建了贫困地区扶贫协同有效的工作模式。各区县严格遵循政府主导、分级负责，突出重点、分类指导，部门协作、合力推进，自力更生、艰苦奋斗，社会帮扶、共同致富，统筹兼顾、科学发展，改革创新、扩大开放的原则，瞄准"两不愁""三保障"的总体目标，抓住"十二项"主要任务，把扶贫开发作为脱贫致富的主要途径，结合扶贫开发文件精神与会议精神的学习，紧紧围绕扶贫机构组建、运行，人员培训、指导，情况调研，贫困识别，规划制定，政策出台，政策宣传，进展报道，思想动员，基层党建，项目建设，产业扶持，资金使用，资源整合，贫困退出，责任落实，考核验收，信息沟通、公示公开，风险防范，档案建设等各方面的工作，制定、实施了相互联系的各项扶贫开发工作的规程，形成了具有区域特色的渝东北贫困地区扶贫脱贫工作模式。

第六，构建了贫困区域脱贫多元一体的责任机制。渝东北地区各区县领导联系1~2个乡镇（街道），分线作战，包干负责，带头攻坚。各乡镇、街道、部门党政主要领导作为本地区、本部门脱贫攻坚第一责任人，坚持靠前指挥,强化过程调度,注重跟踪落实。落实部门包村、干部包户和工作队驻村的帮扶网络,实现了"帮乡、帮村、帮户"全覆盖,构建大扶贫的工作格局。各级各类帮扶单位落实对口支援定点帮扶资金,区县内民营企业通过联建基地、订单种养、"农旅"对接等方式结对帮扶贫困村,帮助贫困群众创业就业、增收致富,并广泛动员爱心人士、人民团体等参与脱贫攻坚。另外,各区县强化先进典型示范引领,开展党员致富带头人轮值参事,配合支持村支部、村委会"两委"落实党员帮扶责任,结对帮带贫困户和"三留守"人员,采取逐级签订《目标责任书》《承诺书》,层层压实攻坚责任,构筑全覆盖的责任网络,形成了"多元一体"责任体系和县乡村三级一起抓、干部职工齐上阵、社会各界踊跃参与的脱贫攻坚浓厚氛围。

第七,取得了渝东北贫困地区脱贫攻坚的预期结果。2017 年 11 月 16 日,重庆市政府网刊登《关于万州区等 5 个区县(自治县)退出国家扶贫开发工作重点县的通知》,称"经市级核查、社会公示和国家专项评估等程序,万州区、黔江区、武隆区、丰都县、秀山县达到贫困县退出相关指标,符合贫困县退出标准,退出国家扶贫开发工作重点县。根据市委、市政府脱贫攻坚工作部署,2018 年 1 月,重庆市扶贫开发领导小组采取区县自查、市级检查、第三方评估、满意度调查"四位一体"的方式,对开州区、云阳县、巫山县退出国家扶贫开发工作重点县进行了检查验收评估,3 个区县均达到了退出标准。经重庆市扶贫开发领导小组审议同意并向社会公示后,向国务院扶贫开发领导小组提出了开州区等 3 个区县退出国家扶贫开发工作重点县的申请。2018 年 8 月 10 日,国务院扶贫开发领导小组第三次全体会议审议同意,开州区、云阳县、巫山县等 3 个区县顺利通过国家专项评估检查,3 个区县的综合贫困发生率均低于 3%,群众认可度均高于 90%,符合贫困县退出条件,如期实现了高质量整体"摘帽"的要求。

2018 年 10 月 2 日,奉节县扶贫办称奉节县 2018 年脱贫摘帽已进入倒计时。2018 年 1 月 4 日《重庆晚报》刊载,城口县大力发展生态经济确保

2019 年脱贫摘帽。2018 年 11 月 30 日《重庆晨报》刊登巫溪县将于 2019 年实现全县脱贫摘帽。2018 年底，渝东北贫困地区 8 个国家级重点贫困区县中，已有万州区、丰都县、云阳县、开州区、巫山县共 5 个区县脱贫摘帽。奉节县、城口县、巫溪县也分别于 2019 年、2020 年脱贫摘帽，退出国家级重点贫困区县。截至 2020 年 3 月，渝东北地区 8 个代表性贫困区县先后"脱贫摘帽"（表 3-2）。总体来说，渝东北贫困地区深度扶贫脱贫成果较为显著。

表 3-2　　　　　　　　渝东北地区 8 个贫困区县退出国家

扶贫开发工作重点县具体时间

脱贫退出具体时间	区/县	发文字号
2017 年 11 月 9 日	万州区	渝府发〔2017〕45 号
2017 年 11 月 9 日	丰都县	渝府发〔2017〕45 号
2018 年 8 月 10 日	巫山县	渝府发〔2018〕29 号
2018 年 8 月 10 日	开州区	渝府发〔2018〕29 号
2018 年 8 月 10 日	云阳县	渝府发〔2018〕29 号
2019 年 4 月 29 日	奉节县	渝府发〔2019〕13 号
2020 年 2 月 22 日	城口县	渝府发〔2020〕4 号
2020 年 2 月 22 日	巫溪县	渝府发〔2020〕4 号

综合以上分析，目前渝东北地区扶贫脱贫获得了丰富的实战经验，取得了可喜的成绩，脱贫攻坚正向预期的方向突破。从总体扶贫脱贫结果上看，尽管已经退出国家级扶贫开发工作重点县，但仍有巩固脱贫成果的重任。然而，从以上介绍的脱贫经验看，还不足以全面反映渝东北贫困地区真实扶贫脱贫情况，下一节将通过实际调查数据来反映当前扶贫脱贫工作的现状。

3.3 渝东北贫困地区脱贫现状调查分析

3.3.1 调查方式、内容及变量说明

第一，调查方式。本书以渝东北贫困地区农户为主要调查对象，重点调查贫困家庭户情况（以家庭为单位），采取实地考察和问卷调研相结合的方式开展调查。实地考察主要通过选择走访一些代表性的贫困乡镇、贫困村进行调研，了解当地扶贫脱贫工作状况及存在的问题。课题组成员于2018年6—10月和2019年1—2月两个时间段对渝东北地区一些贫困乡村进行了实地考察，分别走访了巫溪县天元乡（新田村、天元村、新华村、万春村）、巫山县平河乡（大峡村）和骡坪镇（凤岭村、北山村、龙河村、兴旺村、仙峰村）、城口县高观镇（高观村、蒲池村）、云阳县南溪镇（蒲山村、新阳村、西云村、福桥村、拱桥村）以及万州区甘宁镇（仙云村、甘宁村、石庙村、河口村）、长坪乡（中兴村、弹子村）、龙沙镇（马岩村、海螺村、岩口村）等地区共26个行政村，并与当地贫困乡镇或村主要领导干部交流，随机对当地贫困家庭农户分发问卷，现场指导填写并采集数据。问卷调查除采取现场指导农户填写数据外，另一部分调查方式主要通过在校大一、大二、大三学生利用法定节假日、寒暑假期间带回问卷选择性对当地周边邻居家庭（或代表性扶贫户）进行指导性填写问卷和随机抽样调查，返校时上交问卷。

第二，调查内容。通过上述两种调查方式，共分发问卷800份，鉴于农户数据采集的复杂性，剔除一些农户填写的无效无用数据以及大学生替代填写的无效问卷数据，最后获得有效问卷484份。调查内容涉及三个模块：一是农户个体及家庭基本情况，主要包括户主年龄、性别、教育、健康、收入，以及家庭人口、劳动力、土地经营规模、生活环境、生计方式、债务等内容；二是扶贫脱贫工作情况，主要考察农户对扶贫主体的扶贫推进工作现状的评价看法，从扶贫政策、基层政府扶贫工作、金融扶

贫、旅游扶贫、生态扶贫、产业扶贫、教育扶贫、医疗扶贫等方面了解农户对当前脱贫攻坚推进工作现状的看法，以及农户对扶贫资源的需求情况和当地农村公共基础设施建设情况；三是了解当前扶贫脱贫工作存在的问题以及农户提出的建议。

　　第三，变量设置。我们主要对农户及家庭情况、基础设施建设情况（农业生产性基础设施、农村生活性基础设施、农村生态环境治理、农村社会发展基础设施）、扶贫脱贫工作情况及农户对扶贫资源需求情况的变量指标进行统计，各模块变量指标和设置如表 3-3 所示，其中扶贫脱贫工作情况考察指标主要采用李克特 5 级量表进行设置，1~5 分别表示级别由弱到强的关系。

表 3-3　　　　　　　　　　　　变量指标的选取与设置

调查项目	统计分析指标变量	变量设置与内容说明
农户及家庭情况	户主年龄段	1＝20 岁，2＝21~30 岁，3＝31~40 岁，4＝41~50 岁，5＝51~60 岁，6＝60 岁以上
	户主性别	1＝男，0＝女
	户主教育程度	1＝小学，2＝初中，3＝高中或中专，4＝大专，5＝本科及以上
	家庭人口数量	1＝2 个及以下，2＝3 个，3＝4 个，4＝5 个，5＝6 个，6＝7 个及以上
	家庭劳动力数量	1＝1 个，2＝2 个，3＝3 个，4＝4 个，5＝5 个，6＝6 个，7＝7 个及以上
	土地经营面积	1＝3 亩及以下，2＝3.1~5.9 亩，3＝6~8 亩，4＝8.1~10 亩，5＝10 亩以上
	土地集中连片程度	1~5 级分别表示为"非常低、较低、一般、较高、非常高"
	家庭人均收入水平（元/年）	1＝3 500 元以下，2＝3 500~6 000 元，3＝6 001~10 000 元，4＝1 万~1.5 万元，5＝1.5 万~2.0 万元，6＝2 万元以上

续表

调查项目	统计分析指标变量	变量设置与内容说明
农户及家庭情况	家庭生活环境状况（包括医保、健康、住房、通信、低保、水、电等）	1＝是，0＝否
	家庭生计方式	1＝务农，2＝务农+零工，3＝外出务工，4＝流转土地+外出务工，5＝务农+外出务工
	家庭债务支出项目	1＝子女上学，2＝生产经营，3＝生活开支，4＝治病，5＝建房购房，6＝前五项都有
基础设施建设情况	农业生产性基础设施（瓜果蔬菜或畜牧类生产基地、乡村农贸市场、农田灌溉水利设施、水库大坝加固、河道防洪堤、人畜饮水蓄水池、地头水柜）	1＝有，0＝无
	农村生活性基础设施（安全用水、农村沼气池、村屯内道路硬化、电力电网改造、村敬老院）	1＝有，0＝无
	农村生态环境治理（水流域治理、垃圾处理设施、污水处理）	1＝有，0＝无
	农村社会发展基础设施（文化阅览室、体育运动场所、村卫生室、村广播、村文化基础设施、村小教学楼或宿舍楼、村办公楼或服务中心）	1＝有，0＝无

续表

调查项目	统计分析指标变量	变量设置与内容说明
扶贫脱贫工作情况	扶贫政策宣讲频次高	1~5 分别表示"非常不同意、不同意、一般、同意、非常同意"
	贫困户识别十分精准	同上
	扶贫资源易获得性高	同上
	扶贫工作公平公正性	同上
	公共服务设施改善大	同上
	获得村互助资金支持	同上
	获得信用贷款的支持	同上
	旅游扶贫带动力度大	同上
	生态扶贫项目带动大	同上
	居民生态环境遭破坏	同上
	获得农业技术的指导	同上
	获得农产业帮扶补贴	同上
	参与村组织各类培训	同上
	获得生产经营的指导	同上
	获得学校奖助贷帮扶	同上
	获得医疗服务和义诊	同上
	获得就医诊疗费免补	同上
农户对扶贫资源需求情况	低保金、医疗报销、生产资料、发展合作社、子女就业、危房改造、学费减免、旅游开发、捐款捐物、农村网络、养老金、修路造桥、技术服务、土地流转制度、扶贫政策、村互助金、金融贷款、创业培训、招商引资、文艺下乡	1=是，0=否

3.3.2 农户及家庭生活环境总概况

第一，户主家庭样本特征分析。本次问卷数据统计采用 SPSS 工具软件进行分析，农户个体和家庭特征有关的数据采集结果如表3-4所示。

表 3-4　　　　　　　　　　农户家庭样本特征情况

变量指标	变量值	百分比	变量指标	变量值	百分比
年龄段	20岁及以下	1.6	家庭人口数量	2个及以下	5.6
	21~30岁	2.5		3个	14.7
	31~40岁	11		4个	29.8
	41~50岁	62.4		5个	26.9
	51~60岁	13.4		6个	14.5
	60岁以上	9.1		7个及以上	8.7
性别	男	55.8	家庭劳动人口	1个	21.5
	女	44.2		2个	54.1
教育程度	小学	41.3		3个	15.9
	初中	43.4		4个	7.3
	高中或中专	12.2		5个	0.8
	大专	2.5		6个	0.2
	本科及以上	0.6		7个及以上	0.2
耕地面积	3亩及以下	59.1	土地连片程度	非常低	45.7
	3.1~5.9亩	27.3		较低	35.5
	6~8亩	10.7		一般	16.7
	8.1~10亩	1.7		较高	1.9
	10亩以上	1.2		非常高	0.2

续表

变量指标	变量值	百分比	变量指标	变量值	百分比
家庭人均收入水平（元/年）	3 500以下	44.4	家庭生计方式	务农	18.8
	3 500~6 000	36.6		务农+零工	34.7
	6 001~10 000	10.5		外出务工	36.8
	1万~1.5万	3.7		流转土地+外出务工	2.9
	1.5万~2万	3.8		务农+外出务工	6.8
	2万以上	1.0	家庭债务	有债务占比	61.2
主要债务来源	(1) 子女上学	35.8			
	(2) 生产经营	8.8			
	(3) 生活开支	8.8			
	(4) 治病	24.3			
	(5) 建房购房	17.6			
	(1)+(2)+(3)+(4)+(5)	4.7			

由表3-4可看出，本次调查样本中男性农户占比55.8%，女性农户占比44.2%，年龄在41~50岁之间的农户最多，占比62.4%，这部分中年是家庭的主要劳动力。50岁及以上的（包括老人在内）达到22.5%，从年龄段的调查结果看，20岁及以下的仅有1.6%，这一结果与后面表3-5中显示的家中存在孤儿（占比1.4%）情况有关系，但并非全部是孤儿（因1.6%＞1.4%），或者说是因为有部分辍学的孩子承担了家庭的主要劳动力。在接受教育程度方面，上过高中或中专的家庭户有12.2%，大专及以上的家庭户仅占3.1%，但受教育层次在初中及以下的家庭户达到84.7%，这说明留在农村承担家庭劳动的大部分农民文化水平较低。在家用耕地方面，诸多家庭耕地在3亩及以下，占比近60%，而承包6亩以上的耕地多为小规模产业化生产经营者，占比达到13.6%，耕作这部分土地的农户主

要以发展林下种养殖业为主，这与表 3-5 中显示的家中有小规模种养殖户（占比 14.5%）基本一致，但需要指出的是家庭耕作土地的集中连片化程度不高（认为非常低和较低的家庭户达到 81.2%），难以适应机械化操作。从家庭收入情况来看，仍有 44.4% 的家庭未摆脱贫困（人均家庭年收入在 3 500 元以下①），但随着脱贫攻坚力度的加大，大部分家庭户（占 55.6%）已走出贫困标准线，家庭人均收入在 1 万元以上的有 8.5%。从家庭人口数量看，一半以上的家庭人口集中在 4~5 人，占比为 56.7%，7 个人口及以上的有 8.7%，而真正能维持家庭生计的主力劳动人口绝大多数仅有 1~2 人，占比达到 75.6%。这些维持生计的劳动力中，务农的占 18.8%；在家务农并打点零工来维持生计的不少，达到 34.7%；外出务工或打工的家庭户有 36.8%，有一小部分家庭（占 6.8%）是既在家务农也外出务工来共同维持生计（主要表现为男性劳动力外出务工，女性劳动力在家务农），其中还有一小部分（2.9%）家庭在外务工同时出让家用耕地获点租金收入。从家庭债务情况看，表 3-4 中显示，多数家庭户（61.2%）或多或少都存在着不同程度的欠债，其中有两块较大的支出，即子女上学和治病费用，这两者合计达到 60.1%，其次是在家庭住房方面，在农村建房或购房者的欠债家庭户占比为 17.6%，尽管政府对贫困户有搬迁或危房改造补贴，但并不足以支撑起目前高昂的用工和建房成本（包括装修）。还有小部分欠债家庭户（4.7%）因子女上学、治病、生产经营、生活开支、建房购房等存在不同程度的借款（包括亲戚、邻居等借款）。

为更清晰地刻画农户家庭现状，我们选取了年龄、教育程度、经营土地、家庭收入、生计方式、家庭债务等指标，其可视化效果分别如图 3-2、3-3、3-4、3-5、3-6 和 3-7 所示。

---

①　因我国各省份地区经济发展水平不一致，各地区扶贫线标准难有绝对统一的标准。调研以国家 2011 年的标准线 2300 元不变价为基准，结合物价水平、价格因素进行动态调整。2018 年重庆市扶贫办根据 CPI 指数等因素确定扶贫标准线为农村居民家庭人均收入 3500 元/年/人。

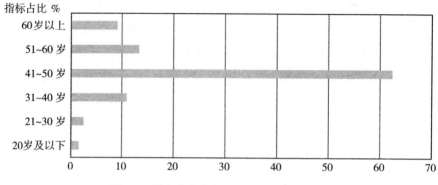

图 3-2 样本中农户家庭户主年龄段分布图

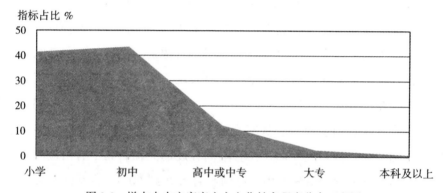

图 3-3 样本中农户家庭户主文化教育程度分布面积图

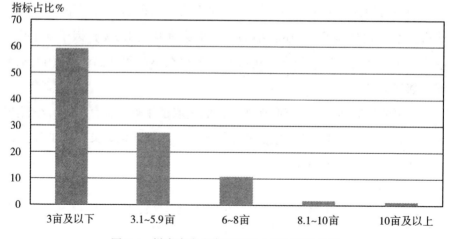

图 3-4 样本中农户家庭经营土地面积分布图

指标占比 %

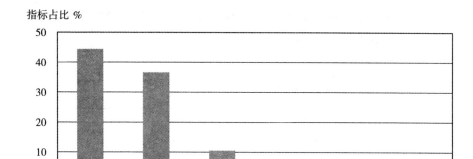

图 3-5　样本中农户家庭人均收入情况分布图（单位：元/年）

指标占比 %

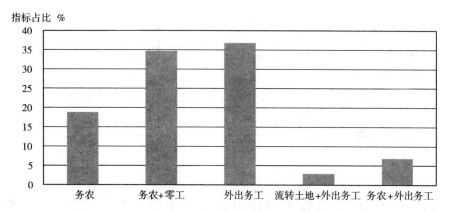

图 3-6　样本中农户家庭生计方式分布图

指标占比 %

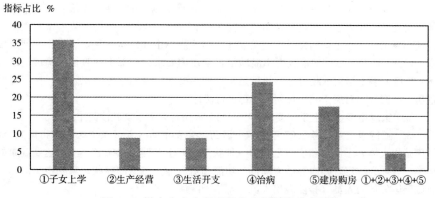

图 3-7　样本中农户家庭债务来源情况分布图

第二，家庭生活环境情况。农户家庭生活和生产环境现状统计如表 3-5 所示，可视化效果如图 3-8 所示。

表 3-5　　　　　　　**家庭生活环境条件和生产情况（单位:%）**

变量指标	否	是	变量指标	否	是
稳定收入来源	66.1	33.9	公路硬化到门口	36.8	63.2
子女辍学	93.6	6.4	村公路硬化	16.1	83.9
参与医疗保险	9.5	90.5	享有低保人员家庭	80.0	20.0
家中有孤儿	98.6	1.4	村通电信网络	41.7	58.3
危房情况①	84.9	15.1	家有多子女上学②	53.3	46.7
家中有残疾人员	73.1	26.9	家用电稳定	7.9	92.1
家通电信网络	42.4	57.6	使用安全用水	32.4	67.6
家有亚健康人员③	37.2	62.8	主用煤气燃料	65.9	34.1
有老人进入福利院	97.1	2.9	易地或高山搬迁户	82.6	17.4
加入合作社	84.5	15.5	小规模种养殖户④	85.5	14.5

由表 3-5 可看出，样本中仍有 66.1% 的家庭没有稳定的收入来源，多数用户（65.9%）仍以干柴作为烧火的主燃料，近一半的家庭户

---

① 危房情况主要根据 2011 年住房和城乡建设部制定的标准，A 级：结构承载力能满足正常使用要求，未腐朽危险点，房屋结构安全；B 级：结构承载力基本满足正常使用要求，个别结构构件处于危险状态，但不影响主体结构，基本满足正常使用要求；C 级：部分承重结构承载力不能满足正常使用要求，局部出现险情，构成局部危房；D 级：承重结构承载力已不能满足正常使用要求，房屋整体出现险情，构成整幢危房。家庭住房对属于其中任何一类都进行统计。

② 家庭中多子女上学主要指家中有两个或两个以上子女就读高中或大学。

③ 亚健康主要参考 2007 年中华中医药学会发布的《亚健康中医临床指南》，亚健康是指人体处于健康和疾病之间的一种状态。处于亚健康状态者，不能达到健康的标准，表现为一定时间内的活力降低、功能和适应能力减退的症状。家庭中类似的人员或健康欠佳的人员（排除残疾人员）都给予统计。

④ 小规模种养殖户指种植规模在 6~10 亩、养殖规模在 50 头/只（左右）的家庭户。

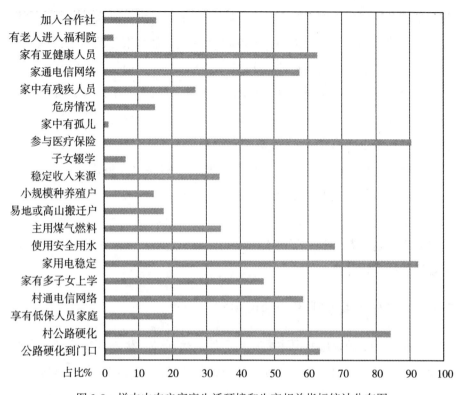

图 3-8　样本中农户家庭生活环境和生产相关指标统计分布图

（46.7%）有两个或两个以上的子女就读高中或大学，6.4%的家庭中还存有子女辍学情况，或许是因为家庭生活负担和压力，其子女主动放弃学业而返家劳动以减轻家庭开支和生活压力。样本中有孤儿的家庭户占比1.4%，还有不少家庭（15.1%）住房处于危房状态，有26.9%的家庭户中存在不同程度的残疾人口，大多数家庭户主（62.8%）或多或少都存在亚健康情况或身体间断性的不适，总有一些小毛病，但绝大多数家庭户（90.5%）都参与了医疗保险。对老年人而言，仅2.9%的家庭有老年人进入福利院疗养，享有低保的家庭户占20%。

表 3-5 显示，农村公路硬化的改善得到了绝大多数家庭户（83.9%）的认可，这说明扶贫工作在交通设施方面的投入力度较大。但其中村公路硬化到农户家庭门口的调查显示仅达63.2%，这说明农村公路硬化并非全

部到了农户家门口。67.6%的家庭可以使用安全用水，但这并非全为乡村
统一规划建设的自来水，诸多为家庭户自建的有泉水来源的蓄水设施。样
本中属于易地或高山搬迁户的占17.4%。通信服务方面，有57.6%的家庭
接通了电信网络，但仍有7.9%的家庭户用电不稳定。生产经营方面，有
15.5%的家庭户加入了当地农村专业合作社，有14.5%的家庭户发展了小
规模的种养殖业，有的种植水果类农产品（如沙田柚、血脐、枇杷、李
子、夏橙、柑橘、樱桃、草莓、核桃、油桃、猕猴桃、黄桃、西瓜），有
的养殖家禽畜牧类（如鸡、鸭、鹅、鸽子、猪、羊、蜜蜂），有的种植蔬
菜（如油菜、芦笋、花椒、榨菜、莲藕），还有养殖水产类（如鱼、虾、
黄鳝）等，这些都有利于促进农户收入提高和脱贫致富，但难以发展成较
大规模的产业化经营。

3.3.3　农村公共基础设施建设现状

农村公共基础设施状况主要从生产性、生活性、生态环境治理、农村
社会发展等四个方面进行统计分析，为避免统计的重复性，我们以村为单
位，对于同一个村的调查用户选取一份问卷进行统计，最后从484份问卷
中获得非同质性问卷197份，统计结果如表3-6所示。

表3-6　　　　　　　农村公共基础设施建设情况（单位:%）

测量指标	指标变量	无	有
生产性基础设施	瓜果蔬菜或畜牧类生产基地	59.9	40.1
	乡村农贸市场	53.3	46.7
	农田灌溉水利设施	76.6	23.4
	水库大坝加固	77.2	22.8
	河道防洪堤	72.6	27.4
	人畜饮水蓄水池	73.1	26.9
	地头水柜	98.0	2.0

续表

测量指标	指标变量	无	有
生活性基础设施	安全用水	32.5	67.5
	农村沼气池	53.8	46.2
	村屯内道路硬化	44.7	55.3
	电力电网改造	50.8	49.2
	村敬老院	77.7	22.3
生态环境治理	水流域治理	61.9	38.1
	垃圾处理设施	28.4	71.6
	污水处理	69.0	31.0
农村社会发展基础设施	文化阅览室	84.8	15.2
	体育运动场所	70.1	29.9
	村卫生室	32.5	67.5
	村广播	64.0	36.0
	村文化基础设施	70.1	29.9
	村小教学楼或宿舍楼	59.9	40.1
	村办公楼或服务中心	47.7	52.3

第一，农业生产性基础设施概况。在农业生产性基础设施方面，样本中可以看出政府帮扶地方农村建设的工作推进力度和成效。表3-6显示，以村为单位，样本中40.1%的村有不同种类的瓜果蔬菜或畜牧类生产基地，有46.7%的村周围有乡村农贸市场，但在饮水用水设施方面还有待改善，样本中仅有23.4%的村有农田灌溉水利设施，22.8%的村加固了水库大坝，27.4%的村周边建设了河道防洪堤设施，26.9%的村有人畜饮水蓄水池，而用于农田生产经营设施的地头水柜建设的村仅占2.0%，可视化效果如图3-9所示。

第二，农村生活性基础设施概况。样本中显示67.5%的村建有安全用水设施，46.2%的村有沼气池，村屯内道路硬化的村超过一半，达到55.3%，每个村的电力电网改造也近乎一半（49.2%），22.3%的村周边建

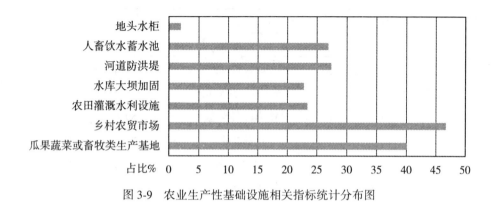

图 3-9　农业生产性基础设施相关指标统计分布图

有敬老院或老年活动中心等活动场所（图 3-10），为老年人提供各种各样的适合老年人特点的文娱体育活动。可以看出，农村生活性服务设施正在搭乘扶贫政策的红利向着预期的方向改善。

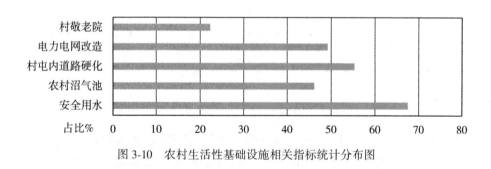

图 3-10　农村生活性基础设施相关指标统计分布图

　　第三，农村生态治理概况。在农村生态治理方面，表 3-6 显示，样本中还有 61.9% 的村周边水流域治理需要改善，周边有污水处理设施的村有 31%，得到较大改善的是有垃圾处理设施的村已达到 71.6%（图 3-11）。可以看出，农村生态治理仍有待进一步加强。

　　第四，农村社会发展基础设施概况。在农村社会发展方面，样本中显示仅有 15.2% 的村有供农户学习用的文化阅览室，29.9% 的村建有体育运动场所，建有村文化基础设施的村有 29.9%，改善村小教学楼或宿舍楼的

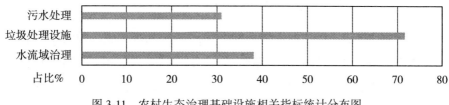

图 3-11　农村生态治理基础设施相关指标统计分布图

村占 40.1%，建有村广播的村有 36%。目前在建或已建好的村办公楼或服务中心的村达到 52.3%，建有村医疗室或村卫生室的达到 67.5%，可视化效果如图 3-12 所示。

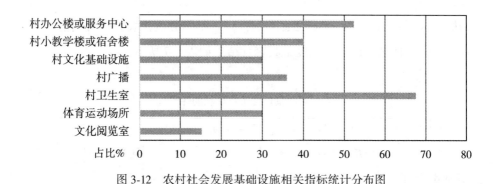

图 3-12　农村社会发展基础设施相关指标统计分布图

　　综上分析，总体来看，按照建设"经济繁荣、设施完善、环境优美、文明和谐"的社会主义新农村的目标和十九大提出实施乡村振兴战略的"产业兴旺、生态宜居、乡风文明、治理有效、生活富裕"的总要求，农村社会发展基础设施仍有待进一步改善，仅从关注农户收入方面推动农户脱贫难以实现社会主义新农村建设的目标，也难以达到乡村振兴战略的总要求。当然，这种差距在后续贫困治理过程中会逐步得到改善，因为目前是以实现 2020 年贫困人口全部脱贫为目标，即消除绝对贫困。

3.3.4　农户对脱贫工作的评价分析

根据表 3-3 的统计指标设置，问卷采用李氏五级量表，为便于对农户态度进行测评，按照等级分别赋值为 1、2、3、4、5，其中 5 分为满分，3~3.5 分为合格，3.5 分以上至 4.0 分为中等，4.0 分以上至 4.5 分为良好，4.5 分以上至 5.0 分之间为优秀。农户对扶贫脱贫工作的态度或认可情况的测评分数，采用如下计算公式：

$$TC\,S_i = \sum_{i=1}^{5} \frac{n_i}{N} V_i \tag{3-1}$$

式 (3-1) 中，TCS_i 为农户对扶贫脱贫工作某一单项指标的态度评价分，N 为总调查人数，n_i 为某一单项指标认可的评价人数，V_i 为某一单项指标等级所赋的值（V_i = 1，2，3，4，5）。不同分值代表农户对当前脱贫攻坚工作整体情况的评价态度，其统计结果如表 3-7 所示。

表 3-7　　　　　　　　　农户对脱贫攻坚工作现状的评价

脱贫攻坚工作测评指标	1=非常不同意（%）	2=不同意（%）	3=一般（%）	4=同意（%）	5=非常同意（%）	均值分
扶贫政策宣讲频次高	4.3	31.2	24.0	36.4	4.1	3.048
贫困户识别十分精准	8.7	38	23.6	26.6	3.1	2.774
扶贫资源易获得性高	2.7	23.6	18	48.3	7.4	3.341
扶贫工作公平公正性	1.9	30.6	29.3	30.0	8.2	3.120
公共服务设施改善大	2.3	18	14.6	57.5	7.6	3.501

续表

脱贫攻坚工作测评指标	1=非常不同意（%）	2=不同意（%）	3=一般（%）	4=同意（%）	5=非常同意（%）	均值分
获得村互助资金支持	5.3	36	19.6	36.8	2.3	2.948
获得信用贷款的支持	3.3	28.7	40.7	25.6	1.7	2.937
旅游扶贫带动力度大	9.1	38.0	26.9	23.5	2.5	2.723
生态扶贫项目带动大	3.9	20.7	25.8	45.5	4.1	3.252
居民生态环境遭破坏	5.2	41.7	32.0	19.0	2.1	2.711
获得农业技术的指导	5.2	37.0	29.1	25.4	3.3	2.846
获得农产业帮扶补贴	3.3	26.7	23.1	43.4	3.5	3.171
参与村组织各类培训	4.5	50.0	19.6	24.2	1.7	2.686
获得生产经营的指导	4.5	52.5	19.2	22.6	1.2	2.635
获得学校奖助贷帮扶	5.0	24.3	15.3	48.6	6.8	3.279
获得医疗服务和义诊	2.7	49.0	22.5	23.3	2.5	2.739
获得就医诊疗费免补	2.3	26.4	26.2	40.3	4.8	3.189
脱贫攻坚工作总评价均值						2.994

由表 3-7 可知，农户对脱贫攻坚整体工作情况的态度评价是接近合格水平（2.994），扶贫脱贫工作中有些措施在农户心中获得了较好的评价，有些并未获得认可。具体而言，农户认为得到较大改善的是农村公共服务设施方面，得分超过 3.5，这一指标主要是考察当地农村信息网络、交通、水利、环境、电力能源、文体卫生、广播传媒等设施的改善情况，说明在这方面政府建设新农村的推进工作取得的进展获得了大多数农户的认可和好评。此外，农户认为在政策宣传、扶贫资源的获得性、扶贫脱贫工作公平公正、生态扶贫项目带动效应、农业补贴、教育扶贫、医疗扶贫等方面推动工作做得较好。在生态治理过程中农户不太认可生态扶贫会给居民生态环境带来较大的破坏力，因而其得分为 2.711。在金融支持方面，如村互助资金、银行信用贷款等推动工作基本得到了农户的认可，这方面的政策向贫困农户倾斜支持力度较大，尽管有条件的农户可以申请获得贷款支持，但并非所有农户去申请，未获得金融支持的农户还是给出了较为客观的评价。

然而，做得不足的地方也有，如：贫困户识别、旅游扶贫带动效应、技术指导与培训、医疗服务等方面得分在 2.6~2.77 之间。其原因或许在于本次调查样本量问题，或者调查覆盖面难以面面俱到，也有来自农户自身认识的问题：一是贫困户识别方面。客观公正地识别贫困户，并非农户自我认为是贫困就可以，而应按照国家或地方对贫困家庭的综合因素进行客观评判，因农户自身主观原因从而导致评价结果出现偏差。二是在旅游扶贫带动效应方面。或许是样本调查并非全部选择旅游区域附近的农户家庭（因为是随机调查），未从旅游开发中获得福利的农户或多或少存在认识误区，从而导致对旅游扶贫带动作用效果的评价结果出现偏差。三是技术指导、培训和医疗服务方面。并非所有农户都参与了这类活动，地方高校（本科、高职高专）、医院等开展科技下乡、医疗下乡等活动集中于赶集期间（一般选择在乡镇农贸市场附近或乡镇集市中心），这种服务作用的覆盖面有限，从而导致评价结果出现偏差。

3.3.5 农户对扶贫资源的需求现状

根据当前脱贫攻坚工作采取的措施情况，针对农户对扶贫资源的需求我们设置了 20 个变量，为更好地了解农户最大需求，我们对扶贫资源的变量需求进行排序，统计结果如表 3-8 和图 3-13 所示。

表 3-8 扶贫资源需求排名情况

扶贫资源变量	百分比	排名情况	扶贫资源变量	百分比	排名情况
医疗报销	50.6	1	低保金	22.3	11
创业培训	50.4	2	危房改造	18.8	12
乡村旅游	49.4	3	土地流转制度	11.4	13
技术服务	44.8	4	发展合作社	10.9	14
招商引资	41.1	5	扶贫政策宣讲	9.3	15
修路造桥	37.6	6	发放生产资料	8.2	16
养老金	31.6	7	村互助金	6.6	17
农村信息网络	28.0	8	金融贷款	6.4	18
帮助子女就业	27.1	9	捐款捐物	3.5	19
学费减免	24.3	10	文艺下乡	1.9	20

从表 3-8 可以看出，农户对扶贫资源的需求既有感性的一面，也有理性的一面。首先，样本中显示，排在第一位的是医疗报销，这说明农户最需要的是能够获得医疗或治病方面的费用减免或救济，调查表 3-5 中显示亚健康的农户家庭多达 62.8%，这也从侧面证实了农户对医疗报销的渴望。

其次，排在第二位和第四位的是创业培训和技术服务。这说明农户想长期脱贫稳定致富，希望掌握一种能够致富的能力或技能，而通过各种类型的培训可以解决这一问题，可见农户需求也有理性的一面。其后六位排序依次为招商引资、修路造桥、养老金、农村信息网络、帮助子女就业和

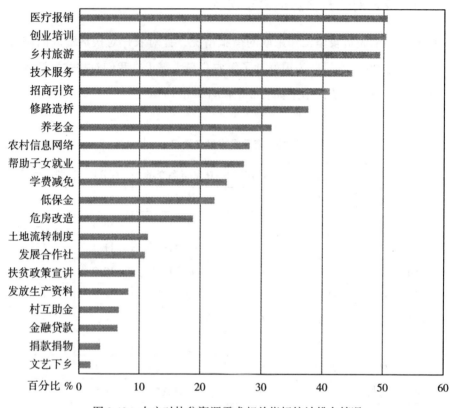

图 3-13　农户对扶贫资源需求相关指标统计排名情况

学费减免。从农户的这些需求中可以看出农户目前最关心的问题和最需要政府给予的支持措施,其中乡村旅游开发带动农户致富的措施在实践中得到了农户的认可,充分利用乡村自然资源和区域优势,开发乡村旅游项目可带动周边农户脱贫致富,这一举措在其他村也仿效成功。而且,农户认为政府修路造桥也是带动地方经济发展和走出长期贫困状态的重要举措,"要致富、先修路"这种观念在农户心中扎根较深。随着农村经济发展、生产生活条件的改善,农户越来越意识到交通便利的重要性。在前 10 位排名中,农户还关心其子女教育和就业问题。

最后,排在后 10 位的依次为低保金、危房改造、土地流转制度、发展合作社、扶贫政策宣讲、发放生产资料、村互助金、金融贷款、捐款捐物和文艺下乡。尽管这些扶贫资源排位靠后，但为政府充分了解农户需求和采取有针对性的扶贫脱贫措施提供了方向。

第4章 渝东北贫困地区脱贫面临的机遇与挑战

在第3章中，我们从渝东北地区自然资源、区域战略定位、产业经济基础三个方面分析了脱贫攻坚具备的基础条件，总结了当前的扶贫脱贫经验和脱贫成果，并通过调查分析来进一步认识渝东北地区脱贫攻坚工作的现状。总体来说，渝东北贫困地区脱贫攻坚取得了重要成就，但同时也面临着各种问题需要解决。对此，本章继续探讨渝东北贫困地区脱贫攻坚还需要突破的障碍因素，提出相应解决之道。

4.1 渝东北贫困地区脱贫面临的机遇

4.1.1 "两点""两地""两高"机遇

2018 年全国两会期间，习近平总书记参加重庆代表团审议并发表重要讲话，对重庆提出"两点"定位、"两地""两高"目标和"四个扎实"要求，为今后工作指明了方向。"两点"定位，即西部大开发的重要战略支点、"一带一路"和长江经济带的连结点，在国家区域发展和对外开放格局中发挥独特而重要的作用。"两地""两高"目标，即加快建设内陆开放高地、山清水秀美丽之地，努力推动高质量发展、创造高品质生活。除此之外，还另有各层面的功能定位、经济社会发展规划、各种扶贫政策、产业发展规划、三峡库区自然资源等区位优势的利好机遇。

4.1.2 "一带一路"建设带来的利好

"一带一路"简称"丝绸之路经济带"和"21世纪海上丝绸之路"，它是由国家主席习近平分别于2013年9月和10月提出建设"新丝绸之路经济带"和"21世纪海上丝绸之路"合作倡议发展而来的。2015年3月28日，国家发展改革委、外交部、商务部联合发布了《推动共建丝绸之路经济带和21世纪海上丝绸之路的愿景与行动》。"一带一路"经济区开放后，沿线共有65个国家，人口占全世界人口的63%，并且随着"一带一路"建设的实施和推进，沿线各国经济实力上升，人民生活水平提高，愿意把钱花费在旅游或者其他高档耐用品上，消费潜力呈上升趋势。这有利于渝东北地区加强同全球经济的联系，拓展全球市场，有利于促进渝东北地区交通、商业、旅游等服务业的发展，进而促进产业结构优化。无疑，抓住国家"一带一路"的战略机会，对调整产业结构和优化升级，促进渝东北地区经济发展和人民生活水平的提高，实现2020年全面脱贫攻坚目标带来了信心和动力。

4.1.3 长江经济带发展战略带来的机遇

长江经济带是中国新一轮改革开放转型实施新区域开放开发战略经济带，是具有全球影响力的内河经济带、东中西互动合作的协调发展带、沿海沿江沿边全面推进的对内对外开放带，也是生态文明建设的先行示范带。长江经济带覆盖了上海、江苏、浙江、安徽、江西、湖北、湖南、重庆、四川、云南、贵州等11个省市，面积约205万km^2（占全国21%），人口和生产总值均超过全国的40%。2016年1月，习近平总书记在重庆召开的推动长江经济带发展座谈会上强调，推动长江经济带发展是一项国家级重大区域发展战略，必须坚持生态优先、绿色发展的战略定位。同年9月，《长江经济带发展规划纲要》正式颁布，作为长江经济带发展战略的顶层设计，其确立了长江经济带"一轴、两翼、三极、多点"的发展新格局，提出了长江流域各省市阶段性发展目标和任务，要求到 2020 年实现水质优良比例达到 75% 以上、森林覆盖率达到 43%、城镇化率达到 60% 以上等目标,要求加强创新、研发投入,培育一批世界级企业和产业,建立现代市场体系,形成全方位对外开放新格局,成为引领全国经济社会发展的战略支撑带。很显然,重庆在其中发挥着核心作用,这对促进渝东北贫困地区经济建设、生态治理等具有重大的推动作用,中央将会加大水污染防治资金支持力度,对三峡库区水污染防治专项任务给予倾斜,将三峡库区纳入国家山水林田湖草生态保护修复范围,纳入由国家推动的省市内跨区域上下游横向和多元化生态补偿试点,这种利好的政策和最终落实将对带动渝东北贫困地区农户脱贫致富发挥着重要的作用。

4.1.4　国家加强生态治理带来的机遇

《国务院办公厅关于健全生态保护补偿机制的意见》（国办发〔2016〕31 号）明确提出,研究制定以地方补偿为主、中央财政给予支持的横向生态保护补偿机制办法。鼓励受益地区与生态保护地区、流域下游与上游通过资金补偿、对口协作、产业转移、人才培训、共建园区等方式建立横向补偿关系;鼓励在具有重要生态功能、水资源供需矛盾突出、受各种污染危害或威胁严重的典型流域开展横向生态保护补偿试点。在长江、黄河等重要河流探索开展横向生态保护补偿试点。结合生态保护补偿推进精准脱贫,在生存条件差、生态系统重要、需要保护修复的地区,结合生态环境保护和治理,探索生态脱贫新路子。生态保护补偿资金、国家重大生态工程项目和资金按照精准扶贫、精准脱贫的要求向贫困地区倾斜,向建档立卡的贫困人口倾斜。重点生态功能区转移支付要考虑贫困地区实际状况,加大投入力度,扩大实施范围。加大贫困地区新一轮退耕还林还草力度,合理调整基本农田保有量。开展贫困地区生态综合补偿试点,创新资金使用方式,利用生态保护补偿和生态保护工程资金使当地有劳动能力的部分贫困人口转为生态保护人员。对在贫困地区开发水电、矿产资源占用集体土地的,试行给当地居民集体股权方式进行补偿。由此看出，这些利好措施对完成渝东北贫困地区全面脱贫攻坚任务具有积极的推动作用。

4.1.5　国家乡村振兴战略带来的契机

党的十九大做出中国特色社会主义进入新时代的科学论断，提出实施乡村振兴战略的重大历史任务，在我国"三农"发展进程中具有划时代的里程碑意义。国家《乡村振兴战略规划（2018—2022 年）》明确提出，按照"产业兴旺、生态宜居、乡风文明、治理有效、生活富裕"的总要求，按照坚持党管农村工作、农业农村优先发展、农民主体地位、乡村全面振兴、城乡融合发展、人与自然和谐共生以及改革创新、激发活力、因地制宜、循序渐进的原则，全面实现乡村振兴战略目标，即：到 2020 年，乡村振兴的制度框架和政策体系基本形成，各地区各部门乡村振兴的思路举措得以确立，全面建成小康社会的目标如期实现。到 2022 年，乡村振兴的制度框架和政策体系初步健全。国家粮食安全保障水平进一步提高，现代农业体系初步构建，农业绿色发展全面推进；农村一二三产业融合发展格局初步形成，乡村产业加快发展，农民收入水平进一步提高，脱贫攻坚成果得到进一步巩固；农村基础设施条件持续改善，城乡统一的社会保障制度体系基本建立；农村人居环境显著改善，生态宜居的美丽乡村建设扎实推进；城乡融合发展体制机制初步建立，农村基本公共服务水平进一步提升；乡村优秀传统文化得以传承和发展，农民精神文化生活需求基本得到满足；以党组织为核心的农村基层组织建设明显加强，乡村治理能力进一步提升，现代乡村治理体系初步构建；探索形成一批各具特色的乡村振兴模式和经验，乡村振兴取得阶段性成果。除此之外，《乡村振兴战略规划（2018—2022 年）》还提出了具有划时代意义的远景谋划，即：到 2035 年，乡村振兴取得决定性进展，农业农村现代化基本实现；农业结构得到根本性改善，农民就业质量显著提高，相对贫困进一步缓解，共同富裕迈出坚实步伐；城乡基本公共服务均等化基本实现，城乡融合发展体制机制更加完善；"乡风文明"达到新高度，乡村治理体系更加完善；农村生态环境得到根本好转，生态宜居的美丽乡村基本实现。到 2050 年，乡村全面振兴，"农业强、农村美、农民富"全面实现。由此看出，乡村振兴战略不仅给全国脱贫攻坚工作、解决"三农"问题带来了空前的强大政策支持和指导方向，同时也给渝东北地区脱贫攻坚、乡村振兴工作，以及社会各扶贫主体或组织参与脱贫攻坚、服务乡村振兴战略等带来了历史性的政策利好和前进方向。

4.2 渝东北贫困地区贫困演进逻辑

4.2.1 渝东北深度贫困原因分析

渝东北贫困地区，尤其是集中连片特困地区的 5 个县（城口、巫溪、巫山、奉节和云阳），除了受自然、历史、地质地貌条件等因素长期影响之外，同其他贫困问题一样，贫困产生的原因包括主观因素和客观因素。

第一，主观因素。这方面的因素主要是考虑人们对贫困的认识，即贫困观。具体来说，主观因素主要包括贫困的本质观、贫困的荣誉观和贫困确认主体观三个方面。

一是贫困的本质观。贫困的本质是指人们收入少，使得人们的生活陷入艰难痛苦的环境中的状态，生活按习惯可分物质生活和精神生活，尤其是丰富的现代精神生活更是取决于人们收入的多少和物质生活的满足状况。按内容划分可将贫困分为物质贫困和精神贫困，物质贫困与精神贫困互相影响且可互相转化。按参照对象可将贫困分为绝对贫困（相对于生存所必需或相对于同一主体以往收入进行比较）和相对贫困（相对于同期他人的高收入水平）。由此可见，在一定时期，由于所站角度、层面不同，不同主体对某人是否贫困所做出的判断是不同的，如某农户认为：尽管自家人均收入远少于同期周围农户人均收入，但相对自家以往的人均收入，他认为自己并不贫困，但另外的人却可能确认该农户处于贫困之中。

二是贫困的荣辱观。子曰："富与贵，是人之所欲也；不以其道得之，不处也。"① 事实上，品孔子之言，因人而异，各有千秋。一种观点认为（精神的或物质的，或物质和精神共存的）贫困是一种耻辱，是对自己致富能力、家庭价值、社会价值、自我实现、社会声誉的毁损，持有这种观点的农户有较强的脱贫动机。另一种观点认为，贫困意味着节约资源、利于环保、缓解竞争，并有利于可持续发展，因此，贫困是一种美德，是光荣之事。此外，还有观点认为，人生一世、草木一秋、万物同归，无所谓贫不贫、困不困，谈不上荣或辱。

三是贫困确认主体观。理论上，人们是否处于贫困状态的确认主体包括政府、科研单位、周边居民，甚至是第三方权威评估机构。基于上述分析，不同主体在同一时期对同一居民是否属于贫困所做出的判断是不同的。由于政府是全民小康社会、共同富裕社会、和谐社会建设的设计者、领导者、组织者，因此，人们是否处于贫困状态主要是由政府进行识别和确认的。

第二，客观因素。客观方面的因素主要从自然条件、经济条件、政治条件三个方面进行分析。

一是自然条件。根据空间贫困理论的观点，我们知道，贫困成因与空间地理位置条件之间的关系紧密。不仅于此，事实上一个国家或地区所处区域的天文、经度、纬度、海拔、高差、气温、日照、雨量、霜雪、河流、溪涧的分布及其落差、地形、地貌、生物多样性、区域之间的自然联系，以及各种自然条件相互之间在经济上的协调性，人类对自然条件利用的方向、目标、方法、手段等，无不影响一个国家或地区的经济发展、就业情况和人们的收入水平，进而影响到该国家或该地区人们的贫富程度。

二是经济条件。经济是指人们的社会生产关系的总和，也即人们在"物质"资料生产过程中结成的，与一定的社会生产力相适应的生产关系的总和。它也指社会再生产过程各环节的总和，包括"物质"资料的直接

① 纪连海. 纪连海谈论语：学而·为政·八佾·里仁篇 [M]. 北京：石油工业出版社，2019：54.

生产过程以及由它决定的交换、分配和消费过程。其内容包括生产力和生产关系两个方面，但主要是指生产力。经济还可以看成是一国全部物质资料和部分非物质资料的总和。

三是政治条件。一个国家的治国理念，如国家在一定时期的经济功能区划、各种类型特区的空间布局、政府对贫困的界定、对贫困标准的设定、政府的扶贫政策体系，等等，都会对一个地区、各地区之间的经济发展水平、人们的收入水平高低、贫富状况与贫富差距等都会产生重大、广泛而深远的影响。

4.2.2　渝东北深度贫困演进逻辑机理

如前所述，贫困不是一因一果的简单对应关系，而是由于人口（或居民）素质、人们的贫困观，人们所处区域的自然条件、经济条件、政治条件，以及它们相互之间的关系、区域之间的竞争合作关系等的失衡，使人们的生活陷于艰难困苦之中。

总体来看，与东部地区或华北平原地区相比，渝东北地区以丘陵、山地为主，占比高达80%以上，极少坪坝、台地，境内河流纵横，河流、溪涧切割深，落差大。从这点来说，渝东北地区极不适合粮食作物、经济作物的规模化、商品化、高效益生产。由于地形、地貌、区位和既有的农业基础、工业基础、交通网络、区间竞争的约束，特别是渝东北地区发展功能定位、企业家、劳动力、资本、现代科学技术的制约，导致渝东北地区的第二产业发展远远落后于东部发达地区和中西部许多城市。至此，渝东北地区落后低效的农业、工业，注定了以第一、二产业为重要基础的第三产业的宿命，该地区第三产业的总量、人均量同样都远低于我国东部发达地区。可见，该地区三大产业之间在客观上基本实现了小规模、低水平的均衡。

总而言之，渝东北贫困地区人们的贫困观（正确的或错误的）、自然条件、经济条件、政治条件、科技条件等及其相互关系的协调性与渝东北地区的贫困状态有内在的反向关系。一般而言，人们的贫困观正确，自然、经济、政治、科技等条件优越，则人们的贫困程度低，反之则相反。换言之，渝东北地区人们的贫困观、自然条件、经济条件、政治条件、科技条件等五大因素之间的内在联系同该地区贫困状态同样也具有内在的反向关系。这五大因素之间内在关系的平衡度高，则人们的贫困程度就低。

4.3 渝东北贫困地区脱贫面临的挑战与困境

4.3.1 渝东北贫困地区脱贫面临的挑战

渝东北贫困地区脱贫面临的挑战并非单个贫困户、单个贫困乡镇、区县所面临的挑战，面对整个地区的脱贫挑战，需要不同的主体（包括扶贫主体和扶贫客体）来共同应对。

首先，渝东北贫困地区脱贫面临的根本挑战。同我国其他地区一样，渝东北贫困地区，尤其是集中连片特困地区，扶贫面临的根本性挑战应是随着我国经济的不断发展，中国特色社会主义进入新时代，我国的社会主要矛盾已经从人民日益增长的物质文化需要同落后的社会生产之间的矛盾，转变为人民日益增长的美好生活需要和不平衡不充分发展之间的矛盾，这一矛盾转变需要重庆市政府及三峡库区渝东北社会组织（扶贫主体）、非政府组织机构和群众（包括贫困农户主体）来共同面对化解。

其次，渝东北贫困地区脱贫面临的具体挑战。具体而言，主要有三：

第一，渝东北贫困地区脱贫面临乡村振兴战略的挑战。2018年2月中央农村工作领导小组办公室印发了《乡村振兴战略规划（2018—2022年）》初稿，2018年9月中共中央、国务院印发了《乡村振兴战略规划（2018—2022年）》，并发出通知，要求各地区各部门结合实际认真贯彻落实。该规划以习近平总书记关于"三农"工作的重要论述为指导，提出了"产业兴旺、生态宜居、乡风文明、治理有效、生活富裕"的总要求。在如此政策推动和引导下，渝东北贫困地区不仅面临脱贫攻坚任务，更面临着如何实现乡村全面振兴，这是当地政府面对渝东北地区现实情况需要解决的重大问题和巨大挑战。

第二，渝东北贫困地区脱贫攻坚面临全部脱困、脱贫成果巩固和贫困相对性的挑战。首先，《中国农村扶贫开发纲要（2011—2020 年）》要求至 2020 年国家级重点贫困县要确保脱贫，实现贫困人口生活上的"两不愁""三保障"总体目标，这一点目前渝东北地区 8 个贫困区县中尽管已达标脱贫，但后期贫困治理任务依然繁重。其次，对于本地区来说，要持续保证"农民人均纯收入增长幅度高于全国平均水平，基本公共服务主要领域指标接近全国平均水平，扭转发展差距扩大趋势"是一个不小的挑战。最后，政治、经济领域中的贫困都是横向的相对性贫困，随着发达、欠发达地区的后续发展，渝东北地区很有可能落入新一轮的更高贫困标准下的集中连片特困地区，从这点来说，消除绝对贫困后，后期相对贫困治理将成为扶贫领域开展工作的重要方向。

第三，渝东北贫困地区脱贫面临国家主体功能定位的挑战。2010 年 12 月 21 日，《全国主体功能区规划》（国发〔2010〕46 号）正式发布。在《国家重点生态功能区名录》中，"三峡库区水土功能保持生态功能区"有巫山县、奉节县、云阳县，"秦巴生物多样性生态功能区"有巫溪县、城口县。在《国家禁止开发区域名录》中，城口县作为"国家级自然保护区"而被禁止开发，万州、梁平、开州、巫山、巫溪、城口、丰都作为"国家森林公园"而被禁止开发，云阳县、长江三峡（湖北、重庆）作为"国家地质公园"所在区域被禁止开发。国务院要求主体功能区战略格局要在市县层面精准落地，应把提供生态产品作为主体功能。如此看来，渝东北地区，除垫江县外的 10 个区县被列入国家禁止开发或限制开发区，势必使该地区后期相对贫困治理面临国家主体功能定位的巨大挑战。

4.3.2　渝东北贫困地区脱贫面临的困境

渝东北贫困地区脱贫攻坚面临的困境既有客观方面也有主观方面的因素，需要解决的问题颇多，从分析该地区致贫逻辑的主要因素上看，为更深入了解和认识扶贫对象客体（以贫困家庭群体为代表）所表露出的特征，我们结合实地考察和问卷调查结果来分析该地区脱贫攻坚面临的困境，主要有以下 5 个方面的问题。

第一，农户脱贫致富思想认识存在偏差。我们通过走访一些贫困乡村发现，导致贫困的家庭农户主体脱贫致富思路不明确，脱贫意识不够强，存在"等、靠、要"等传统思想观念，以往那种依靠小农经济来维持生计的方式对改变现有扶贫标准下的脱贫状态难以持续。第三章调查表 3-4 显示，仍未摆脱贫困的家庭占比达 44.4%，刚超过重庆地区扶贫标准线 3 500 元（不高于家庭人均收入 6 000 元），得到各方扶贫主体帮扶的贫困家庭正处在脱贫考察期的占比 36.6%，尽管脱贫效果明显，但仍有不少贫困户在脱贫致富和筹资建设等方面积极性和主动性不高，导致现实脱贫攻坚难度增大。

第二，农村基础设施建设滞后。调查发现，尤其是集中连片特困地区，除通过高山或易地搬迁户纳入政府统一规划之外，第 3 章表 3-5 显示非高山搬迁的住户家庭占比达 82.6%，这些家庭户所处各村大都缺乏统一规划，房屋布局零乱，生活垃圾无法妥善处理，村庄治理工作难度大，新农村建设规划有待进一步加强。根据 2011 年住房和城乡建设部制定的标准，在属于农村房屋危险性鉴定 A、B、C、D 等级中，上一章表 3-5 中的调查结果显示危房比例为 15.1%，说明大多数贫困户房屋结构可基本正常使用，但仍有部分房屋处于危险状态，需维修重建或搬迁。除此之外，表 3-5 显示 7.9 的贫困家庭用电难以持续稳定，多数家庭用户（65.9%）仍以干柴作为主燃料，未使用上安全用水的家庭户比例高达 32.4%（实际上这个比例应该更高，因为有些农村是自发组织集体修建饮水蓄水设施，并非政府统一筹建），未通电信网络设施的有 42.4%。在农村生产性、生活性、生态治理、社会发展基础等设施方面，由第三章表 3-6 可看出，仍有诸多公共服务基础设施建设有待进一步改善。如此看来，推动农村基础设施建设工作任务重，难度不小。

第三，农村产业发展滞后，难以形成规模化的产业经营。第 3 章调查表 3-5 显示，农户家庭加入合作社的只有 15.5%，仅有小规模种养殖户的为14.5%，难有中大型规模的种养殖户。可见当前农村特色产业发展总体水平不高，资源优势尚未有效转化为产业优势、经济优势，加之发展农业特色产业具有投资大、周期长、见效慢等特点，农村贫困户难以通过发展特色产业来实现整体性脱贫增收，从而导致农民群众参与产业化经营程度不高，积极性不够。我们以实地考察的巫溪县天元乡天元村和新华村为例，这两村处于山丘地带，都以小块土地种植水稻、玉米，产业结构单一，产量低，农民增收困难。养殖户主要以生猪、家禽为主，还没有摆脱小农经济束缚。一些小规模的种养殖户，近年来因受市场经济和销售渠道影响，现在种养殖积极性明显降低。再如：以万州区龙沙镇马岩村为例，通过课题组实地考察并与当地村民深入交流后发现，该村靠近省道公路旁边的近300亩农村集体用地已承包给企业种植水果（主要为柑橘、桃、李等）和辣椒，农户通过出租农业用地获得租金收入为300~400元/年，但整个产业经营项目目前尚未收到较好效益，因同样面临市场和销售影响，产业化经营水平不高。如此看来，特色农产业规模化、产业化经营同样面临困境。

第四，农村家庭劳动力素质偏低。近年来，农村家庭外出务工的青壮年劳动力大多数文化水平低，掌握技能少，就业途径窄，收入水平不高。初中及以下文化程度的户主高达84.7%，高中或中专户主仅有12.2%，依靠务农和打零工来维持生计的家庭户占53.5%，外出务工的占36.8%。从年龄结构分布看，41~50岁的占62.4%，51~60岁的占13.4%，60岁以上的占9.1%，但遗憾的是，样本中处于亚健康的贫困家庭户主高达62.8%（其中还包括26.9%的残疾人员），一些生病、残疾或年龄在60岁以上的老人，只能承担家务和部分农活，家庭稳定增收难度大，无法从根本上改善家庭经济状况。

第五，贫困家庭因学、病等致贫严重。从当前求学费用来看，通常情况下普通高中学费和生活费约7 000元/年，大学学费、住宿费和生活费约13 000元/年，这对于每年收入不到万元的低收入家庭而言，无疑是一笔沉重的负担。在第3章表3-5中，农户家庭中有多个子女（一般两个及以上）就读高中或大学的占比高达 46.7%，有子女辍学的占 6.4%，家庭中有残疾的占 26.9%。而且，有债务支出的家庭户高达 61.2%，其中负债子女上学的为 35.8%，疾病治疗的为 24.3%，这两项导致家庭困难的债务比例高达 60.1%。有的特困村更严重，如万州区长坪乡中兴村和弹子村因学致贫的高达 68.4%，因病致贫占比 10.2%，自身动力发展不足占比 16.3%，其他原因占比 5.1%①。调查还显示尽管大多数家庭户（90.5%）参与了医疗保险，政府也实行了农村合作医疗制度，但乡村医疗卫生条件较差，大病报销有最高限额，这对于几乎没有稳定经济来源的家庭及低收入家庭来讲是最大的负担。此外，还有少数家庭遇上了自然灾害、意外事故等，如建筑工地务工或高山林地作业中民工摔伤乃至变成残疾，这对不富裕的农民家庭来说无疑是雪上加霜。

---

① 其他更多调查结果参见：曹蓄温. 渝东北扶贫工作面临的机遇与挑战 [J]. 城市地理，2016，8（22）：212.

第5章 多主体参与的三方联动 脱贫机制设计

在前两章中，我们分析了渝东北贫困地区脱贫具有的优势条件和一些挑战，并通过调查深入认识了该片区贫困农户生活环境特征及对扶贫资源的需求状况。事实上，贫困问题已成为影响全球经济社会可持续发展的突出问题之一。按国内标准（截至 2014 年底，按调整后的人均 2 300 元/年计算标准），我国约有 7 000 多万贫困人口，主要为居住在偏远山区或深度贫困区从事农业生产的个体农户。根据国际标准（2010 年），全球大约有50%人口的生活水平不足 2 美元/天，这些人主要居住在发展中国家，通常被视为低收入群体，定义为金字塔底层群体（Bottom of the Pyramid，BOP）①。2012 年，我国根据各县域实际发展情况，从经济发展、财政预算、居民收入水平三个方面测算贫困程度相关指标，选择 2007—2009 年数据进行比较分析，最后在全国划出 11 个集中连片特困地区作为脱贫攻坚的主战场，其中渝东北集中连片特困地区（云阳、奉节、城口、巫山、巫溪）纳入秦巴山区的脱贫攻坚主战场，也是重庆市全面脱贫摘帽的重点地区。该区域具有重要的战略意义和区位优势，自然资源禀赋条件较好，已经进入历史上脱贫规模最大、脱贫速度最快的时期，但生态环境脆弱性与同质性现象较为突出，喀斯特地貌面积分布较广，同时该地区基础设施薄

---

① Prahalad C K, Hart S L. The fortune at the bottom of the pyramid [J]. *Strategy & Business*, 2002, 26 (1)：2-14.

弱、经济发展水平滞后、农业产业化程度不高、自我发展能力不足等是制约脱贫的主要障碍①，这对该区域全面脱贫摘帽提出了严峻的挑战。

2016 年 5 月，由农业部、发展改革委、财政部、中国人民银行、银监会、保监会、国务院扶贫办等联合发布的《贫困地区发展特色产业促进精准脱贫指导意见》指出，发展特色产业是提高贫困地区自我发展能力的根本举措。可以看出，发展当地特色农产业是农户实现长期脱贫的有效方式，产业扶贫是打赢脱贫攻坚战的重要保障。然而，东中西部经济发展水平差距相对较大，这种不平等程度不断上升，导致减贫效应下降②，于是，我国政府实施了精准扶贫战略，尽管精准扶贫战略对于解决极端贫困具有重要意义，但面临高额的实施成本和可持续性问题。由第二章的理论分析可知，Prahalad 和 Hart 提出的 BOP 战略为可持续治理全球贫困提供了新的思路和方法。该战略强调以（跨国）企业为主导，在向 BOP 群体提供创新产品和服务的同时，通过价值链在当地的嵌入实现 BOP 群体的积极参与，为其提供产品和服务的价值创造活动，进而提升 BOP 群体的收入水平，将市场潜力转为市场需求③。但是，与西方发达国家不同，我国企业开拓 BOP 市场④，其商业行为活动中有政府的积极参与，即政府提供的资金、资源、市场、沟通平台等支持⑤。因此，探索可持续的产业扶贫商业模式缓解贫困具有重要的现实和理论意义。

从现有相关文献来看，Christiaensen 和 Demery 对贫困的研究发现，农

---

① 童洪志. 渝东北贫困地区深度扶贫"四方联动"模式研究 [J]. 中国农业资源与区划, 2019, 40 (8): 133-140.

② 汪三贵. 在发展中战胜贫困——对中国 30 年大规模减贫经验的总结与评价 [J]. 管理世界, 2008 (11): 78-88.

③ Nakata C. From the special issue editor: Creating new products and services for and with the base of the pyramid [J]. *Journal of Product Innovation Management*, 2012, 29 (1): 3-5.

④ 有关 BOP 市场特点、网络特征的解释可参阅：童洪志. BOP 市场网络特征分析与启示 [J]. 重庆三峡学院学报, 2019, 35 (2): 90-99.

⑤ 邢小强, 仝允桓, 陈晓鹏. 金字塔底层市场的商业模式：一个多案例研究 [J]. 管理世界, 2011 (10): 108-124, 188.

村贫困最主要原因是科技抑制导致的农业生产持续低回报①。罗祥等进一步指出，农业生产的低回报是农户为了应对风险冲击（面对市场的不确定性），在不完全农村金融市场条件下，被迫选择风险较低的生产方式所带来的结果②。因此，从产业扶贫角度促进贫困农户的农业技术进步是解决我国 BOP 群体脱贫的关键之一。Patel 和 Pavitt 通过对技术轨道的研究指出，农业技术主要来源于农民的生产实践和农业技术供应商的提供③。赵志耘等则进一步指出，中国的技术进步主要是以引进国外设备的方式来实现技术的改进和提升④。因而，促进农业技术进步的关键是如何使 BOP 群体最大化采纳供应商提供的新技术（产品）或技术服务⑤。西方跨国企业所采用的价值链嵌入 BOP 模式对企业的运营能力提出了更高的要求，而我国农业技术供应商往往并不具备跨国企业的技术、管理、资本等资源和能力，仅仅依靠农业技术供应商不足以解决这一问题，需要政府提供资金、市场推广、技术识别等支持来促进 BOP 群体对农业技术装备和服务的采纳。可见，缓解贫困的产业扶贫商业模式涉及政府、BOP 群体和农业技术供应商三方的互动。

　　基于上述认识，我们认为，BOP 战略方法为全球贫困治理提供了新的思路。本章将结合渝东北地区扶贫实践，借鉴 BOP 战略的基本思想和三螺旋模型的基本原理，从产业扶贫视角试图构建政府、农业技术供应商、贫困农户（BOP 群体）三位一体的可持续产业扶贫商业模式，同时引入渝东

①　Christiaensen L, Demery L. Down to earth: Agriculture and poverty reduction in Africa [J]. *World Bank Publications*, 2007, 31 (5): 2139-2141.

②　罗翔，卢新海，项歌德. 消费风险、科技抑制与中国农村贫困化——基于湖北、安徽两省的实证分析 [J]. 中国人口科学, 2014 (3): 104-114, 128.

③　Patel P, Pavitt K. The wide (and increasing) spread of technological competencies in the world's largest firms: A challenge to conventional wisdom [J]. *Dynamic Firm*, 1998, 10 (10): 192-214.

④　赵志耘，吕冰洋，郭庆旺，等. 资本积累与技术进步的动态融合：中国经济增长的一个典型事实 [J]. 经济研究, 2007 (11): 18-31.

⑤　童洪志，刘伟. 面向 BOP 群体的政策诱导农机扩散研究——基于 Agent 建模方法 [J]. 管理评论, 2019, 31 (8): 260-276.

北地区区/县扶贫案例对该模式运行机理进行解读，以期丰富 BOP 战略理论，并为深度贫困区贫困治理提供理论支持和指导。

5.1 三方联动脱贫机制构建的理论基础

5.1.1 BOP 战略思想

Prahalad 等的研究认为，即使 BOP 个体收入低于 2 美元/天，但其群体规模或人口基数大，因而蕴含着巨大的消费潜能，只要进行正确的引导和激励，其潜在购买力迟早会被释放①。传统企业，主要是跨国企业出于占优逻辑的考虑不愿开拓 BOP 市场，但大量研究通过引入各种案例聚焦于 BOP 市场开发，最后证实这些占优逻辑与 BOP 市场的现实并不相符，更多是一种先入为主的偏见。企业若能深入体察和了解低收入群体的现状及所处环境条件，仔细、认真聆听该类群体的真实需求和想法，设计一套迎合 BOP 消费群体需求的科学方案来打开 BOP 市场，如通过技术服务或商业模式创新手段，针对该类群体消费特点及所处环境的真实情况，为其提供创新的产品和服务，就能够撬动 BOP 的巨大财富②。如此一来，不仅可更好地满足 BOP 群体的各类需求，进而提高他们的生活质量，同时也可为企业利润增长和未来发展提供机会。

Karnani 进一步指出，虽然仅向 BOP 群体提供产品和服务可以增加消费，但无法提升 BOP 人群的自我发展能力和收入水平，也难以带来可持续的增长，因此，企业不仅要从市场角度考虑 BOP 群体的问题，更要重视通过 BOP 群体参与企业价值创造活动，提升他们的技能、生产力或经营管理

---

① Prahalad C K, Hammond A. Serving the world's poor, profitably [J]. *Harvard Business Review*, 2002, 80 (9): 48-57, 124.

② Pitta D, Pitta D A, Guesalaga R, et al. The quest for the fortune at the bottom of the pyramid: Potential and challenges [J]. *Journal of Consumer Marketing*, 2008, 25 (7): 393-401.

能力，还可为其提供就业机会和培训，将 BOP 群体视为资源供给者的角色①。换言之，BOP 群体将自身蕴含的社会资本（包括关系网络）、自身能力等资源视作企业所依赖的资源（生产要素供给方）；企业通过为该类群体提供就业岗位、技能培训、技术支持服务等方式，让其参与企业价值创造活动，促进该类群体的收入和能力以及企业价值创造能力的提升，最终实现共赢。事实上，这种模式既可以促进 BOP 群体获得全产业链和价值链的增值收益来摆脱穷困，也有利于帮助企业撬动该群体中蕴藏的各类资源和社会网络。

综上，BOP 战略方法通过两种模式，即"为"BOP 群体提供创新的产品和服务，或者"与"BOP 群体一起进行价值创造解决 BOP 自身的发展问题，强调运用商业技能和方法缓解或消除贫困。无论哪一种模式，都隐含一个假定条件，即企业可以随时进入 BOP 市场，然而大多数低收入的发展中国家或其深度贫困地区并不存在现代意义上的产品和服务市场。因此，BOP 市场需要依赖于企业与 BOP 群体及其他社会组织机构协作构建与开拓。

5.1.2　三螺旋理论

三螺旋概念于20世纪50年代初最先出现于生物学领域。90年代中期，纽约州立大学的社会学家亨利·埃茨科威兹（H. Etzkowitz）和阿姆斯特丹科技学院的罗伊特·雷德斯多夫（L. Leydesdorff）教授在三螺旋概念基础上提出了著名的官、产、学三螺旋理论，用来分析在知识经济时代政府、产业和大学之间的新型互动关系②，即：政府、产业与大学是知识经济社会内部创新制度环境的三大要素，它们根据市场要求而连

---

① Karnani A. The mirage of marketing to the bottom of the pyramid: How the private sector can help alleviate poverty [J]. *California Management Review*, 2007, 49 (4): 90-111.

② Etzkowitz H, Leydesdorff L. The triple helix-university-industry-government relations: A laboratory for knowledge based economic development [J]. *EASST Review*, 1995, 14 (1): 14-19.

结起来，形成了三种力量交叉影响的三螺旋关系，这就是所谓的三螺旋理论（又称为三螺旋模型，如图 5-1），被学界认为开创了一个创新研究的新领域、新范式。一般而言，这三个选择环境特指行业、学术界和政府。这些机构（或组织）原本保持一定的距离运作，但日益倾向于以螺旋的形式合作，这种螺旋形的联系方式表现于创新过程的不同阶段①。通过这种联系，这三个组织机构持续不断地互动、重组，进而使知识不断产生、扩散和利用，不断地创新。在这种情况下，三螺旋就是一种由多主体参与构成的创新模式。

图 5-1 中，三螺旋模型由三个部门组成：大学和其他一些知识生产机构；产业部门包括高科技创业公司、大型企业集团和跨国公司；政府部门包括地方性的、区域性的、国家层面的以及跨国层面等不同层次。这三个部门在履行传统的知识创造、财富生产和政策协调职能外，各部门之间的互动还衍生出一系列新的职能，最终孕育了以知识为基础的创新型社会。三螺旋理论认为，政府、企业和大学的"交迭"才是创新系统的核心单元，其三方联系是推动知识生产和传播的重要因素。在将知识转化为生产力的过程中，各参与者互相作用，从而推动创新螺旋上升。三螺旋理论还认为，在创新系统中，知识流动主要在三大范畴内流动：第一种是参与者各自的内部交流和变化；第二种是一方对其他某方施加的影响，即两两产生的互动；第三种是三方的功能重叠形成的混合型组织，以满足技术创新和知识传输的需要②。

事实上，三螺旋模型最发达模式是重叠模式，如图 5-1 所示，即通常所指的三螺旋创新模型理论。其具体结构是政府、大学、企业等三机构在保持各自独立身份的同时，又都表现出另外两个机构的一些能力，

① Etzkowitz H, Leydesdorff L. The triple helix-university-industry-government relations: A laboratory for knowledge based economic development [J]. *EASST Review*, 1995, 14 (1): 14-19.

② 吴敏. 基于三螺旋模型理论的区域创新系统研究 [J]. 中国科技论坛, 2006 (1): 36-40.

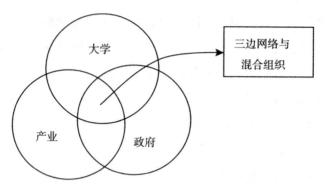

图 5-1　政府、产业、大学关系的三螺旋模型

也就是说，政府、大学和企业三机构除了完成它们的传统功能外，还表现出另外两机构的作用。该理论着重探讨以大学为代表的学术界、产业部门、政府等创新主体，是如何借助市场需求这个纽带，围绕知识生产与转化，相互连接在一起，形成三种力量相互影响、抱成一团又螺旋上升的三重螺旋关系的。由于三重螺旋模型超越了以往的大学—产业、大学—政府、产业—政府的双螺旋关系模式，克服了以往的产学/产学研合作模式忽略国家层面考虑的不足，自提出以来一直为学界所热衷。该理论认为，在知识经济背景下，"大学—产业—政府"三方应当相互协调，以推动知识的生产、转化、应用、产业化以及升级，促进系统在三者相互作用的动态过程中不断提升。但是，该理论不刻意强调谁是主体，而是强调产业、学术界和政府的合作关系，强调这些群体的共同利益是给它们所处在其中的社会创造价值，政府、产业和大学三方都可以成为动态体系中的领导者、组织者和参与者，每个机构在运行过程中除保持自身的特有作用外，可以部分起到其他机构的作用，三者相互作用，互惠互利，彼此重叠。其中的关键是，在公共与私立、科学和技术、大学和产业之间的边界是流动的。大学和公司正承担以前由其他部门领衔的任务。该理论的核心在于，随着知识经济的出现，在区域内的科研院所与大学成为主要的知识资产，具有了更高的价值。在成熟的创新区域内，

科研院所与大学通过其组织结构最下层的研究中心、科研小组以及个人等建立起与市场经济活动良好的接口，在区域内发挥了强大的技术创新辐射作用。总之，大学—产业—政府关系可以认为是以沟通为核心的进化网络的三个螺旋。显然，与"双螺旋"中直接地相互作用相比，三螺旋结构更显复杂，也更可能贴近现实状况。

根据三螺旋模型理论思想，该模型被普遍应用于分析各种创新系统（包含区域创新系统和国家创新系统）、多主体协同创新模式等，备受不同领域学者的关注。Lengyel 和 Leydesdorff 以地区、技术、商业为三个子动力系统，利用熵的统计方法研究了匈牙利创新系统①。Shin 将三螺旋模型扩展应用于年轻企业家、社交网络和智能硬件这三个子动力系统，研究了社交网络商业模式创新②。Leydesdorff 和 Fritsch 引入了一种测量子系统间相互作用和协同的指标体系来评价区域创新系统质量的方法，分析和评估了德国创新系统中的高技术、中等技术制造业以及知识密集型服务业的运营质量③。也有研究运用原始"大学—产业—政府"三螺旋模型对新兴产业进行技术产业化可能性和前景评估④，并探索了这三个方面对区域创业创新的影响⑤。从三螺旋模型应用研究成果来看，事实上，研究各种创新系统或创新模式都可借鉴类似三个主体构成子动力系统的原理，从而创建一个三维空间系统，并分析系统中这三个子动力系统的相互影响和相互作

① Lengyel B, Leydesdorff L. Regional innovation systems in Hungary: The failing synergy at the national level [J]. *Regional Studies*, 2011, 45（5）: 677-693.

② Shin J. New business model creation through the triple helix of young entrepreneurs, SNSs, and smart devices [J]. *International Journal of Technology Management*, 2014, 66（4）: 302-318.

③ Leydesdorff L, Fritsch M. Measuring the knowledge base of regional innovation systems in Germany in terms of a triple helix dynamics [J]. *Research Policy*, 2006, 35（10）: 1538-1553.

④ 王兴旺, 董珏, 余婷婷. 基于三螺旋理论的新兴产业技术预测方法探索 [J]. 科技管理研究, 2019, 39（6）: 108-113.

⑤ 李梅芳, 王俊, 王彦彪, 等. 大学—产业—政府三螺旋体系与区域创业——关联及区域差异 [J]. 科学学研究, 2016, 34（8）: 1211-1222.

用。本章所研究的三方联动脱贫机制，涉及的政府、农业技术供应商与贫困农户这三个主体看似独立，但三者持续不断地互动，协同促进产业扶贫模式的创新。

5.2　三方联动可持续脱贫模式的构建内涵

欲探索通过商业模式创新缓解我国的贫困问题，必须从本国 BOP 群体的特征和扶贫实践出发。渝东北 BOP 群体主要是由边远及高寒地区（或深度贫困区）从事农业生产的农民构成，尽管该类群体都向往美好生活，但仅向其提供消费产品和服务，并不能从根本上解决贫困。要解决这个问题，关键在于促进贫困农户的农业生产技术进步，即促使 BOP 群体最大化采纳新产品、新技术或服务来推动农业产业化经营[①]。按照技术轨道理论，农业技术主要来源于农户的生产实践和农业技术供应商。目前，由农业技术供应商向贫困农户提供农业技术存在一些障碍：首先，贫困农户的购买力有限，农业技术超出了他们的经济承受能力；其次，贫困农户受教育水平低，对农业新技术认知存在障碍，无法有效识别新技术；再次，深度贫困地区地处偏远，公共服务设施建设滞后，农业产业化经营程度不高，信息网络和销售渠道受阻；最后，供应商缺乏对贫困农户采纳意愿和行为的理解，不能有效提高该类群体的采纳效果，导致需求不足。

西方跨国企业解决销售不力时所采用价值链嵌入的 BOP 模式对企业的运营能力提出了更高的要求，而我国农业技术供应商往往并不具备跨国企业的技术、管理、资本等资源和能力，仅仅依靠国内企业采用西方BOP 战略强调的价值链嵌入方式难以解决贫困问题。事实上，以价值链

---

① 童洪志，刘伟．面向 BOP 群体的政策诱导农机扩散研究——基于 Agent 建模方法［J］．管理评论，2019，31（8）：260-276.

嵌入方式的西方 BOP 商业模式所强调的 BOP 市场在大多数低收入国家贫困地区并不存在，这就需要企业与当地贫困人口、基层组织及其他社会组织、民间组织、行业协会或机构等合作来共同开拓 BOP 市场。在我国，政府以及具有影响力的组织或个体等拥有大量有关 BOP 群体与市场的隐性知识与资源（包括社会网络关系），有这些包括政府在内的组织支持可以弥补农业技术供应商的能力缺失和业务链条断层的不足。同时，我国政府将扶贫作为一项重要任务，拥有强烈的参与意愿。而且，从十八大到十九大，我国先后提出加强开发性扶贫和依靠发展特色农产业和技能脱贫，切实提高农业生产力，实现新型农业现代化来解决农村贫困问题。那么，政府可将扶贫与 BOP 商业模式结合，通过提供资金、市场推广、技术识别等克服 BOP 群体的上述障碍，从而促进 BOP 群体对农业新技术或服务的采纳。换言之，仅依托我国企业提供新的技术或服务来开拓 BOP 市场，采用发达国家企业强调价值链嵌入方式来解决我国 BOP 群体采纳农业技术或服务难以实现，需要政府提供资金、市场推广、技术识别等资源支持来促进 BOP 群体对农业新技术或服务的采纳。可见，与西方 BOP 商业模式不同，我国政府是实施 BOP 战略的重要参与者，于是，从三螺旋理论视角构建产业扶贫商业模式就涉及政府、BOP 群体和农业技术供应商三方的协调和互动。

　　基于上述认识，本章借鉴三螺旋模型方法及其原理，试图构建一种可持续的产业扶贫商业模式，如图 5-2 所示。其基本逻辑是：政府通过综合实施财政扶贫补贴和农技信息推广政策，可以弥补 BOP 群体（农户）的购买力不足，克服农民技术认知障碍，从而推动农业技术供应商（或农资企业）快速打开 BOP 市场，在为贫困人口提供创新产品和服务的同时，把贫困人群视作生产者而非仅仅消费者，即把其看成企业生产要素资源供给者，并嵌入企业生产价值创造活动过程中，让贫困人群更多地分享全产业链和价值链的增值收益，从而实现农民增收，将市场潜力转化为市场需求。

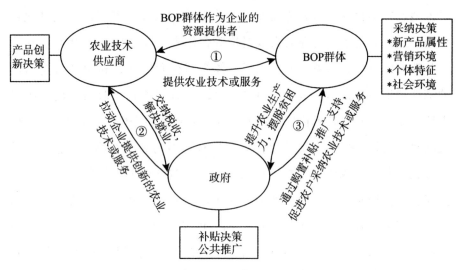

图 5-2 "政府—农业技术供应商—BOP 群体"三位一体的产业扶贫商业模式框架

5.3 三方联动可持续脱贫模式的运作机理

5.3.1 企业—农户互动

本质上，产业扶贫商业模式是通过建立合作以商业手段来缓解贫困问题，农业技术供应商（或农资企业）是该模式运行中的扶贫主体，由它们针对该类群体的需要进行农业技术开发和产品开发。同时，BOP 群体作为主体的一方（扶贫客体）也可以成为企业经济活动的积极参与者，参与为其提供产品和服务的价值创造活动中。在产品开发阶段，企业将先进的农业技术与对当地市场的理解有机结合，针对该类群体的生产需求，开发适合其特点的产品，以更合理的价格、更便利的购买渠道向他们提供所需的技术产品或服务，满足该类群体农业生产过程中的各种生产需求。在营销阶段，针对深度贫困区人口生活习性、当地生活环境和设施条件等情况，企业不仅需要利用当地农村基层组织或有影响力的个体及农村现有的渠道体系（包括农村专业合作社），还要开辟新的营销渠道，同时，BOP 群体也可作为企业的营销渠道合作者，参与到产品分销活动中（即把 BOP 群体看成企业的资源供给者），获得经济回报。由于资源禀赋和经济条件等因素的限制，企业还需要提供各种相关技能和市场培训，确保该类群体中的资源可以与企业形成对接。

根据以上分析，我们以渝东北地区巫溪县扶贫为例进行解读。该县坚持利益共享，发展农业特色产业以实现农户稳定增收。企业与 BOP 群体之间的互动关系体现为以多种投资方式合作，包括与家庭农场、合作社、种养大户等，构建与贫困户稳定增收的连结机制。一是村级集体经济带动模式。如该县谭家村以"三变"（即资源、资金和农民分别变成资产、股金和股东）改革为契机，成立股份经济合作社，试行"乡村旅游+种养殖特色产业+休闲农业"发展模式，建立了"土地股、资金股、人头股"及"固定收益+股份分红"收益分配机制。发展冬桃 76.87 hm^2，套种前胡等中药材 20 hm^2。2018 年，冬桃产值 50 万元，中药材产值 90 万元，合作社总收入达 140 万元，纳入村集体收入达 30 万元，带动贫困户平均增收 1 万元/户。该县观峰村（180 户农户，其中贫困户 68 户）推行"公司+农户+村集体"合作模式，即企业主要以现金方式入股，农户主要以承包的土地、山林等资源折价入股，村集体主要以公共设施、乡村酒店及财政资金等折价入股，共同发展乡村旅游业。2018 年，该村实现 600 万元旅游收入，在公司带动下创办农家乐 22 户，平均增收达 3 万元/户。二是农业龙头企业带动模式。如该县观峰村投入财政扶贫资金 100 万元，作为村集体以及 37 家贫困户的股金入股腾展家禽有限公司，通过"订单养殖、保底回收"的方式，共吸纳 70 余家农户规模化养殖土鸡，平均增收 4 200 元/户。在巫溪县通城镇，采取"以地入股、以房联营"的合作模式，企业与农户的互动合作按 2∶8 比例分配收益，为 18 家贫困户建成 18 栋民宿、房子 192 间。2018 年共接待游客 7.1 万人次（住宿 1.9 万人次），实现客房住宿收入 32.4 万元，其中农户收益 25.8 万元，并带动当地农户销售农特产品 85 万元①。

5.3.2　政府—企业互动

从精准扶贫视角看，确保深度贫困区全面脱贫摘帽是政府目标之一。政府的作用主要是提高企业参与市场化扶贫的积极性，解决企业在推广农业技术服务过程中存在的障碍，弥补企业能力的不足。一方面，在 BOP 群体采纳农业技术或服务的过程中，政府不仅要帮助企业克服因 BOP 群体收入较低导致的购买力不足问题，还要帮助企业克服 BOP 群体认知意识上的采纳障碍。地方政府及其基层组织（村委）拥有大量有关贫困群体与市场的隐性知识与资源（包括社会网络资源），可以帮助企业拓展 BOP 市场，促进企业为农户提供创新的农业技术和服务，如为农户购买农业技术或服务提供购置补贴和技术鉴定，协助企业进行市场推广。另一方面，企业在当地拓展 BOP 市场业务，在价值创造过程中也为 BOP 群体提供就业岗位和机会，同时也为政府的农业补贴、扶贫资金或转移支付提供税收支持。

根据以上分析，我们以渝东北地区云阳县扶贫为例进行解读。该县坚持市场主体带动，致力发展特色产业以实现农户脱贫致富。政府与企业的互动合作通过"政府或基层组织（村）+企业+合作社（村集体）+贫困户"的运作模式。如在该县南溪镇宏实村成立了蔬菜种植专业合作社，建成红心柚种植示范园 1 个，种植面积达 53.87 hm²。与云阳县丰歌农业开发公司合作，建成丹参种植示范园 1 个，种植面积达 11.33 hm²，产值达 300 万元/年，其中村集体收益 24 万元/年。在此基础上，该县计划新增种植金丝菊、白芍、赤芍、白芷等中药材 53.33 hm²。同时，云阳县还引进千集汇农业开发有限公司投资 250 万元种植脐橙 66.67 hm²，进入盛产期后产值达 1 500 万元/年。目前，该县正在与重庆统洲食品厂洽谈项目引进，

---

① 相关数据来自：重庆市扶贫开发办公室. 巫溪县：突出"四个坚持"推动产业扶贫打造农户增收"新引擎" ［EB/OL］.（2019-06-21）［2020-10-30］. http：// fpb. cq. gov. cn/contents/120/113422. html.

计划在南溪镇宏实村、平安村等村种植 666.67 hm² 辣椒①。值得一提的是，在建设示范园的同时，政府通过邀请专业技术人员、制药厂负责人、中药材种植专家、水果种植专业户来村进行技术指导和服务，帮助农户更新经营理念，改进技术和管理，改良传统老化的农作物品种，提升产业效益，切实解决农户农业生产和经营问题。同时，驻村工作队还主动对接安徽豪门国药股份有限公司、重庆润嘉果品有限公司等市场主体，按照"订单+市场"运作模式，与农户签订产品回购协议，切实解决销售难问题，确保农户增收。

5.3.3　政府—农户互动

在 BOP 群体购买农业技术或服务的过程中，农户面临因收入较低导致的购买力不足问题，以及因文化程度低导致的技术认知障碍。政府的目标是通过贫困地区农业生产规模化经营，提升农业生产力，依靠产业发展来摆脱贫困，并通过提供农业补贴、农机补贴或其他激励措施，降低购买成本，促进农业技术或服务的采购，进而提升 BOP 群体农业生产技术水平，增加他们的收入，从而将市场潜力转换为市场需求。同时，政府还以建立农业技术产品标准、制定农业技术推广目录等方式，帮助 BOP 群体克服技术认知障碍，如鼓励农户参与网络学习、农村基层组织单位举办技术培训或农业创业致富能手培训、实地技术指导等，以此提高农户对技术的认知。

现以渝东北奉节县扶贫为例进行解读。为推动奉节脐橙产业生产经营网络化，政府建立了乡村电商服务体系，在该县安坪镇设立了农村淘宝村级服务店，打造京东村级服务店 1 家、天猫村级服务店 1 家，采取"线上线下"双渠道推广，同时为实现"走出去——农产品进城"和"引进来——网货下乡"双向流通，定期组织技术服务供应商或农资企业、脐橙

---

① 相关数据来自：重庆市扶贫开发办公室．云阳县南溪镇宏实村以"三结合"筑牢产业发展基础 ［EB/OL］．（2019-09-18）［2020-10-30］．http://fpb.cq.gov.cn/contents/120/114063.html.

大户、微商等参加电商培训 50 余期，提升农户对网络技术的认知和应用，培训达 2 000 人次，电商从业人员 3 000 余人①。2018 年实现网销脐橙超过6 000 吨，网销收入达到 4 000 余万元。与此同时，该县加强引进智慧脐橙管理系统，在三沱村建立起一座智能药肥微工厂，利用测土配方施肥技术，实现精准管控，初步建立了以预警、评价、标准和科学指导等体系为基础的现代农业生产体系，极大提高了农户的生产效率，增加了就业岗位，带动了农户脱贫致富。

通过以上论述可知，BOP 战略方法为我国缓解和消除贫困提供了新的思路借鉴，然而现有的 BOP 商业模式研究是基于全球视野从跨国公司立场出发为其国际化扩张出谋划策，对 BOP 群体自身的特征以及低收入地区或深度贫困区的发展状况缺乏足够的关注。渝东北深度贫困区 BOP 群体特征决定了单纯以企业开发 BOP 市场和资源的方式，无法解决自身的贫困问题，必须采取创新性解决方案。本章通过政府、企业与贫困农户这三个主体的互动，构建面向 BOP 群体多主体参与的"三位一体"的可持续产业扶贫商业模式，可为三方相互创造共同的价值，即政府从社会福利最大化出发，可以缓解和消除贫困；企业提供创新的产品和服务可以实现自身的可持续发展，在 BOP 市场为农户创造更多的就业机会；贫困人群作为企业资源供给者，通过参与企业价值创造活动获得价值链增值收益，最终使贫困农户自我发展能力和收入水平都得到提升。

---

① 相关数据来自：重庆市扶贫开发办公室. 奉节县安坪镇乡村振兴实践"最优"案例经验分享［EB/OL］.（2019-09-27）［2020-10-30］. http：//fpb. cq. gov. cn/contents/120/114107. html.

第6章 多主体参与的四方联动脱贫机制设计

在上一章中，我们借鉴三螺旋模型理论，构建了政府、企业、农户三者参与的产业扶贫商业模式，在扶贫过程中，以产业扶贫为例解读了三方之间的互动机理，以此来展示贫困地区如何实现脱贫。这种模式尽管有一定的应用推广价值，但是实践中仍存在一定局限性。事实上，脱贫攻坚战中，扶贫主体并非仅限于此三方，而是包括大学或地方高校在内的广泛社会组织和社会人士共同参与的扶贫实践过程。当然，在"大扶贫"格局和乡村振兴战略背景下，我国贫困地区扶贫脱贫问题一直受到了党和政府的高度重视及社会的广泛关注，在产业扶贫、金融扶贫、教育扶贫、旅游扶贫、医疗扶贫、科技扶贫、社会扶贫、生态扶贫、电商扶贫等诸多领域积累了丰富的经验，也总结提炼了诸多特色推广模式，如：产业扶贫的股份合作模式①、村企共建和"政企银农"模式②、"互联网+贫困村"模式③、异地搬迁与整体推进模式④，等等，这些模式都有其各自特点，集中反映

① 郭小卉，康书生．金融精准扶贫模式分析——基于河北省保定市的案例［J］．金融理论探索，2018，178（2）：34-42．

② 张永山，霍伟东．民间资金参与精准扶贫研究——以四川为例［J］．西南金融，2017，37（2）：29-36．

③ 孙沁．"湘西为村"——"互联网+贫困村"网络扶贫新模式的探索［J］．时代农机，2017，44（4）：128-129．

④ 荣莉．西南连片特困区的农村扶贫模式创新与思考［J］．中国农业资源与区划，2015，36（5）：110-114．

了不同扶贫主体对贫困户的帮扶，体现了政府与贫困户、企业与贫困户、企业与村、学校与村等双方主体的互动，但未形成一个集中代表政府、学校、企业、村或贫困户多方主体于一体的脱贫推广模式。因此，本章将在前一章基础上，有必要从宏观层面对扶贫脱贫机制或模式再次进行创新设计，为贫困地区打赢脱贫攻坚战提供新的工作思路和方法。

　　构建全社会组织和群众参与的多主体联动脱贫机制是实现贫困地区整体脱贫的重要趋势和有效途径，对全国其他连片特困地区实现脱贫同样具有典型的参考价值。本章将借鉴第 2 章的机制设计理论、人力资本理论、包容性增长减贫理论、空间贫困理论、"五大"发展理念、参与式扶贫理念、合作型反贫困理论、多元共治贫困理论等相关脱贫理论，结合第 3 章、第 4 章对渝东北地区当前扶贫现状和脱贫攻坚面临困境与挑战的分析情景，试图从宏观层面设计一种新型的多主体参与的脱贫联动机制——"政、校、企、村（户）"四方主体联动脱贫模式，阐释机制构建的必要性、可行性及原则，明确渝东北贫困地区四方联动脱贫机制构建的思路和内涵，并从运作主体、运作方式、运作导向三个方面分析四方联动机制的运作逻辑。通过引入案例，从产业扶贫、金融扶贫、旅游扶贫三个方面分析联动脱贫机制的应用实践模式，从而为渝东北贫困地区打赢脱贫攻坚战提供新的工作思路。

6.1　四方联动机制构建的必要性

　　发展农业特色产业是贫困农户摆脱贫困状态的有效途径。然而，当前需要解决的难点问题除第 4 章分析的渝东北贫困地区脱贫攻坚面临的困境与挑战外，更重要的是，贫困农户不仅因自身贫困和低收入导致发展特色产业或适度规模产业化经营存在资金困难外，而且还因自身文化水平普遍较低、传统思想观念根深蒂固，以及小农生产自给自足的长期生活习惯等导致发展农业特色产业思路不明确，缺乏农业产业化经营管理能力或缺乏依靠技能脱贫具备的自我发展能力。

当然，除贫困农户自身原因外，也有扶贫脱贫工作体制机制上的原因，以往的扶贫治理模式要求政府承担近乎全部的脱贫任务，但就当前渝东北连片贫困地区脱贫取得的成绩和面临的艰巨挑战而言，诚如诺贝尔和平奖得主、著名经济学家穆罕默德·尤努斯（Muhammad Yunus）所言，仅依靠政府的力量来实现整体性长期有效脱贫任重道远，最重要的是要鼓励和激发农民群众自主发展能力。因此，探索渝东北贫困地区多主体参与的"政、校、企、村（户）"四方联动脱贫机制，是促进城乡区域协调发展，实施乡村振兴战略，实现三峡库区优质资源共享，提升农民群体自身发展能力的必要要求，也是创新"三农"工作思路，提高贫困农户自我发展能力实现长期脱贫的根本举措，更是满足渝东北地区农民就业创业、推动农村经济社会发展、改善贫困人群家庭经济面貌、提高农村居民生活质量的必由之路。

6.2 四方联动机制构建的可行性

渝东北地区地处渝、鄂、川、陕四省交界地带，是重庆的东北门户，地域特殊——处于三峡库区，有着重要的战略地位。尽管该地区脱贫攻坚存在各种难以回避的现实困难，但仍可以为构建脱贫联动机制找到可行性的现实依据，主要有以下三个方面。

第一，渝东北地区自然资源、人文资源、旅游资源、品牌农业等具有明显区位优势。在自然资源方面，西起重庆市奉节县的白帝城，东至湖北省宜昌市的南津关，全长193km的长江切穿了巫山，形成了瞿塘峡、巫峡和西陵峡，蕴藏了极其丰富的水能资源；在人文资源方面，如：云阳有文物145处列入《全国文物分布图》，其中有古建筑、古遗址、古墓葬、石刻造像等文物；在旅游资源方面，如：奉节的夔门、白帝城、天坑地缝、龙桥河、夔州古象化石、黄金洞、古悬棺、长龙山，开州"中国休闲小城"等；在品牌农业方面，如：城口的"中国绿色生态中药材示范县、大中华区最佳绿色生态旅游名县、中国天然富硒农产品之乡、中国绿色生态板栗之乡、中华蜜蜂之乡"，巫溪的"全国绿化模范县、绿色中药出口基地、全国魔芋种植重点基地县、中国绿色生态马铃薯之乡"以及忠县的"柑橘"基地等，在战略定位上，该区域定位于长江流域重要生态屏障和长江上游特色经济走廊及长江三峡国际黄金旅游带和特色资源加工基地，这些为吸引相关行业企业进驻渝东北地区进行产业价值创造活动，进而推动构建多主体联动的脱贫工作机制提供了有利的前提条件。

第二，渝东北和重庆市经济快速发展为脱贫工作机制创新提供了信心和动力。当前，渝东北贫困地区进入了历史上脱贫规模最大、脱贫速度最快的时期。以渝东北地区经济发展而言，2016 年第一产业增加值 414.25 亿元，同比增长 5.3%；第二产业增加值 1 333.72 亿元，同比增长 13.3%；第三产业增加值 1 286.72 亿元，同比增长 9.7%；完成固定资产投资 3 387.22亿元，同比增长 13.7%；房地产开发完成投资 359.01 亿元，同比增长 6.2%；实现社会消费品零售总额 1 087.77 亿元，同比增长 14.5%。从重庆地区经济增长情况来看，根据《2017 年重庆市国民经济和社会发展统计公报》，全年实现地区生产总值 19 500.27 亿元，同比增长 9.3%，其中，第一产业增加值 1 339.62 亿元，增长 4.0%，第二产业增加值 8 596.61亿元，增长 9.5%，第三产业增加值 9 564.04 亿元，增长 9.9%；非公有制经济实现增加值 11 924.69 亿元，同比增长 9.5%，占全市经济的 61.2%，其中，民营经济实现增加值 9 832.61 亿元，同比增长 9.9%，占全市经济的 50.5%；完成固定资产投资总额 17 440.57 亿元，同比增长 9.5%，其中，基础设施建设投资 5 659.12 亿元，增长 15.8%，占全市固定资产投资的 32.4%，民间资本投资 9 522.88 亿元，增长 13.5%，占全市固定资产投资的比重为 54.6%。可以看出，这些良好的经济基础无疑为促进渝东北贫困地区建立联动脱贫工作机制提供了经济条件。

第三，重庆市委市政府高度重视和扶贫举措的强力推进。渝东北贫困地区脱贫攻坚工作备受重庆市委市政府的重视，2017 年全年渝东北地区引进对口支援经济合作项目 35 个，项目资金 67.80 亿元；兑现农村移民后期扶持的直接补贴资金 1.13 亿元，发放城镇移民困难扶助资金 2.40 亿元；

安排财政性扶贫资金 51.21 亿元，同比增长 12.7%，实现全年贫困人口脱贫 16.03 万人。可以看出，渝东北地区扶贫脱贫工作的力度之大，并已取得突破性进展。除此之外，重庆市委市政府还出台了一系列有利于脱贫攻坚战的政策，包括涉及金融、产业、生态、教育、旅游等多方面扶贫措施，如：《重庆市农村扶贫条例》《关于深化脱贫攻坚的意见》《乡村旅游扶贫工程行动方案》《关于深化脱贫攻坚扎实推进产业扶贫的实施意见》《关于深化金融精准扶贫支持深度贫困地区脱贫攻坚的实施意见》《关于打赢教育脱贫攻坚战的实施意见》《重庆市实施乡村振兴战略行动计划》等，这些为促进扶贫脱贫工作机制和模式创新提供了政策导向和指引。

6.3 四方联动脱贫机制的构建

6.3.1 四方联动脱贫机制的构建原则

"政、校、企、村（户）"四方联动要求政府（主要代表政府行为的扶贫主体）、学校（如地方本科院校、高职、科研院所、中职等事业单位扶贫主体）、企业（主要代表金融机构、农资企业、旅游企业及各相关行业或组织等具有实体经济的扶贫主体）、村或户（主要代表以基层组织贫困村为单位的扶贫客体和以贫困家庭为单位的扶贫客体）之间建立相对稳定且紧密的合作机制，通过"政企村""政校村""校企村""村村户户"之间实现优势互补、资源共享与配置最优化，达到合作效益最大化。因此，基于第 2 章有关扶贫理论原理，按照"创新、协调、绿色、开放、共享"的发展理念，遵循政府主导、村民主动、高校引领、协作开发、因地制宜、分类指导、校企自愿、目标一致、资源共享、优势互补、互惠互利、合作共赢的原则，共谋发展，着力改善贫困村、贫困户生产生活条件和生存发展环境，助力推动贫困地区实现脱贫致富。

6.3.2 四方联动脱贫机制的构建内涵

构建"政、校、企、村（户）"四方联动脱贫机制是在渝东北扶贫资源有限情况下，为突出各相关扶贫主体对该区域经济社会发展的支撑作用，打破以往"政、校、企"多方扶贫主体在扶贫脱贫工作中各自为战的格局和模式，把贫困村或贫困户作为主体一方纳入脱贫攻坚工作体系中，动员全社会组织和群众参与，构建"以政带资、以资带人，以校带人、以人带人，以企带农、以农带人，以人带村、以村带村"的"政、校、企、村（户）"四方联动脱贫机制（图 6-1），推动社会各相关扶贫主体与贫困村、贫困户建立紧密合作关系，增强多方扶贫主体的互动，形成良好的合作氛围，更好地推进农村区域经济社会发展，实现全面脱贫。在此机制模型中，四方主体价值取向融为一体，又展示各自特点。该机制模型思想内涵包含以下四个方面：

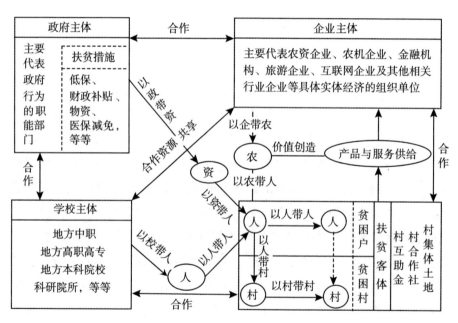

图 6-1　多主体参与的"政校企村"四方主体联动脱贫机制模型

第一，"以政带资、以资带人"是根据政府脱贫攻坚任务和扶贫脱贫目标，动员全社会扶贫资源向贫困地区聚集，体现党和政府带领人民群众奔向小康社会的奋斗方向，政、校、企、村（户）各主体之间建立扶贫资源共享机制，共谋发展，并以政府提供扶贫物资（如农资、家禽养殖等）、财力（如提供低保、搬迁补贴、产业补贴、种粮补贴、农机具补贴、公共基础设施等）、人力（如干部包干、"一对一"帮扶、"一对多"或"多对一"帮扶）等实现一批贫困户改善生活状态、生存条件，贫困地区贫困村农业生产和农村经济发展环境得到根本改变。

第二，"以校带人、以人带人"是以学校的发展（主要体现地方高校服务地方经济社会发展的功能上），尤其是地方涉农高校为贫困村或村民提供科技服务和人才支撑，更好地服务带动农村地区经济发展，校、村或户之间建立扶贫资源共享机制，形成良好的紧密合作关系，实现学校和贫困村、贫困户之间的共赢局面。"以校带人"和"以人带人"是通过高校自身培养高级技术技能人才或培育优秀科技咨询与服务队伍，以人育人的方式输送技术人才带动贫困地区农业技术人才的培养与发展，或高校依托当地农村培训基地、网络、政府基层组织、农村讲习所等平台直接对贫困户主进行就业创业和技能培训以及农田现场实地指导，使其具有脱贫致富的生存技能或农业产业化经营管理能力，以依靠技能脱贫或发展特色产业致富的方式进行脱贫并带动其他贫困户脱贫。

第三，"以企带农、以农带人"（其中"农"代表农村一二三产业）是各相关行业企业扶贫主体根据自身发展战略需要，开发农村资源，开辟农村市场，与贫困村、贫困户建立合作共赢机制，带动建成一村一品，推动农业特色种养殖业、加工业、手工业、乡村旅游业等实现农村一二三产业融合发展，并把贫困农民群体看做企业资源和服务的供给者，以价值链嵌入的方式让贫困农户参与企业价值创造活动过程，同时为企业提供劳动力、生产资料、农产品等，从而实现农村一二三产业融合发展，带动更多的贫困农户获得农业全产业链和价值链增值收益，进而实现贫困农户稳定脱贫致富。

第四，"以人带村、以村带村"是以应用型技术人才的支撑与劳动就业来服务农村和农村经济建设，村与村之间建立资源共享和村与贫困户之间形成合作关系，倡导人才或农村致富能手村村间自由流动，分享脱贫经验，并以先富农户或村带动其他贫困户或贫困村的方式最终实现共同富裕、共同发展，以人人脱贫推动整村脱贫，其共同的目标都是为贫困户、贫困村实现全面脱贫摘帽而服务。

6.4　四方联动脱贫机制的运作逻辑

6.4.1　运作主体

　　四方联动脱贫机制运作主体的最大特征是由单一扶贫主体垄断提供走向全社会参与的多方扶贫主体协同互动。传统输血式扶贫的一个基本特征是扶贫主体一元化，主要表现为政府作为主要扶贫主体承担脱贫重任，此时政府既是"掌舵者"又是"划桨者"，而四方联动脱贫机制则意味着扶贫主体多元化，在渝东北扶贫领域中变"政府唱独角戏"为"社会大合唱"（各扶贫主体联动）。在脱贫攻坚实战中，多方扶贫主体之间需要彼此依赖与合作，任何一方扶贫主体都难以具备充足的知识、技能和资源来独自面对渝东北连片贫困地区脱贫面临的所有问题，这就要求渝东北地区参与扶贫的主体及其手段需要多样化。其含义在于脱贫攻坚实战中各参与扶贫的主体应建立起紧密的合作关系，政府扶贫主体与其他扶贫主体建立合作共赢机制。根据参与式扶贫理念、合作型反贫困理论和多元共治贫困理论原理，在此过程中，政府、学校、企业及民间社会组织等多个扶贫主体之间并无明显的隶属关系，实践运作中不再是依赖传统自上而下的纵向行政指令来运作，更需要辅以彼此间的信任和合作进行协同互动，以实现共同的扶贫脱贫目标。

6.4.2　运作方式

　　四方联动脱贫机制运作方式主要表现为由"输血式"扶贫（外源性扶贫方式）走向"造血式"扶贫（内源式扶贫方式），其核心是促进扶贫客体（贫困村/贫困户）自我能力发展，使更多的贫困农户获得农业全产业链和价值链增值收益。如：通过产业扶贫途径帮助农村发展特色产业让贫困户实现脱贫，还能在实现产业化经营过程中通过让其他贫困群体参与企业价值创造过程，从而带动其他贫困户增收。传统的扶贫方式忽视了区域之间的差异性，主要是政府扶贫主体主导下的强制性输入，而多主体参与的四方联动脱贫机制则是一种外部输入与内源式发展相结合的运作方式，强调多方扶贫主体的联动性、平等性、机会均等性及机制运行灵活性，并且鼓励贫困人口充分参与扶贫脱贫的各个环节，在参与中挖掘贫困群体摆脱贫困的潜力，实践中可实行多种不同的脱贫模式，如："政府+企业+贫困村+贫困户""政府+学校+贫困户""企业+学校+贫困户"等脱贫模式。四方联动脱贫机制尤其强调发挥贫困人口的能动性、主动性和创造性，通过构建平等的对话机制和利益共赢机制使得贫困人口有更多的机会表达自己的诉求和愿望，在尊重贫困人口主体性地位的同时，充分调动贫困人口参与扶贫的主动性和积极性，以实现贫困地区各个利益群体的共同进步和发展。尤其是面临渝东北集中连片特困地区脱贫攻坚的关键阶段，四方联动脱贫机制要求充分考虑贫困人口的真正致贫原因，并在尊重当地实际情况的基础上按照因地制宜、分类指导的原则开展脱贫攻坚工作，以实现与扶贫客体或对象的精准对接、帮扶措施具体、管理过程规范、考核目标去"GDP至上"的目标，这也是对以往依靠项目投资拉动式扶贫理念的超越。

6.4.3　运作导向

四方联动脱贫机制主要表现为由经济扶持走向需求导向。长期以来，整个社会一致性地把经济发展等同于扶贫脱贫绩效，把贫困建构成一个经济性的存在，仅仅从经济意义上去定义和阐释现代性贫困。不可否认，通过各种帮扶途径或措施在一定程度上确实提高了农户收入，但在新一轮扶贫标准下，若贫困群体缺乏稳定性的收入来源或收入增长速度跟不上物价通货膨胀速度或难以达到地方性人均消费水平，则会再次面临返贫风险。相对而言，多主体参与的四方联动脱贫机制体现的各个扶贫主体可以凭借自身的专业化与资源优势，为贫困人口提供差异化的服务，如具有农科特色专业的地方高校（学校扶贫主体）不但可以为贫困群体提供科技培训、技术服务，还可为贫困村乡村治理、产业发展、乡村旅游发展等提供项目规划设计服务，同时还可以利用单位教育资源优势和技术优势解决其他一些扶贫主体单位扶贫工作中的不足或缺陷。而以往政府自上而下的贫困治理模式决定了其不可能满足所有贫困人口的需求，必然使得部分贫困者被边缘化，尤其是贫困地区中的偏远深山老区。如此看来，传统的扶贫脱贫模式主要是以经济扶持为导向，注重物质上的帮扶，而多主体参与的四方联动脱贫机制是力求以贫困村和贫困户真正的需求为导向，通过"望闻问切"识贫困，精准发力挖穷根，提供新的扶贫脱贫思路和方法，为全面打赢脱贫攻坚战奠定坚实基础。

6.5　四方联动脱贫机制的实现

根据四方联动脱贫机制构建内涵和运作逻辑，其应用的灵活运作方式在脱贫攻坚实战中可找到诸多的扶贫案例①进行验证，结合渝东北地区扶贫脱贫实践情况，我们主要从产业扶贫、金融扶贫和旅游扶贫三个模式进行分析讨论。

6.5.1　产业扶贫模式

在产业扶贫方面，渝东北地区巫溪县坚持精准扶贫精准脱贫基本方略，以发展特色产业为主攻方向，大胆创新财政扶贫资金使用方式，按照"政府+企业+村+贫困户"联动脱贫运作模式，即通过政府产业扶贫资金资助、企业合作引导、村集体资产入股、贫困农户参与的方式，把贫困群众固化在产业链上，着力构建促进贫困户持续、稳定、快速增收的长效机制，实现扶贫由"输血"向"造血"转变，带动贫困户稳定增收致富。

---

①　案例分析中相关数据是根据重庆市扶贫开发办公室（http：//www.cqfp.gov.cn）扶贫专项工作公布的数据进行整理的。

如：政府投入资金 54 万元，在巫溪龙寨村修建占地 1 200m² 的山羊育肥场作为该村贫困户集体资产，出租给华旺农业公司，每年可获得租金 4 万元，并吸纳该村所有贫困户参与公司务工、畜牧养殖、牧草种植。年底，村集体将收益以贫困户向企业交售的畜牧产品、牧草和务工收入为基数，按照比例奖励分红，目前该村 39 户贫困户通过资产分红、企业务工、卖青储饲料等方式，年均增收 4 000 元。在此模式下，该地区奉节县利用山地立体气候和特色资源优势，规划实施"高、中、低"三带产业发展，现有脐橙、油橄榄、中药材、山羊等四大主导产业，烟叶、蔬菜、粮油等三大优势产业，蚕桑、茶叶、水产、小水果等多个特色产业，形成了"4+3+X"特色产业立体布局。与此同时，该县推动形成一村一品、一户一业，做到特色产业 100% 覆盖贫困村，2017 年实现到户产业带动贫困户 30 898 户，年户均增收 4 350 元。

在产业"订单式"扶贫方面，按照"政府+学校+企业+村（合作社或基地）+贫困户"的联动脱贫运作模式，带动农户走出脱贫困境。如：重庆市教委进行对口帮扶，现已规划建设"在渝高校蔬菜保供基地"1 333.33hm²，带动辖区 1 000 余贫困户增收脱贫，并已与重庆地区的交通大学、工商大学、文理学院、城市管理职业学院等多所高校签订供货协议，进入了实质性购销阶段。以渝东北地区巫溪县为例，通过引进太极集团达成"订单"种植协议，试点种植紫菀、前胡、苍术等 179.33 hm²，带动周边贫困户 121 户实现户均增收 1.2 万元。同时，该县引进重庆农歌公司，在龙寨村、洪仙村、双柏村、九盘村等种植构树 66.67hm²，带动了105 户贫困户参与订单种植，充分发挥"长藤结瓜"带动模式，建立村合作社与贫困户利益联结机制，以出售农家肥、基地务工等方式拓展增收渠道，带动贫困户实现稳定增收。

我们再以渝东北地区万州区马岩村发展特色产业致富为例进行解读。该村特色产业基地按照"政府引导、村社主动、企业为主、农户参与"的原则进行建设，产业基地采取"政府+企业+村（基地或合作社）+农户"的生产经营模式，由政府财政提供产业扶贫资金进行资助，村合作社与企

业、合作社与贫困户合作，并以企业为主带动特色产业发展，全村贫困户
参与，实现了贫困户收入增长、农村经济发展、企业稳步增效、政府攻坚
脱贫的四方共赢局面。该村以特色产业发展带动农户脱贫致富的情况如表
6-1 所示。该村利用多年的柑橘栽植历史和适宜的生态环境，按照"发展
一大支柱产业、促进一方经济发展、带动一片群众致富"的思路，完成了
16.66hm^{2}柑橘、16hm^{2}青脆李、21.67hm^{2}晚熟柑橘等果园的建设和改造，
已经发展成为万州区优势特色产业。在特色产业扶贫引导下，三种特色产
业发展带动了贫困户 116 户 266 人脱贫致富，年底获取土地租金分红、劳
务、销售提成等收入，累计人均增收 4 000 元/年，实现该村三个组的贫困
户全部脱贫。此外，在林下养殖特色产业方面，该村依托丰富的林业资
源，扩大林下养禽和养畜的规模。土鸡扶贫项目中，在村 7 组修建 500m^2
鸡圈舍，同时租用村集体山林作为该村组贫困户集体资产，出租给合作企
业获得租金，并吸纳该村所有贫困户参与企业务工、养殖等。年底，以贫
困户向企业交售的农产品和务工收入为基数，按照比例分红。目前该村 7
组的 37 户贫困户 81 人通过资产分红、企业务工、卖青储饲料等方式，年
累计增收人均 3 500 元，已实现全部脱贫。这种由企业为主充分吸收贫困
户参与企业价值创造过程，为企业提供生产资料、农产品和劳务服务，实
现了贫困农户增收，同时也体现了政府、企业、村和贫困户四方主体的互
动过程。

表 6-1　　　　　　　　马岩村发展特色产业实现脱贫情况

扶贫项目	建设规模/地点	合作单位主体	扶贫补贴（万元）	总投资（万元）	利润分配目标/年	产品销售实现社会效益/年
柑橘	16.66hm^2/村 1 组	万州安昌黄花种植专业合作社	21.00	24.92	106 户 232 人，人均增收 1 000 元	带动贫困户 38 户 89 人，人均增收 1 000 元，带动一般农户 62 户 147 人，实现 500 人次用工

续表

扶贫项目	建设规模/地点	合作单位主体	扶贫补贴（万元）	总投资（万元）	利润分配目标/年	产品销售实现社会效益/年
青脆李	16hm²/村7组	万州安昌黄花种植专业合作社	20.00	20.00	106户225人，人均增收1 200元	带动贫困户40户88人，人均增收1 200元，带动一般农户60户143人，实现500人次用工
晚熟柑橘	21.67hm²/村3组	重庆富泽丰家生态农业有限公司	30.00	52.25	128户313人，人均增收3 000元	带动贫困户38户89人，人均增收2 000元，带动一般农户100户230人，实现300人次用工
土鸡	1万只/村7组	万州发万土鸡养殖专业合作社	29.00	29.00	87户210人，人均增收1 000元	带动贫困户37户81人，人均增收1 000元，带动一般农户50户131人，实现200人次用工

注：数据来源于中共龙沙镇马岩村支部委员会2017年脱贫自查验收报告。

6.5.2 金融扶贫模式

在金融扶贫方面，我们以渝东北地区巫溪县扶贫为例进行解读。该县政府实施财政补贴和信贷支持，在系统总结扶贫小额信贷经验基础上，遵循"政府+企业（金融机构）+村（互助金）+贫困户"联动运行模式，以"政策引导、银行参与、农户贷款、政府贴息"的方式切实解决贫困群众担保难、贷款难问题。如：政府设立1 500万元风险金、1 500万元贴息金、500万元保险金，以"政府+银行+担保+保险"互联融合的发展模式，重点支持贫困户5万元以下、新型农业经营主体100万元以下的产业贷款。目前，已成功放贷3 710余万元，诚信贷1 300万元、一二三产业融资担保贷款1 500万元，有效解决了贫困户产业发展启动资金难问题。与此同时，该县还建立企业、合作社与贫困户利益联结机制，鼓励支持龙头企业、村大户、社会能人带动贫困村发展产业，按照龙头企业帮带 5~10 户、合作社帮带 2~5 户贫困户标准落实帮扶责任，目前 459 家企业、合作社通过吸纳就业、托管代养、订单采购、技术服务等带动 6 352 户贫困户从事产业生产与经营，实现户均增收 2 000 元。此外，巫溪县以组建规范贫困村资金互助社为抓手，规范完善贫困村资金互助社 39 个，入社农户 3 760 户，资金总规模 2 870 万元（其中财政扶贫资金 2 000 万元，社员自筹资金 750 万元，水利部帮扶 120 万元），累计发放贷款 6 400 万元，主要用于产业发展、基础设施建设、社会事业等方面，助推了 1 250 户贫困户脱贫增收。

6.5.3 旅游扶贫模式

在旅游扶贫方面，可通过"政府+企业+村（集体资产）+贫困户"四方联动脱贫运作模式发展乡村旅游以带动贫困户脱贫致富。我们仍以巫溪县扶贫为例进行说明，如：该县观峰村（该村 180 户，其中贫困户 68 户 261 人）将自家土地、山林等进行折价入股，企业以现金方式入股，村集体将公共设施、乡村酒店及政府财政扶贫资金 102 万元作为股金入股，村集体占股 51%，农户和企业占股 49%，年底按股金 7% 进行保底分红，按照"集体控股、公司经营、成果共享"的方式来发展集体乡村旅游。2017年实现收入 240 万元，有 22 户建卡贫困户创办起农家乐，在公司带动下增收达 3 万元，没有能力创办农家乐的 46 户贫困户，通过入股和种植公司统一规划的蔬菜、水果，年均增收达 1 万元。与此同时，在该县龙池村投入财政扶贫资金 50 万元，作为该村贫困户股金入股百味佳食品公司，由公司在该村建设集种植、养殖、加工、观光于一体的生态循环农业园区，46 户贫困户通过土地流转、种植蔬菜、养殖生猪、保底分红等方式增收达 3 000 元/年。另外，该县利用乡村旅游产业扶贫资金，采取"利益兜底"方式，分别在木龙村园隆国际农庄、和平村和美农庄入股 65 万元，作为该村贫困农户股本金，用于农庄乡村旅游建设，170 户贫困户通过订单蔬菜、公司务工、保底分红等方式，户均增收 3 500 元/年。在发展乡村旅游的同时，该县三坪村投入财政扶贫资金 100 万元，作为村集体及 37 户贫困户股金入股腾展家禽有限公司，贫困农户通过参与该公司务工、流转土地、养殖土鸡、保底分红等方式实现脱贫，现已带动 67 户贫困户户均增收 4 200 元/年。同样，在该县广安村、安里村、石门村投资 150 万元财政扶贫资金，组建村农业专业合作社，带动贫困户通过资产入股、种草养羊等方式发展山羊养殖，120 户贫困户通过资产分红、出售商品羊，户均增收 3 000 元/年。

综合以上案例可知，建立全社会扶贫主体参与的联动脱贫机制是实现贫困地区整体性脱贫的有效途径。总体来说，多主体参与的"政、校、企、村（户）"四方联动脱贫机制发挥了代表政府、学校、企业、村（户）四方主体的各自优势，实现了优势互补资源共享，可有效促进政府、学校、企业扶贫主体与贫困村、贫困户的精准对接，推进"政企村""政校村""校企村""村村户户"之间形成共赢的格局，最终实现贫困村人人脱贫，从而推进整村脱贫摘帽。当然，多主体参与的四方联动脱贫机制也可以给我们提供一些启示：一是通过产业扶贫、金融扶贫、旅游扶贫等方式发展农业特色产业帮助农户脱贫致富，这种模式打破了农民传统的农业生产经营观念，改变了以往春耕、夏锄、秋收、冬藏的传统农业观念，实现了贫困农户获得农业全产业链和价值链增值收益，促进了农业科技的进步，加快了村社经济的快速发展和农村经济结构的调整；二是四方联动脱贫机制中，通过对农民进行就业指导和生产经营能力培训，培育了一批掌握新型农业技术的现代农民，提高了农民的综合素质，有效促进了贫困户的增收和脱贫。

第7章 多主体参与的五方联动
脱贫机制设计

在上一章中，我们从产业扶贫视角解读了多主体参与的四方联动脱贫机制运行模式，实践证明四方联动脱贫机制体现了扶贫主体与扶贫客体之间的互动机理，可实现贫困群体摆脱贫困的局面，理论模型应用广泛。但仅从产业扶贫视角研究多主体联动脱贫机制问题，似乎不能全面洞察在2020年消除绝对贫困后，扶贫工作任务重点转向相对贫困治理上。因此，本章将根据相对贫困理论的认识和观点，从教育扶贫视角进一步探讨多主体参与的五方联动脱贫机制问题。

众所周知，近年来，我国为实现贫困群众同全国人民一道进入小康的目标，从上至下出台了一系列超常规脱贫攻坚政策。继习近平总书记提出"精准扶贫"这一重大论述之后，党的十九大报告提出了"扶贫同扶志、扶智相结合"等指导性意见。2018年，教育部与国务院扶贫办联合发布《深度贫困地区教育脱贫攻坚实施方案（2018—2020年）》，明确强调要聚焦贫困地区教育现实短板，助推贫困偏远地区教育脱贫工作①。由此可见，在政策制定层面，教育扶贫作为阻断贫困代际、防止"脱贫再返贫"怪圈、持续提升贫困区域人力素质的重要举措，受到了各级地方政府的高度重视。然而，随着各项扶贫举措的逐步落地，教育扶贫顶层设计不足、

---

① 教育部，国务院扶贫办. 深度贫困地区教育脱贫攻坚实施方案（2018—2020年）[EB/OL].（2018-01-24）[2020-10-30]. http：//www. moe. gov. cn/ srcsite/A03/ moe_1892/moe_630/201802/t20180226_327800. html.

联动机制欠缺、区域差距较大等系列问题日益凸显。

我们知道，地方高校因其学科多样、人才密集、科研成果丰硕等特点，在精准扶贫这项系统工程中有着显著优势。那么，如何在精准扶贫中充分发挥高校作用、如何有效整合不同高校资源、如何在扶贫攻坚阶段和脱贫之后的防返贫阶段持续发挥高校价值，这对于精准扶贫战略推进和落实意义重大。事实上，渝东北地区地方高校具有支援渝东北贫困地区（特别是渝东北集中连片特困地区）脱贫攻坚的独特区位优势和教育资源。因此，本章以渝东北地区高校扶贫为例①，主要借鉴多元共治贫困理论、空间贫困理论和人力资本理论原理，进一步探讨多主体参与的"校、政、社、企、村（户）"五方联动脱贫机制，并通过教育扶贫、科技扶贫、文化扶贫三个方面分析"五方联动"扶贫模式的运作方式，这是创新地方高校扶贫工作机制，为贫困地区长效脱贫工作提供创新思路和方法。

7.1 五方联动脱贫机制构建的必要性与可行性

7.1.1 五方联动脱贫机制构建的必要性

在上一章中，我们探讨了四方联动脱贫机制构建的必要性，而本章从高校教育扶贫视角对上一章作进一步补充和拓展研究，在分析机制构建必要性之前，有必要先深入认识高校参与精准扶贫脱贫工作面临的一些挑战性问题。

第一，高校存在自我认知和自我定位偏差。由于主要精力集中于自身建设与发展，在参与精准扶贫过程中，部分高校对于有关精准扶贫文件、精神学习不足，对于高校参与精准扶贫的国家战略的认识有待提高，对于地方高校在精准扶贫中作用发挥的自信力不强②。部分高校将扶贫工作当

---

① 渝东北地区地方高校一共有 7 所，包括一所本科院校（重庆三峡学院）和 6 所高职高专院校（重庆三峡职业学院、重庆三峡医药高等专科学校、重庆安全技术职业学院、重庆幼儿师范高等专科学校、重庆科技职业学院、重庆信息技术职业学院）。

② 周小韵．高校挂职干部在精准扶贫中的作用机制分析［J］．经济研究导刊，2019（18）：36-37.

做一项政治任务，相关部门和工作人员仅将其当做一项额外工作任务，从而导致高校在精准扶贫的观念上存在偏差，未能将自身发展与中央及省（市）委的决策部署高度统一，未能将自身发展与地方建设充分结合，未能在精准扶贫工程中对自身进行正确的主体定位。最终，致使高校在参与扶贫过程中重物质轻智力、重投入轻需求、重任务轻实效等问题突出①。

第二，高校扶贫硬件与软件受到较大限制。硬件受限主要体现在资金方面。相较于其他帮扶主体，国有企业具有资金及产品或服务优势，省市相关行政部门具有政策或项目优势，而高校只有科研和人才优势。高校作为非营利性事业单位，资金得通过严格预算、层层审批，由国家财政统一拨款。虽然参与精准扶贫之后，高校设立了扶贫资金，但是数额较少，基本只能保障部分小项目的实施和日常基本工作的运转。相比其他扶贫主体，高校用于精准扶贫的可自由支配资金不足。软件受限主要体现在专业人才和工作机制方面。高校干部对农村实际情况、农民真实生活、不同地区农业具体发展问题等了解程度偏低，普遍缺乏地方工作经验，扶贫工作收效欠佳。此外，在工作机制上，没有专业机构负责对高校参与精准扶贫工作进行对接、协调、测评，也缺乏相应的激励机制和监督机制②。

第三，高校应用于精准扶贫的科研成果较少。高校在科研方面具有极大优势，但目前我国大多数地方高校仍处于教学型阶段，所进行的科研活动多停留在"项目""课题"层面③，科研成果的转化率偏低。与此同时，科研成果符合贫困地区经济和社会发展需求的数量较少，最终能实际运用于精准扶贫工作实践的更是稀少，具体表现在：科研自身层面，可用于农村发展的科研成果主要为农作物类和畜牧类，在参与精准扶贫的转化过程中，因各地地形、气候、海拔、交通、风俗等综合条件不同，使得可选择

① 郑小梅，杜鹏. 高校在精准扶贫中的误区及对策研究［J］. 学校党建与思想教育，2018（23）：71-73.

② 张翔. 集中连片特困地区教育精准扶贫机制探究［J］. 教育导刊，2016（6）：23-26.

③ 张欣. 高校参与精准扶贫的实践与反思［D］. 武汉：中南民族大学，2018.

的科研成果大量减少；科研主体层面，农作物类和畜牧类从培育到成熟再到销售，周期普遍较长，导致高校在精准扶贫中进行科研成果转化的意愿不强；涉农高校结对层面，高校与扶贫村镇多为就近结对，省市或国家级跨区域内的农校结对极少，最终导致精准扶贫的科研成果运用于扶贫实践的选择性降低①。

第四，高校扶贫工作协同性与延续性缺乏。协同性缺乏主要表现在各地方高校之间以及高校与其他各扶贫主体之间的有效配合度低。一方面，由于主管部门不同，各高校之间关于精准扶贫的交流频率低、合作方式多浮于表面，合作成效不佳②。另一方面，各高校优势不同，精准帮扶的地区不同，面临的问题也存在差异，但是未能将相关优势和差异进行整合，难以及时对扶贫工作进行经验总结和分享，没能形成相互交流与帮助的高效协同机制。高校扶贫工作延续性缺乏主要表现在扶贫干部的轮替上。高校教育精准扶贫的对象地区交通不便、配套落后，而高校则多位于城市或城郊，由于距离和交通原因，扶贫挂职干部往返一趟需要较长时间，这给挂职干部生活及家庭带来了较大影响。学校出于关怀，挂职干部的挂职时间一般为1~3年不等。因而，地方高校参与的精准扶贫工作往往在刚步入正轨时就面临更换挂职干部的问题③。新上任的扶贫干部需要花时间去熟悉帮扶地区综合情况，部分扶贫工作还会因为扶贫思路的不同而发生改变，影响扶贫效率。

以上正是目前在高校教育扶贫方面存在的一些问题，因此，有必要创新教育扶贫工作机制，即：构建由"校、政、社、企、村（户）"多主体参与的五方联动脱贫机制。

第一，区域发展的迫切需要。渝东北地区兼具三峡库区与山区双重地

---

① 陈昌林．赣南地区农村精准扶贫实施存在的问题及对策研究［D］．重庆：重庆大学，2017.

② 杨丽姝．多元主体协同视角下地方高校参与精准扶贫研究评述：维度与启示［J］．现代商贸工业，2020，41（22）：30-33.

③ 郑小梅，杜鹏．高校在精准扶贫中的误区及对策研究［J］．学校党建与思想教育，2018（23）：71-73.

理位置特征，十余个区县里绝大多数为贫困县，其中国家级贫困县8个，市级贫困县1个，绝对贫困人口超过28万，占全市绝对贫困人口总量的51.7%，贫困人口发生率为3.3%①。如此情况下，从教育扶贫角度看，渝东北地区的现实困境亟须多方、高效、创新的扶贫脱贫机制或模式来改变落后现状，促进区域经济发展，实现长效稳定脱贫。

第二，高校扶贫成效的现实差距。服务社会是地方高校的主要职能之一，参与精准扶贫是高校发挥服务社会职能的重要途径和直接体现。加强高校定点扶贫作为扶贫方式被列入2019年中央一号文件。渝东北地方高校作为区域经济发展的核心智力源和宝贵人才库②，在渝东北贫困区县全面脱贫以及防止返贫等各项扶贫工作中起着不可替代的作用。然而，在参与精准扶贫过程中，由于实践时间较短以及各地区/县贫困情况的特殊性和复杂性，渝东北地方高校存在扶贫对象识别困难、参与方式单一、扶贫模式模糊、扶贫内容表面化、扶贫效果不明显等问题。精准扶贫工作是一项涉及高校、政府、社会组织③、企业、贫困村（或贫困户）多主体的系统性工程，地方高校在其中未能精准定位、参与模式未能具体明确，导致其

①　胡军. 三峡库区职业教育精准扶贫策略研究［J］. 职业技术教育，2018，39（9）：61-63.

②　邓崛峰，张振中，杨娟. 发挥科教优势"智扶"贫困［N］. 农民日报，2016-08-10（6）.

③　本论题研究涉及的社会组织和一般意义上的非政府组织（Non-Governmental Organizations，NGO）同义，包括各类民间性组织，如志愿者协会、各种学会、行业协会等，但不包括企业等以营利为目的的社会组织，不包括家庭等亲缘性的社会组织，也不包括政党、教会等政治性、宗教性的社会组织。相对于企业、家庭、政党和教会等社会组织来说，非政府组织往往更具有公共性、民主性、开放性。所以严格来说，非政府组织这一概念指的是除政府之外的其他社会公共组织。这里的"公共组织"是相对于非公共组织而言的。（关于公共组织所具有的公共性、民主性和开放性，请参见：罗伯特·B. 登哈特. 公共组织理论（第五版）［M］. 扶松茂，等，译. 北京：中国人民大学出版社，2011：221-222.）广义上讲，本论题研究中提到的社会组织也可视为"非政府公共部门"，具体详解可参见：王名. 中国的非政府公共部门（上）［J］. 中国行政管理，2001（5）：32-36；王名. 中国的非政府公共部门（下）［J］. 中国行政管理，2001（6）：39-43；王名. 清华发展研究报告2003：中国非政府公共部门［M］. 北京：清华大学出版社，2004.

特色优势未能得到充分发挥。因此，探索地方高校在扶贫过程中的多方联动脱贫机制或脱贫模式，是找准地方高校在精准扶贫中的功能定位、发挥智力与人才优势的重要途径；是有效整合"校、政、社、企、村（户）"资源，实现渝东北地区地方高校参与精准扶贫有章可循、有资金有人才可用的目标。

7.1.2 五方联动脱贫机制构建的可行性

在第6章中，我们已经明确给出了渝东北地区构建四方联动脱贫机制可行性的现实依据，这些依据同样适用于该地区五方联动脱贫机制的构建。在此，主要补充以下三点：

一是从高校自身层面看，高校是人才培养的重要场所，学科齐全，人才汇聚。相较于其他社会主体或部门，高校的理论研究和社会实践双重优势尤为明显，在农业科技创新、扶贫策略研究、农村可持续发展等方面优势地位突出，在为贫困地区脱贫工作输送宝贵人才和提供智力支持方面具有良好基础。

二是从国家政策层面看，精准扶贫工作作为一项多主体共同参与的系统工程，相关政府公共部门在统筹部署、政策指导、平台搭建上发挥着重要作用。同时，为激发高校参与精准扶贫活力，政府颁布了《高等学校乡村振兴科技创新行动计划（2018—2022年）》[1]《关于实施教育扶贫工程的意见》《中国农村扶贫开发纲要（2011—2020年）》[2] 等相关政策，从金融服务、产业扶持、人才保障、科技支持等多主体多维度为高校参与精准扶贫提供了政策支持，为促进其精准扶贫模式和工作机制创新提供了政策导向。

---

[1] 教育部 . 高等学校乡村振兴科技创新行动计划（2018—2022年）［EB/OL］.（2018-12-29）［2020-10-30］. http：//www. moe. gov. cn/srcsite/A16/ moe _784/201901/t20190103_365858. html.

[2] 中共中央国务院 . 中国农村扶贫开发纲要（2011—2020年）［EB/OL］.（2011-12-07）［2020-10-30］. http：//www. gov. cn/gongbao/content/ 2011/content_2020905. htm.

三是从地区资源层面看，除第三章提到的渝东北地区具有的资源优势外，该地区还有7所地方高校，覆盖理、工、经、管、法、文、史、哲等多个学科门类，可为区域内精准扶贫工作提供充足的科技知识和人才智力保障。

7.2 五方联动脱贫机制构建的原则与内涵

7.2.1 五方联动脱贫机制构建的原则

构建多主体参与的"校、政、社、企、村（户）"五方联动脱贫机制，即：点线面体"五方联动"脱贫模式要求地方高校（主要代表本科院校、高职、高专、科研院所等事业单位扶贫主体）、政府（主要代表各级具有政府行为的扶贫主体）、社会组织（主要代表能够为贫困村/户提供相关脱贫服务的社会组织或单位主体）、企业（主要代表金融机构、旅游企业、农业企业、互联网企业等具有实体经济的扶贫主体）、村/户（主要为精准扶贫对象：贫困村或贫困户扶贫客体）之间建立行动目标统一、优质资源共享、彼此配合默契、整体运行高效的合作体系。通过构建"校+政+社+企+村（户）"的联动机制，寻找地方高校在多元主体共同参与精准扶贫体系中的关键点，并由点及线再到面，最终达到由面到体的扶贫效果，实现长效稳定脱贫。

借鉴第二章介绍的多元共治贫困理论、空间贫困理论、人力资本理论，按照"创新、协调、绿色、开放、共享"发展理念，构建多主体参与的点线面体"五方联动"脱贫机制，除了上一章提到的构建原则之外，还应包含以下5个原则：

一是资源共享原则。代表"校、政、社、企、村（户）"不同主体的资源具有差异性，在扶贫过程中应畅通信息交流机制，从而使各主体资源充分共享。

二是优势互补原则。不同主体（扶贫主体和扶贫客体）的人、财、物等综合条件不一，各主体间应取长补短，实现一加一大于二的合作效果。

三是高效协同原则。脱贫攻坚是国家重要战略决策，既有具体指标要求，也有规定期限，只有各扶贫主体形成协同机制，创新工作方式，高效配合，才能按期保质保量完成目标任务。

四是因地制宜原则。因自然资源、地形地貌、地理位置等情况差异，不同贫困地区、贫困村致贫原因、发展优劣势各有不同，扶贫工作应结合当地实际情况实施具有针对性的扶贫措施。

五是可持续发展原则。一方面，扶贫工作不能以牺牲世代生态环境或利益来谋取一时经济效益，必须坚持"绿色"发展理念，走健康、持续、良性发展的生态扶贫之路①；另一方面，依托贫困村产业与优势资源，转变传统简单短效的扶贫方式，利用互联网、科技等新兴技术对贫困村经济发展模式进行长远谋划，强化贫困户农业技能培训，确保长效稳定脱贫。

7.2.2 五方联动脱贫机制构建的内涵

第一，"五方联动"脱贫机制含义及各主体关系。多主体参与的点线面体"五方联动"脱贫机制是考虑在渝东北地区整体扶贫资源有限的情况下，打破以往"政、校、企"三方主体各自为战的局面，突出地方高校优势，充分调动各方资源，并将"社会组织""贫困村/贫困户"分别视为精准扶贫主体和客体，激发扶贫相关参与主体的内生动力与高度协作性②，构建"对焦对点、连点成线、由线及面、聚面成体"的脱贫机制。在该机制模型中(图 7-1)，代表"校、政、社、企、村（户）"五大主体以脱贫攻坚为共同目标，同时又根据自身特点与优势的差异发挥着不同作用，相互促进，高效协同。各主体间作用主要表现在：地方高校利用自身人才、

---

① 胡彦殊. 扎实抓好生态建设环境保护工作，努力实现民族地区绿色旅游发展 [N]. 四川日报，2017-08-06（8）.

② 童洪志. 渝东北贫困地区深度扶贫"四方联动"模式研究 [J]. 中国农业资源与区划，2019，40（8）：133-140.

智力及科研等优势，为贫困村（户）的发展进行调研，提出发展策略，提供扶贫干部优质人选①，与此同时，高校对其他扶贫主体建言献策，发挥参谋与智库作用；政府发挥主导作用，为高校参与的多主体扶贫工作提供平台、政策及财政支持；社会组织发挥补充作用，通过第三方调查，发现并反馈在扶贫工作中的不足，同时通过引入社会资源，从资金、技术、志愿服务等方面为扶贫工作添砖加瓦②；企业发挥商业作用，通过实现农产品商业化、规模化、精品化，打通农产品上下游供应链，使贫困村（户）实现增收；贫困村（户）发挥参与和反馈作用，摒弃"等、靠、要"等传统思想观念，积极参与到脱贫实践中，并不断反馈脱贫实效。

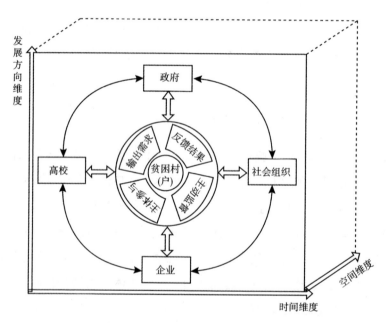

图 7-1 多主体参与的点线面体"五方联动"脱贫机制模型

① 王明哲. 精准扶贫背景下高校对口定点扶贫模式研究——基于广东省高校对口帮扶贫困村的持续追踪调查 [J]. 中南财经政法大学研究生学报, 2020（S1）：19-29.
② 毛永红. 在脱贫攻坚中彰显"为民爱民"底色 [N]. 中国社会报, 2020-10-21（2）.

第二，"五方联动"脱贫机制运作模式内涵。推动该机制运行，由点到线再到面，首先是寻找脱贫关键点，然后推动各相关主体与贫困村（户）的纵向深入对接，并加强各主体之间的横向交流与协作，最后以扶贫时间、扶贫空间、扶贫方向三个维度进行由面到体的塑造，形成各主体之间以及纵线、横线之间的有机联动，进一步发挥地方高校在多元主体参与精准扶贫中的优势与效能。与此同时，着力提升贫困村（户）自身发展能力，使代表"校、政、社、企、村（户）"的主体形成立体优势，共同促进地方区域经济的发展，实现精准脱贫。具体而言，该机制运作模式可从如下四个方面进行说明。

首先，"对焦对点"——突出高校优势，寻找脱贫关键。"对焦对点"必须充分发挥地方高校优势，因地制宜，具体分析贫困村（户）的综合情况，寻找致贫主要原因和脱贫难点、关键点。不同贫困地区地貌、交通、风俗、人文素养、经济发展程度等具有特殊性与差异性，找准致贫主要原因和脱贫关键突破口是实现精准扶贫的重要前置条件。地方高校在参与精准扶贫过程中应针对脱贫关键点，制定差异化策略，为各主体共同参与的精准扶贫工作提供行动指南。

其次，"连点成线"——强调优势互补，实现线性互动。"连点成线"意指串联各主体，形成"高校—政府—社会组织—企业"的横向互动以及高校、政府、社会组织、企业分别与贫困村（户）的纵向互动，整合各点使之成为目标、价值取向一致的有机整体。横向方面，各主体之间取长补短，共同发力，在汇力聚智中发挥最大合作效益，实现资源最优配置。纵向方面，各主体自发加强与贫困村（户）的对接与帮扶，具体思路为：一是地方高校扶贫主体通过文化影响、科研成果、科技人才等多种优势资源，助力推进贫困村（户）精准脱贫各项工作；二是政府扶贫主体根据贫困村/户具体情况，为乡村经济发展提供相关政策扶持、人力资源、物力资源（道路、公厕等基础设施建设）、财力资源（如用于促进乡村产业经济发展的扶贫专项资金）等；三是社会组织扶贫主体深入扶贫地区，通过访谈及问卷等方式精确识别贫困户，发现并反馈问题，同时，链接资源，整合社会闲散资金，弥补政府资金不足，并提供志愿服务，多方面助力扶贫工作；四是企业扶贫主体推动贫困地区产业结构优化升级，促进其特色种植业、生禽养殖业、休闲旅游业等协调发展；五是贫困村（户）主体配合相关扶贫主体进行农业生产、加工、服务等具体实践，并监督、反馈相关政策或制度的实施状况和自身脱贫进展情况。

再次，"由线及面"——展开纵横衔接，打造五方联动。"由线及面"意指逐步通过纵横之间"线"的互动，将精准扶贫各项工作连成"面"，解决贫困村（户）中最核心、最关键、最要害的实际问题，让贫困村（户）贫困状态得到有效转变。在此过程中，地方高校发挥智力和人才优势，辅助政府加强各"线"互动的制度构建。一方面，加强各主体创新线性联动机制，在自己职责范围内，百无一漏满足群众需求；另一方面，创新各扶贫主体之间纵横衔接的线线联动，即高校、政府、企业、社会组织等扶贫主体通过资源共享的合作机制、优胜劣汰的激励机制、相互督促的监督机制①，使各条扶贫"纵线"和"横线"形成有序、高效的线线互动，最终实现代表地方高校、政府、社会组织、企业以及贫困村（户）等主体的五方有机联动。

最后，"聚面成体"——综合时空维度，发挥立体效能。"聚面成体"意指在代表"校、政、社、企、村（户）"五大主体有机联动的情况下，加上时间、空间、发展方向三个维度，使地方高校参与的精准扶贫形成立体优势。其中，时间维度，即高校牵头对扶贫村（户）进行时间规划，制定短期、中期以及长期目标；空间维度，即结合贫困村/户实际需求，统筹优化、合理整合贫困村（户）土地，进行使用土地及发展用地的长远规划，实现空间资源的最大利用；发展方向维度，即通过地方高校的人才、科技、智力等支持，结合政府、企业、社会组织相关优势资源，对贫困村的未来发展方向进行科学论证，谋划其产业布局与产业链发展，构建一村

---

① 王世恒，朱家玮，杨茹茹. 马克思主义反贫困理论与习近平脱贫攻坚思想研究 [J]. 重庆三峡学院学报，2018, 34（5）：30-37.

一品具体发展战略，与此同时，对贫困户自我发展能力提升路径进行科学指导，通过依靠技能或发展特色产业来实现长期稳定脱贫。事实上，精准扶贫是汇智聚力的系统性工作，只有在多维度、多主体的高效协同下才可顺利实施。

7.3 五方联动脱贫机制的实现

在有地方高校参与的多主体"五方联动"脱贫机制中，高校联合"政、企、社、村（户）"可充分发挥各主体不同优势，形成整体合力，助力贫困地区脱贫。本节将从渝东北地区地方高校所参与的教育扶贫、文化扶贫、科技扶贫三个方面的扶贫案例中解读多主体参与的"五方联动"脱贫机制运行模式。

7.3.1 教育扶贫模式

在教育扶贫方面，渝东北地区云阳县委、县政府组建教育扶贫领导小组，成立教育扶贫办，聚焦特困地区、特困学生和特殊群体"三特"对象，因地因人因材精准施策，建立"政府+学校+贫困村+贫困户"联动机制，注重扶志和扶智相结合，确保全县因贫因残的每一名学生享受到公平而有质量的教育。如：该县为海拔800米以上的52所村学校的所有教室都安装了取暖设备，为全县贫困山区80余所寄宿制学校4.7万名寄宿生每人购置一床棕垫，为海拔1 000米以上3 000余名学生每天每生增加1盒牛奶等。针对办学良莠不齐的问题，该县实施城乡教育一体化发展战略，补齐乡村教育在管理、师资、质量等方面的短板，如：该县青龙小学、泥溪小学等9个"远程互动课堂"已实现城区优质资源与贫困山区学校共享，组织农坝小学等56所学校，建立质量提升、特色发展、家校共育等11个教育联盟，推动了贫困山区乡村学校管理水平、师资素养、教育质量的全面提升。同时，该县健全学前教育到大学阶段贫困学生资助体系，确保全县3.7万名贫困学生全覆盖资助，整合部门及社会团体资金近2 670万元，资助贫困大学生 6 325 人，教育系统 6 748 名干部教师结对帮扶有学生的贫困家庭 9 206 户，对贫困户子女开展扶志、扶智教育，采取"广宣传、勤走访、赠物资、帮就业、助销农产品"等措施，帮助贫困户脱贫。

在就业创业培训方面，按照"先富帮后富、实现共同富裕"的基本理念和"政府主导、多方参与、产业引领、精准培养"的工作途径，紧扣"能力培训、孵化创业、带动增收"三大环节，以学校或培训基地为平台，采取集中培训、现场教学、经验分享相结合的方式，帮助贫困户脱贫致富。我们以渝东北地区开州区为例进行具体解读。该区共培育致富带头人442 人，其中贫困村有 420 人，全区 135 个市级贫困村致富带头人实现了全覆盖。再如：渝东北地区城口县巴山镇新岭村贫困户主陈国友通过培训，学习掌握了养殖关键技术，发展了一定规模的林下种养殖特色产业，实现净利润 10 万余元/年，同时让 30 余贫困家庭户到基地务工，带动了其他贫困户增收。

我们再以重庆市市级贫困镇——渝东北地区万州区龙驹镇扶贫为例进一步解读地方高校教育扶贫模式。该地区地方本科院校重庆三峡学院作为对口支援该镇的定点扶贫工作单位，以"教育扶贫"为关键点，通过"高校+政府+企业+社会组织+贫困村"的合作模式，高效推进了精准扶贫工作，起到了引领和示范作用。该院协同万州区其他高校，以及重庆市科技局、万州区科委、龙驹镇政府、重庆少儿图书馆、志愿者协会等多次联合深入万州区龙驹中心小学开展科普教育扶贫活动。活动中各主体紧密联系，发挥各自不同优势，分工协作，提升了活动质量。在"创新开启未来、科普点亮龙驹"主题活动期间，市科技局协同相关企业为龙驹中心小学援建"科普教室" 1 间，同时捐赠包括体感互动体验、3D 全息炫屏等在内的成套系的科普教学产品 10 套、捐赠畅销图书及实用文具 600 余套。重庆三峡学院与龙驹中心小学签署科普教育合作协议，构建长效的科普帮扶机制，围绕学生科普需求提供科普教育讲座、活动、培训、研学旅行等配套服务。在此模式运作下，地方高校参与的教育扶贫，促进了龙驹镇科普教育与扶贫工作的深度融合，进一步提升了万州区龙驹镇学生的科学素质。近年来，该镇学生学习成绩明显提高，学生综合素养大幅增强，学校的社会认可度逐年提升。

7.3.2 文化扶贫模式

在文化扶贫方面，近年来，渝东北地区地方高校通过"高校+政府+社会组织+企业+贫困村"联动模式，开展了系列文化扶贫和教育活动，助力贫困村脱贫致富。

以该地区巫溪县通城镇云台村扶贫为例，重庆安全职业技术学院组织志愿者进行安全知识进乡村活动，挨家挨户宣传和普及食品、交通、防火防盗安全常识，通过安全知识情景剧、现场安全演练等形式指导村民进行消防灭火、结绳逃生、急救包扎、心肺复苏等事项，提高村民自救能力，丰富乡村文化和生活。

在万州区郭村镇三根村，重庆幼儿师范高等专科学院"向日葵的微笑"脱贫攻坚（文化艺术）服务团，结合艺术专业特点和学校优势，组织当地留守儿童，指导他们进行手工、绘画、演讲朗诵等素质拓展课程，开展小品、音乐、舞蹈等文艺演出活动，弥补乡村教育的短板和不足。

重庆三峡学院通过暑期"三下乡"活动，组织文化艺术团给村民带去文艺汇演，并将精准扶贫与中国传统孝善文化有机结合，通过唱响红色歌曲与老人们回忆年轻时光，在给留守儿童们带去关怀与快乐的同时也丰富了老人们的生活，既弘扬了革命精神又发扬了尊老爱幼传统美德。如：该校以"十校结百村 艺术美乡村"为主题，深入万州区甘宁镇对乡村文化振兴工作情况进行深入调研，为艺术助力乡村文化振兴共谋良策，在该镇着力打造集三国文化、农耕文化、田园文化、鼓乐文化于一体的甘宁文化名片，并整合甘宁故里、何其芳故居、万州大瀑布、国家农业公园、"奇芳花谷"、玫瑰香橙种植等优势资源，加强"农、文、旅"深度融合。同时，该校安排艺术设计团队根据甘宁镇的产业特色和民情民风，因地制宜地对楠桥村、毛家屯等地的房屋、村道等景观建筑进行设计，打造集生态、休闲、民宿、养生为一体的多功能特色美丽乡村。值得一提的是，在文化扶贫方面，除万州区之外，该校还组织了"青春飞扬，乐和巫溪"的主题活动，与巫溪县上磺镇羊桥村当地村民朋友同吃、同住、同劳动，宣讲政策，普及科技文化，并通过展板向村民讲解农技知识和倡导低碳生活，掀起了当地群众学知识、学文化、学技术、懂法律的热潮。同时，该校还会同重庆市内其他高校（如西南大学、重庆大学、重庆师范大学、四川美术学院等）在巫溪县城北门城楼和红池坝国家森林公园联合举办了多场"青春飞扬，乐和巫溪"大型文艺汇演，为巫溪人民送上了精彩的视听盛宴。

事实上，处于三峡库区中心腹地城市——万州区一直发挥着"领头羊"作用。该区以"文化进基层活动"为载体，联合万州区各高校、企业、民间艺术团体、区文化馆和区民乐团等，通过小品、戏曲、歌舞等文艺演出，积极宣传脱贫攻坚政策和成效，丰富了村民的文娱生活。

7.3.3 科技扶贫模式

在科技扶贫方面，重庆三峡职业学院推行"高校+政府+企业+贫困村+贫困户"联动模式，充分利用科技优势开展精准帮扶工作。该校驻村工作队充分利用当地自然条件，联合地方高校专家，培育优质稻；为拓宽收入来源，大力培育优质鲤鱼，建立稻鱼种养循环系统，探索出"稻鱼共生"生态发展之路。同时，该校坚持"生态产业化，产业生态化"原则，发动村民，在万州区白土镇大林村发展"稻鱼共生"产业 386.67hm²、青脆李 133.33hm²、仙草花 66.67hm²，形成"林地药""林中菌""田中鱼"等特色产业（图 7-2），让贫困村找到了可持续发展的致富之路，有效帮助贫困户实现增收。

除此之外，重庆三峡职业学院还充分发挥自身专业优势，联合中国现代农业职教集团等单位，积极组建了新型职业农民培训中心、重庆市现代农业技术应用推广中心、智慧农民信息化工程中心三大平台。2019 年，该校进一步搭建"政、校、行、企"合作平台，建成了重庆市首个田间学院——重庆三峡职业学院乡村振兴学院。截至 2020 年初，已成立重庆三峡

图 7-2 万州区白土镇大林村稻田养鱼项目

职业学院白土分院、大周分院、天元乡分院、同鑫园分院和龙驹分院。可以看出，该校的系列科技扶贫措施，为推进渝东北地区精准扶贫工作落实落地提供了有力的技术保障和人才保障，有力推进了特色农产品和生态乡村游的发展，有效促进了贫困乡镇的产业发展以及村民的经济增收[①]。

综上分析，通过构建多主体参与的"校、政、社、企、村/户"五方联动脱贫机制，并以渝东北地区地方高校扶贫为例解读该机制运作模式，可以看出，该机制运行模式打破了政府、社会、高校三方主体参与精准扶贫工作各自为政的局面，将社会组织和贫困村（户）纳入精准扶贫的主体之中，综合时间、空间、发展方向三大维度，有效发挥多方主体优势、充分实现资源共享、凸显立体效能，促进了各主体与贫困村（户）的精准对接与帮扶，形成了共赢局面。同样，通过解读该机制运行模式，我们可得到两点启示：一方面，在地方高校作为扶贫主体之一的多主体扶贫体系中，通过教育扶贫、科技扶贫、文化扶贫等方式，有效实现了高校优势资源的转化，打破了以往农民传统生产劳作方式，促进了贫困村产业发展，扩宽了销售渠道，提升了劳动效益，提高了村民生活质量。另一方面，通过长远产业规划、文化教育以及对村民的技能培养，保障了贫困村（户）

① 文秀月，许册，刘进. 重庆三峡职业学院以精准扶贫助力乡村振兴 [N]. 重庆日报，2020-04-17（34）.

的可持续发展，有利于实现长期稳定脱贫，同时还能消除文化贫困。

7.4　多主体联动脱贫机制考评体系设计

四方联动脱贫机制和五方联动脱贫机制在扶贫脱贫工作中取得了可喜的成绩，然而，涉及扶贫主体的具体考核方面，即如何检视扶贫脱贫效果，需配有一套行之有效的监督与评估体系，从整体上对扶贫主体的工作绩效进行量化考核，以反映扶贫主体的工作成绩。渝东北集中连片贫困地区脱贫攻坚不仅涉及产业扶贫、教育扶贫、金融扶贫、旅游扶贫、文化扶贫、科技扶贫等领域，还包括机制建设、农村经济发展、贫困程度、人文发展、公共服务、基础设施、生态环境等多个方面。如何贯彻习近平总书记关于精准扶贫的指导思想，使深度贫困地区贫困户真正脱贫奔小康，科学评估、全面评价并监督多主体参与的联动脱贫机制考评体系的构建显得尤为重要。它既能够有效提升脱贫攻坚工作的针对性及有效性，又能够结合实践中所出现的问题进行解决，进一步明确下一阶段工作的方向与重点。结合前面章节所分析的三方、四方、五方联动脱贫机制构建思路、内涵和实践运作方式，我们主要考虑了 11 个指标维度和 55 个考察扶贫脱贫效果的指标，包含代表各方不同扶贫主体构建的联动脱贫机制考评体系，以期为政府从宏观层面考察各扶贫主体的实际扶贫和脱贫绩效提供借鉴。

7.4.1　多主体联动脱贫机制考评体系的构建原则

考评体系构建原则除考虑常用性和具体实情相结合、全面性和可操作性相结合之外，还应体现以下两点：

第一，主观与客观相结合。多主体参与的联动脱贫机制考评体系构建既有主观人为因素也有客观因素，实践操作过程中应坚持主观与客观相结合的方式。在主观方面，一是关注贫困户实际感受与需求，以及他们对于脱贫工作的满意度及认可度等主观考评指标；二是结合关注扶贫工作领域的专家、学者及政府一线工作人员访谈情况，了解他们的工作感受，进一步找准精准扶贫精准脱贫的关键核心要素，甚至会涉及第三方评估机构；三是通过收集贫困地区扶贫脱贫的典型经验与有效做法，通过扶贫在真抓实干中取得的显著成效，以及从群众、贫困户与社会认可的做法中提取关键和核心指标，结合以上三个方面综合设计。在客观方面，通过国家及地区相关扶贫脱贫工作流程中产生的客观数据考核深度贫困地区扶贫脱贫实效。

第二，理论与实际相结合。科学有效的考评体系构建离不开顶层的制度设计，也需要政策在基层得到有效推行。既要从现有理论成果中找到指标依据，也要适应实际工作进行量化考核。目前，关于扶贫脱贫在制度安排上已经基本实现了考核主体、考核内容、考核程序的综合布局，在政策实践上构建了以第三方评估为特点的上下联动考核体系。多主体参与的联动脱贫机制考评体系是在现有的扶贫脱贫考核基础之上，结合深度贫困区扶贫脱贫实际情况与渝东北地区特有区情，以"扶真贫、真扶贫、真脱贫、不返贫"为基本目标，从多个方面考察扶贫脱贫实际效果，从切实改善深度贫困地区贫困人民生活水平、贫困村容村貌及人的全面发展为出发点，构建全面体现社会经济环境的多维度影响因素指标，构建符合脱贫持续性和长远性的指标考评体系。

7.4.2　多主体联动脱贫机制考评体系的构建

多主体参与的联动脱贫机制考评体系设计的最终目的是为全面加快推进实现建成小康社会，其本质就是要到 2020 年确保稳定实现扶贫对象不愁吃、不愁穿，保障其义务教育、基本医疗和住房需求到位。因此，脱贫攻坚过程中考察扶贫对象的脱贫进展，反映的是扶贫对象贫困状况与脱贫目标的距离。按照上述构建原则，在助推脱贫进程中构建多主体参与的联动脱贫机制考评体系，既要考虑到理论依据，也应该考虑现实依据。而且，该考评体系还要为未来扶贫战略转型工作提供指导性参考，如从不同维度上检视未来相对贫困治理效果。对此，我们从三个方面予以考虑：

一是理论依据。机制设计必须有坚实的理论基础，从这点考虑，考评体系设计理论依据主要有多维贫困理论①（多维贫困指数主要包括健康、教育和生活三个方面）和联合国开发计划署（UNDP）提出的人类发展指数②（主要从健康水平、教育程度、生活水平三大部分进行评价）。

二是政策依据。参考依据主要来自全面建成小康社会指标和《中国农村扶贫开发纲要（2011—2020 年）》提出的到 2020 年的脱贫目标，国家统计局制定的《全面建成小康社会统计监测指标体系》从经济发展、文化教育、生活质量和资源环境等方面设置的评价指标。

三是现实依据。实际上，除政策实践之外，根据第三章和第四章分析的渝东北贫困地区脱贫现状以及面临的困境与挑战，贫困群体不仅在教育、健康和生活水平等多个方面有待改善，在生态环境建设、基础设施建设等方面也亟待加强。在客观条件上还存在"边际"地理区位、自然环境恶劣、人力资本水平低、经济发展水平低、基础设施建设落后等制约因素，而且在交通、安全饮水、安全住房、生态环境等方面也需要改善。

根据以上分析，结合地方扶贫脱贫实践，设计多主体参与的联动脱贫机制考评指标体系，包含机制建设、经济发展、贫困程度、人文发展、公共服务、基础设施、生态环境以及针对扶贫领域的金融扶贫、产业扶贫、教育扶贫和旅游扶贫等 11 个维度 55 个考察指标。当然，体系框架中应尽量确保各维度及指标不重复（表 7-1）。每个指标对应的考察对象——扶贫主体，最终由扶贫脱贫效果指标体现其结果，换言之，每个指标完成程度达到参考标准值视为阶段性任务圆满结束（并非任务终结）。我们认为，该考评指标体系也能为后期相对贫困治理效果考评提供一些参考，仅需要适当提高一些指标参考标准值，或者根据国家或国际贫困治理情况，动态调整参考标准值即可。

---

① Alkire S, Foster J. Counting and multidimensional poverty measurement [J]. *Journal of public economics*, 2011, 95（7）：476-487.

② 关于指数选取和解释可参见：刘燕. 健康期望寿命作为评价人类发展水平指标的探索性研究——基于人类发展指数（HDI）的分析 [D]. 广州：广州医学院，2012.

表 7-1   **多主体参与的联动脱贫机制考评指标体系**

指标维度	考察对象	考察指标（扶贫脱贫效果）	单位	参考标准值
机制建设	扶贫主体组织单位	扶贫脱贫机制建设与运行情况	—	第三方评估
		贫困家庭户扶贫效果满意度	—	第三方评估
		扶贫政策宣讲到户率	%	≥100%
		党建扶贫对口支持任务完成率	%	≥100%
		扶贫资金对口覆盖率（贫困村/户）	%	≥100%
经济发展	基层政府扶贫主体	家庭人均纯收入	元	≥15000.00
		城镇化率	%	≥60%
		贫困村居民消费支出占 GDP 比重	%	≥36%
		贫困人口农村居民恩格尔系数	%	≤40%
		贫困村农民专业合作组织建设比	%	≥98%
		贫困户参与增收项目比	%	≥100%
贫困程度	基层政府扶贫主体	贫困发生率	%	≤3%
		贫困乡村/镇出列比例	%	≥100%
人文发展	基层政府扶贫主体	贫困人口平均寿命	岁	≥76
		贫困村文盲率	%	≤20%
		九年义务教育阶段平均巩固率	%	≥95%
		贫困村家庭计算机普及率	%	≥20%
		贫困家庭掌握技能	门	≥1
		贫困自然村通宽带率	%	≥95%
		人均文化消费支出占总支出比重	%	≥6%
公共服务	基层政府扶贫主体	贫困户基本养老保险参保率	%	≥100%
		农村广播电视入贫困户覆盖率	%	≥100%
		行政村卫生室覆盖率	%	≥95%
		新型农村合作医疗参与率	%	≥98%
基础设施	基层政府扶贫主体	行政村通公路硬化率	%	≥100%
		行政村客运班线通达率	%	≥100%
		已通电自然村占比	%	≥100%

续表

指标维度	考察对象	考察指标（扶贫脱贫效果）	单位	参考标准值
基础设施	基层政府扶贫主体	安全饮水人口普及率	%	≥100%
		贫困地区农村自来水普及率	%	≥80%
		农村卫生厕所普及率	%	≥75%
		安全住房率（危房改造率）	%	≥100%
		统一搬迁户人均住房面积达标率	%	≥60%
		能用手机上网的贫困户占比	%	≥50%
生态环境	基层政府扶贫主体	森林覆盖率或提高比率	%	≥43%或≥3.5
		贫困村组拥有沼气池率	%	≥20%
		生活垃圾无害化处理率	%	≥90%
金融扶贫	企业扶贫主体	贫困户参与扶贫贷款覆盖率	%	≥60%
		金融机构支持小额信贷覆盖率	%	≥100%
		优质特色农产品保险覆盖率	%	≥100%
产业扶贫	企业扶贫主体	产业扶贫资金配套参与率	%	≥100%
		产业培育目标任务完成率	%	≥100%
		新型农业经营主体培育完成率	%	≥100%
		贫困户掌握农业实用技术覆盖率	%	≥100%
		适度规模特色农产业增长率	%	≥3.5%
		农业产业扶贫项目带动贫困户就业率	%	≥100%
		农业特色产业带动贫困户覆盖率	%	≥100%
教育扶贫	地方高校扶贫主体	贫困家庭子女接受高等教育比例	%	≥100%
		贫困户受教育资助覆盖率	%	≥100%
		支援贫困乡村教育覆盖率	%	≥100%
		贫困户参与各类培训覆盖率	%	≥100%
		科技服务地方贫困村/户覆盖率	%	≥100%
		贫困户对文艺下乡等村文化活动参与率	%	≥100%
		教育资源支持留守儿童覆盖率	%	≥100%

续表

指标维度	考察对象	考察指标（扶贫脱贫效果）	单位	参考标准值
旅游扶贫	企业扶贫主体	旅游开发支持区内贫困户覆盖率	%	≥100%
		旅游带动贫困人口收入增长率	%	≥20%

注：本表中贫困村/户主体，若对后期相对贫困治理效果进行考察，可将其替换成相对贫困主体，并对应调整其指标参考标准值即可。

7.5 传统粗放式扶贫与多主体参与的联动脱贫的比较

通过第 6 章和本章分别对四方、五方联动脱贫机制构建思路、内涵、运作逻辑、实践应用及考评体系的分析，不难发现，多主体参与的联动脱贫机制与传统粗放式扶贫模式进行比较，在瞄准对象、贫困识别、扶贫方式、扶贫效果、扶贫主体、机制建设、考评体系、生态治理等方面对脱贫攻坚工作提出了较高要求，也是解决传统粗放式扶贫存在问题的有效途径。具体而言，表 7-2 给出了两者的比较结果。

表 7-2　　传统粗放式扶贫与多主体参与的联动脱贫的比较

模式选择 / 对比项目	传统粗放式扶贫	多主体参与的联动脱贫
瞄准对象	贫困地区	贫困户、贫困个体/贫困村
贫困者识别	经抽样调查后，逐级向下分解	政府组织指导，自行申报评议，自下而上参与式，体现贫困主体的平等地位和权利
贫困成因及分类	未做详细调查分析	分析贫困制约因素，因地制宜，分类指导和精准管理
扶贫方式	单一"输血式"扶贫或政府主导下的强制性输入	多个方面"造血式"差异化按需帮扶，注重提高贫困户的自我发展能力

模式选择 对比项目	传统粗放式扶贫	多主体参与的联动脱贫
扶贫效果	解决短期生存问题,容易引发制度依赖、惰性,返贫风险高	挖掘农户自主动力,提高其创收能力、致富技能和就业机会,主动摆脱贫困,强调长期稳定脱贫,返贫风险低
扶贫主体	以政府扶贫主体、慈善团队为主,或政府承担扶贫重任和主要任务	在政府主导下,调动基层(乡村)、地方高校(包括高职高专)扶贫主体、行业企业扶贫主体、科研机构等全社会组织单位扶贫主体及社会群众参与,强调扶贫主体联动作用效果
监督与管理机制	上级政府主导,扶贫工作不透明,民众参与度较低	适度监管,提高透明度,把扶贫对象作为监督的重要力量,提高贫困人口参与度,引入第三方评估机构
长效机制	对扶贫效果关注度低、脱贫效果模糊不清	强调脱贫效果可持续或长期稳定脱贫,建立多主体参与的联动脱贫长效机制
考评体系	考核以 GDP 为重,缺乏有效的激励机制,考核指标较少,缺乏对单个扶贫主体脱贫效果的考察	建立多维度的考核指标体系,涉及贫困村、贫困户等多个维度的发展因素,同时在联动机制中考察不同扶贫主体的扶贫脱贫效果
生态治理	不注重环境资源可持续性开发和合理利用	因地制宜,以环境友好型、资源节约型的方式扶贫,强调环境资源开发的可持续性利用

　　事实上,通过对四方联动、五方联动脱贫机制的分析,并与传统粗放式扶贫进行比较后,我们认为,多主体参与的联动脱贫机制模型不但可应用于渝东北贫困区扶贫实践,而且,对其他类似的贫困地区精准扶贫精准脱贫工作实践、创新扶贫脱贫工作机制和思路同样具有可借鉴之处。通过

第5章、第6章、第7章对多主体参与的联动脱贫机制的解读，可以看出，该联动机制打破了以往扶贫主体各自为战的局面，考虑了多维角度，突出了不同扶贫主体的影响作用，发挥了多主体优势，实现了资源共享，使得各项扶贫工作更加精准高效，助力贫困地区实现长效稳定脱贫。从应用层面看，该联动机制可通过不同扶贫案例分析其运作模式，也从实践中看到了其作用效果。的确，近年来的脱贫攻坚力度较大，也看到了诸多贫困村/户脱离了贫困状态，居民生活条件和生存环境得到了极大改善。然而，我们实地考察后也发现，贫困地区仍有一大难题，即乡村特色产业发展问题亟待解决。现实中，尽管看到一些地区建设了特色产业基地示范区，并带动了一批贫困户就业和致富，但对深山偏远地区而言，农户参与特色产业规模化经营的积极性和热情不高，农户是否愿意从事特色产业规模化经营，在不同扶贫主体共同帮扶下，农户特色产业经营行为如何演变，有何变化趋势，这些问题将在下一章作进一步探索和实证研究。

第8章 多主体联动机制优化效果分析

第5章、第6章、第7章分别构建了多主体参与的三方、四方和五方联动脱贫机制，并从产业扶贫、金融扶贫、教育扶贫、旅游扶贫、科技扶贫、文化扶贫六个方面分析了联动机制的运作方式，实践运行模式从扶贫经验案例中得到了验证，而且，从有关脱贫效果数据看，渝东北贫困地区脱贫成绩取得了较大突破。但是，从扶贫户主体的决策行为变化（或扶贫主体联动刺激的效果）上看，各方扶贫主体的推动效果和作用规律尚不明朗，仍有待进一步分析。本章将以发展农业特色产业脱贫为例，探索不同扶贫主体采取措施及其组合刺激下对农户脱贫的推动效果和影响规律。

众所周知，发展特色农产业是提高贫困地区农户自我发展能力，实现长期稳定脱贫的重要途径。2015年，《中共中央国务院关于打赢脱贫攻坚战的决定》明确提出发展特色产业脱贫，让贫困户更多分享农业全产业链和价值链增值收益，实现到2020年让7 000多万农村贫困人口摆脱贫困的目标。但就农户主体特征而言，实践中仍会面临一些障碍，即：农户因收入水平低导致发展特色农产业规模经营存在资金压力，以及因自身文化水平普遍较低导致发展特色农产业思路不明确，缺乏与其相匹配的农业生产经营管理技能等，又加之发展特色农产业规模经营具有投资大、周期长、见效慢等特点①，所以仅依靠农户自身力量难以实现。于是，我国出台了诸如《贫困地区发展特色产业促进精准脱贫指导意见》《关于金融服务"三农"发展的若干意见》《科技助力精准扶贫工程实施方案》《关于创新发展扶贫小额信贷的指导意见》等一系列政策，并对农户在农业生产经营过程中采取补贴、贷款、培训等针对性措施来推动特色农产业发展以实现农户脱贫。如：中央财政不断加大对贫困地区的产业扶贫力度，到 2020 年产业扶贫资金补贴达到 1 000 亿元；在金融扶贫方面，2016 年各类扶贫小额贷款 2 772 亿元，2017 年新发放信贷 1 645 亿元，支持了 766 万贫困户②，推动了农户发展特色产业走向脱贫致富之路。然而，在当前各种扶贫政策措施刺激下，贫困地区特色产业发展总体水平仍然不高，扶贫政策刺激离预期效果尚有差距。

为此，为促进农户发展规模化特色产业脱贫，本章主要从产业扶贫政策入手，利用第 2 章构建的政府扶贫主体与农户间的演化博弈模型及数值仿真实验方法，探索政府扶贫主体及其与企业、地方高校等扶贫主体采取的联合措施对农户生产经营行为的推动效果和影响规律。具体而言，即通过对产业扶贫项目补贴、贷款失信惩戒、科技培训三种工具措施及其组合影响农户扩大生产发展特色农产业规模经营的动态过程进行分析，定量刻画农户生产经营决策行为的动态演变规律和可视化效果，从而体现"政、校、企"各方主体单独采取措施以及各扶贫主体联合采取措施所产生的作用效果。相关扶贫政策及组合刺激（对应各扶贫主体及其联动作用）影响机制框架如图 8-1 所示。

---

①　童洪志. 扶贫政策影响下农户特色产业规模经营决策研究 [J]. 经济与管理, 2019 (5)：27-35.

②　顾仲阳. 产业扶贫精准惠民 [N]. 人民日报, 2017-02-23 (1).

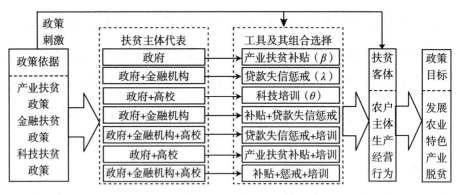

图 8-1　扶贫主体及其联动刺激对农户生产经营行为的影响

8.1　扶贫主体单一措施推动效果分析

根据第 2 章对演化博弈模型的条件假设和模型求解的分析结果，为展示不同扶贫政策通过扶贫主体及其联合采取措施对农户扩大生产规模经营的动态影响机制和变化规律的可视化效果，通过设定数值并利用 MatLab 软件进行仿真，可直观地体现政府扶贫主体与农户间相互作用时系统的演化轨迹，以及在其他扶贫主体采取措施刺激下农户选择扩大生产规模经营策略的演化轨迹。在农业生产经营过程中，整体来看特色农产业规模化生产经营投资大、周期长、回报慢，因此，在短期内选择扩大生产规模经营策略带来的净收益与选择不扩大生产规模经营策略相比并非有所提高。一般而言，以农业产业项目形式进行扶贫资金申请，项目资金在项目总投资中所占比值有高有低，高额补助有的达到全额资助，因此，数值仿真实验中对补贴系数取值设为 0~1。其他参数设置主要依据第二章演化博弈模型的条件假设，设 $RP=9$，$TP=6$，$NCI=5$，$TQ=3$，$NQ=1$，$GL=0.8$，$GC=2$ 作为参考值。系统演化的初始点比例设为（0.3，0.9），分别刻画不同扶贫主体采取措施及其组合刺激对农户策略选择的动态影响规律。

8.1.1 政府扶贫主体：补贴刺激影响效果

当政府扶贫主体联合其他扶贫主体单独采取产业扶贫项目补贴、贷款失信惩戒和科技培训措施时，不同情况下扶贫工具刺激对农户采取策略的影响变化各自不同，其影响结果如表 8-1 所示。随着时间的推移，系统中产业扶贫项目补贴对农户策略的影响最终趋于一个稳定的状态，即农户选择扩大生产规模经营策略的概率最后趋于 0（图 8-2）。

表 8-1　　扶贫主体单一措施刺激对农户策略选择的影响结果

工具类型	β	λ	θ	农 户 策 略
产业扶贫项目补贴	0.2	0	0	不扩大生产规模经营
	0.4	0	0	不扩大生产规模经营
	0.6	0	0	不扩大生产规模经营
	0.8	0	0	不扩大生产规模经营
	1.0	0	0	不扩大生产规模经营
贷款失信惩戒	0	0.3	0	不扩大生产规模经营
	0	0.6	0	不扩大生产规模经营
	0	0.9	0	不扩大生产规模经营
	0	1.2	0	不确定
	0	1.5	0	不确定
科技培训	0	0	0.4	不扩大生产规模经营
	0	0	0.8	不扩大生产规模经营
	0	0	1.2	不扩大生产规模经营
	0	0	1.6	不扩大生产规模经营
	0	0	2.0	不扩大生产规模经营

若政府扶贫主体只采取产业扶贫项目补贴一种措施时，农户选择扩大生产规模经营策略虽然能够从政府对农业生产投入补贴中获得部分补偿，

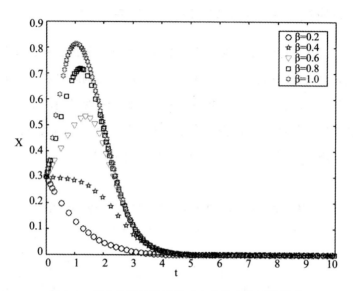

图 8-2 产业扶贫补贴刺激对农户策略选择的影响

减少了农业生产与经营过程中成本的实际投入，但是从系统长期演化看，农户最终仍然会选择不扩大生产经营策略。这点发现与已有研究认为产业扶贫项目补贴对农户生产规模经营行为具有正向激励的作用效果不同①，结合现实农业生产和扶贫政策实施情况，从图 8-2 中曲线稳定后的走势看，可知单独采取产业扶贫项目补贴措施对农户选择扩大生产规模经营策略的影响并没有起到有效的推动作用。现实中，规模化特色农产业生产经营具有投资大、周期长、回报慢等特点，而且，农户还面临着自然灾害、天气、市场等不确定性风险，更重要的是农户难以获得农业生产先进技术或缺乏现代农业生产与营销知识，这些将对农户选择特色农产业规模化生产

---

① 有关探讨补贴对农户生产规模经营行为具有正向影响的研究成果，参见：任晓娜，孟庆国，李超，等. 种粮大户土地规模经营及其影响因素研究——基于安徽等 5 省的调查数据 [J]. 湖南农业大学学报（社会科学版），2015，16（2）：12-17；张恩广，向月军，卢文凤，等. 重庆丘陵山区家庭农场主扩大经营决策影响因素的实证分析 [J]. 南方农业学报，2018，49（4）：818-824.

经营带来影响。如此看来，仅从产业扶贫项目补贴考虑，在这种情况下虽然能够激发农户生产经营热情，提高农户实施特色农产业规模化生产经营的积极性，但由于农户选择扩大生产规模经营策略得到产业扶贫项目补贴后的净收益，还不及选择不扩大生产规模经营策略所获得的收益，所以即使农户在初始状态选择扩大生产规模经营策略，也会随着时间的推移，放弃实施规模化特色农产业生产经营。从图 8-2 中可看出，尽管产业扶贫项目补贴标准提高到 100%（即此时产业项目全为政府资助），若没有其他扶贫配套措施（如科技培训、技术指导、销售渠道、农业保险或贷款等），农户最终的策略选择结果还是向不扩大生产规模经营策略倾斜。由此可见，在没有其他扶贫措施情况下，从长期来看，政府扶贫主体若只采取产业扶贫项目补贴一种措施，不足以推动农户选择扩大生产规模经营策略来发展规模化特色农产业以实现稳定增收脱贫。

8.1.2 政府+金融机构：贷款失信惩戒效果

由图 8-3 可看出，若政府扶贫主体联合金融机构（金融企业或银行）仅采取贷款失信惩戒措施，随着惩戒刺激力度的提高，农户最后经营策略行为表现出不确定性或不稳定性。

具体而言，当政府扶贫主体联合金融机构只采取贷款失信惩戒一种措施时，随着惩戒刺激力度的大幅度提高，系统从稳定不扩大生产经营策略状态到最后无法演变至某一稳定状态。也就是说，在这种既对农户进行信用贷款支持经营特色农产业又对失信用户采取严厉的失信惩戒措施下，农户选择扩大生产规模经营策略后，一旦预期净收益不能偿还贷款额，与政府对其失信后采取惩戒带来的损失相比，具有很大的不确定性，此时，尽管农户选择扩大生产规模经营策略的概率可能得到提升，但此概率最低，可能降低至 0，所以整体看农户的策略选择更倾向于采取不扩大生产规模经营策略。因为信用贷款支持尽管会提高农户生产经营的积极性，但同时带有强制性的监管约束措施可能会破坏内在的亲社会行为动机，从而会对人们实现集体目标的合作意愿产生意想不到的影响，这种情况下会让农户

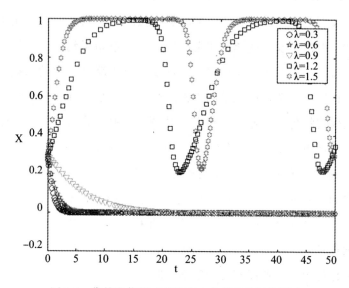

图 8-3　贷款失信惩戒措施对农户策略选择的影响

产生"破罐子破摔"的心理，最终可能会导致农户放弃规模化特色农产业
生产经营，不愿贷款，仅维持生计自给自足，在新一轮扶贫标准下还可能
面临着返贫风险。因此，从长远来看，政府扶贫主体与金融机构联合只采
取贷款失信惩戒措施，对农户进行特色农产业规模化生产经营虽然有一定
的推动作用，但这种作用不够稳定且不确定，甚至这种高压惩戒措施会给
农户生产经营带来或多或少的负面影响。

8.1.3　政府+高校：科技培训刺激影响效果

由图 8-4 可看出，随着时间的推移，系统中政府扶贫主体与地方高校
扶贫主体联合，仅仅采取科技培训措施对农户行为策略的影响最终趋于一
个稳定的状态，即农户选择扩大生产规模经营策略的概率最后趋于 0。

具体而言，政府扶贫主体与地方高校扶贫主体联合，仅选择采取科技
或就业创业培训措施一种工具时，尽管逐步提高培训强度，但从图 8-4 的
曲线走势中可看出，农户最终仍会倾向选择不扩大生产规模经营策略。也

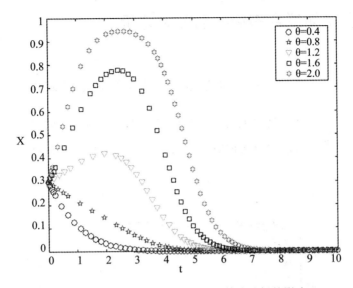

图 8-4 科技服务培训措施对农户策略选择的影响

就是说，仅有一种就业创业培训或技术指导服务措施，农户最终仍会选择不扩大生产规模经营策略。因为此时政府与地方高校合作，对农户进行就业创业培训或技术指导措施，虽然可促进农户农业生产积极性和生产经营能力的提高，从而使农户在政府和学校扶贫主体帮助下可能走向特色产业规模化生产经营之路，但由于其收入水平普遍较低难以对生产经营进行高成本投入来形成规模化生产，或者说经过这种培训后农户扩大生产经营策略得到的收益，仍不能弥补其选择扩大生产规模经营策略后的投入成本。在这种情况下，农户选择扩大生产规模经营策略的概率尽管会有所提升，但选择该策略带来的收益仍不及选择不扩大生产规模经营策略带来的收益，最终会驱使农户放弃扩大生产规模经营策略。由此看出，政府扶贫主体与地方高校扶贫主体联合，不采取其他扶贫配套措施，仅有创业培训或技术指导服务长期看同样不足以推动农户进行规模化特色农产业生产经营。

8.2　多主体联合措施推动效果分析

8.2.1　政府+金融机构：补贴与贷款失信惩戒组合效果

政府扶贫主体与金融机构（企业扶贫主体）联合，同时采取产业扶贫项目补贴和贷款失信惩戒两种措施，其组合刺激效果如图 8-5 所示。

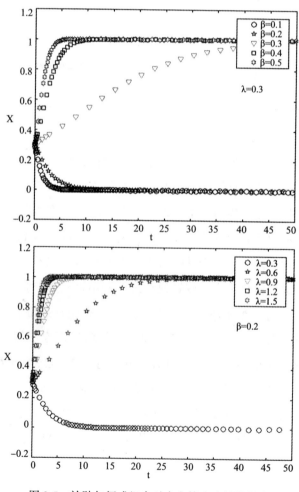

图 8-5　补贴与惩戒组合对农户策略选择的影响

当贷款失信惩戒为 0.3 时，若补贴标准在 0.2 及以下，农户最终会选择不扩大生产规模经营策略，而当政府对产业扶贫项目补贴提高到 0.3～0.5 时，农户最终的策略选择为采取扩大生产规模经营策略，即农户最终选择发展规模化特色农产业进行生产经营的概率趋近于 1，最终策略选择的结果如表 8-2 所示。可见，在对农户贷款失信惩戒措施基础之上，增强对产业扶贫项目补贴力度会促进提高农户向规模化特色农产业生产经营决策行为的演化速度。事实上，此时政府补贴降低了农户生产经营成本，进而降低农户信用贷款风险，而且这些补贴在某种程度上可使农户弥补由于贷款后预期不能偿还的利息。如此看来，农户最终向扩大生产规模经营策略转变就不足为奇了。

表 8-2　不同扶贫主体联合采取两种扶贫措施对农户策略选择的影响结果

组合类型	β	λ	θ	农户策略	β	λ	θ	农户策略
补贴与惩戒	0.1	0.3	0	不扩大生产规模经营	0.2	0.3	0	不扩大生产规模经营
	0.2	0.3	0	不扩大生产规模经营	0.2	0.6	0	扩大生产规模经营
	0.3	0.3	0	扩大生产规模经营	0.2	0.9	0	扩大生产规模经营
	0.4	0.3	0	扩大生产规模经营	0.2	1.2	0	扩大生产规模经营
	0.5	0.3	0	扩大生产规模经营	0.2	1.5	0	扩大生产规模经营
惩戒与培训	0	0.3	0.2	不扩大生产规模经营	0	0.3	0.2	不扩大生产规模经营
	0	0.3	0.4	不扩大生产规模经营	0	0.6	0.2	不扩大生产规模经营
	0	0.3	0.6	不扩大生产规模经营	0	0.9	0.2	扩大生产规模经营
	0	0.3	0.8	扩大生产规模经营	0	1.2	0.2	扩大生产规模经营
	0	0.3	1.0	扩大生产规模经营	0	1.5	0.2	扩大生产规模经营
补贴与培训	0.2	0	0.2	不扩大生产规模经营	0.1	0	0.2	不扩大生产规模经营
	0.2	0	0.4	不扩大生产规模经营	0.2	0	0.2	不扩大生产规模经营
	0.2	0	0.6	扩大生产规模经营	0.3	0	0.2	不扩大生产规模经营
	0.2	0	0.8	扩大生产规模经营	0.4	0	0.2	扩大生产规模经营
	0.2	0	1.0	扩大生产规模经营	0.5	0	0.2	扩大生产规模经营

当政府扶贫主体对产业扶贫项目补贴提高到 0.2 且贷款失信惩戒措施力度较低时（如 $\lambda < 0.6$），农户最终会选择不扩大生产规模经营策略，而当惩戒力度提高且到达一定程度后（如图 8-5 中 $\lambda \geqslant 0.6$ 时），系统最终会演化至农户采取扩大生产规模经营策略的稳定状态。由图 8-5 中这两种扶贫措施组合刺激的影响效果比较可知，在政府对产业扶贫项目补贴基础上加入贷款失信惩戒措施会促进农户采取规模化特色农产业生产经营策略，然而这种推动作用仅当贷款失信惩戒刺激强度提升到一定水平上才会产生效果。因此，政府扶贫主体联合金融机构同时采取这两种措施时，贷款失信惩戒措施必不可少，而且还需配以产业扶贫项目补贴措施使其共同发挥推动作用。

8.2.2　政府+金融机构+高校：贷款失信惩戒与培训组合效果

若政府扶贫主体与金融机构及地方高校扶贫主体联合，仅仅采取贷款失信惩戒和培训两种措施，其影响农户是否选择扩大生产发展特色农产业的经营行为演变过程如图 8-6 所示，最终农户的选择结果如表 8-2 所示。

图 8-6 中，在同等条件下采取与地方高校扶贫主体联合，加入培训措施，随着这种培训措施力度的提高，农户会逐渐向选择扩大生产规模经营策略行为演变，说明培训从中起到了重要的推动作用，此时的培训使农户农业生产知识和经营管理能力得到了提升，有利于农户倾向选择规模化生产经营策略。同样，在同等条件下加入贷款失信惩戒措施且强度增加至一定范围后（即 $\lambda \geqslant 0.9$ 时），农户最终会选择扩大生产规模经营策略，说明此时这种惩戒措施有明显的推动作用。通过表 8-2 中这两种扶贫措施组合刺激效果比较可知，在政府扶贫主体主导下，联合金融机构和地方高校扶贫主体采取这两种措施，对农户选择扩大生产规模经营策略有显著的推动作用，两者的推动力都不可轻视，且观察系统演化曲线的变化趋势可以发现，这两种措施的强度提升要限定在一定的范围内，低于该标准不能起到积极的推动作用。基于此认识，政府扶贫主体联合金融机构、地方高校扶贫主体，若采取这两种扶贫措施时，有必要对信用贷款后的失信用户采

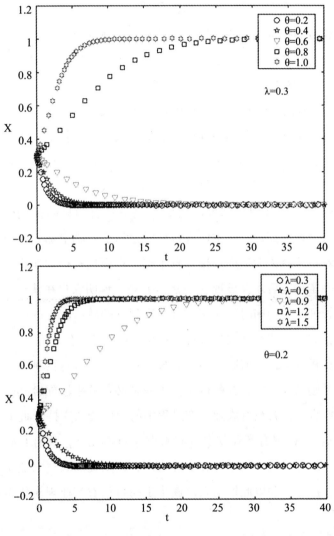

图 8-6 惩戒与培训组合对农户策略选择的影响

取监管约束，同时对农户进行技术指导和服务，逐步增强产业扶贫政策宣传、引导和就业创业培训力度，使其一起发挥推动作用。

8.2.3　政府+高校：补贴与培训组合效果

同理，若政府扶贫主体联合地方高校扶贫主体同时采取产业扶贫项目补贴和培训两种扶贫措施，对农户生产经营决策行为影响的演变过程如图8-7所示，农户最终选择的结果如表8-2所示。

从图8-7可看出，政府与地方高校扶贫主体联动时，在同等条件下加入补贴或培训措施并提高其刺激强度，会促使农户向选择扩大生产规模经营策略的稳定状态演化。图8-7中，当补贴标准为0.2时加入培训措施并提高其强度增加至一定范围后（如$\theta \geq 0.6$时），农户最终会选择扩大生产规模经营策略，说明这种培训措施对农户决策具有明显的推动作用。同样，在政府联合地方高校扶贫主体进行针对性培训基础上加入产业补贴措施，会促使农户选择扩大生产规模经营策略，然而这种推动作用只有当财政补贴达到一定程度后才会显现（如$\beta \geq 0.4$），说明农户在获得农业生产技术和经营管理知识的同时，还需要有一定程度的政府配套的产业扶贫资金进行资助，如此才能推动农户进行规模化特色农产业生产经营。

由以上分析可知，政府联合地方高校扶贫主体采取这两种措施时，培训是必要的激励措施，而且补贴也应作为一种必备的手段配合其一起发挥推动作用。换言之，若没有农业生产过程中的信用贷款支持（此时不会有失信惩戒措施），在现有产业扶贫项目补贴支持情况下，政府有必要联合高校扶贫主体加强对农户的培训和引导力度，以期提高农户农业生产经营技能及生产积极性，并以此推动农户逐步走向特色农产业规模化生产经营之路。

8.2.4　政府+金融机构+高校：补贴、贷款失信惩戒与培训组合效果

若政府扶贫主体、金融机构扶贫主体、地方高校扶贫主体进行联动，同时采取产业扶贫项目补贴、贷款失信惩戒和科技培训三种措施，对这三种扶贫工具组合刺激的影响进行仿真实验，农户选择策略的行为演化过程

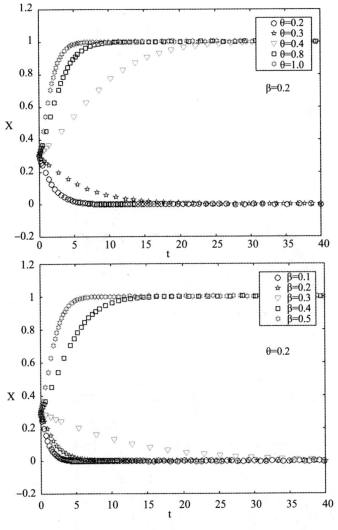

图 8-7 补贴与培训组合对农户策略选择的影响

如图 8-8 所示，农户最终的选择结果如表 8-3 所示。

图 8-8 中，在产业扶贫项目补贴标准和贷款失信惩戒措施强度较低时（如 β 和 λ 分别为 0.2 和 0.3）时，加强培训服务对农户采取扩大生产规模经营策略有显著的推动作用。当贷款失信惩戒强度增加到 0.6 时，无论培训

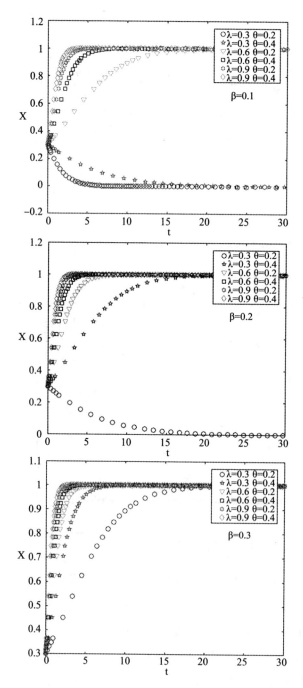

图 8-8　补贴、惩戒与培训三种扶贫措施组合刺激对农户策略选择的影响

措施强度为 0.2 还是 0.4，农户最终都会进行规模化特色农产业生产经营，可见此时的贷款失信惩戒是一种必要的措施。当财政补贴标准 β 提高到 0.3 且 $\lambda = 0.3$ 时，培训的成本取值不管是 0.2 还是 0.4，农户最终都会趋向于选择扩大生产规模经营策略。

表 8-3　　　　　三种扶贫措施组合对农户策略选择的影响结果

β	λ	θ	农 户 策 略
0.1	0.3	0.2	不扩大生产规模经营
0.1	0.3	0.4	不扩大生产规模经营
0.1	0.6	0.2	扩大生产规模经营
0.1	0.6	0.4	扩大生产规模经营
0.1	0.9	0.2	扩大生产规模经营
0.1	0.9	0.4	扩大生产规模经营
0.2	0.3	0.2	不扩大生产规模经营
0.2	0.3	0.4	扩大生产规模经营
0.2	0.6	0.2	扩大生产规模经营
0.2	0.6	0.4	扩大生产规模经营
0.2	0.9	0.2	扩大生产规模经营
0.2	0.9	0.4	扩大生产规模经营
0.3	0.3	0.2	扩大生产规模经营
0.3	0.3	0.4	扩大生产规模经营
0.3	0.6	0.2	扩大生产规模经营
0.3	0.6	0.4	扩大生产规模经营
0.3	0.9	0.2	扩大生产规模经营
0.3	0.9	0.4	扩大生产规模经营

由表 8-3 中三种扶贫措施组合刺激效果的比较可进一步看出，在产业扶贫项目补贴和贷款失信惩戒措施强度达到一定水平时，再次提高培训强度（如 $\theta \geq 0.2$ 时）产生的刺激效果不显著，只会增加政府扶贫主体承担

的政策成本，但此时的培训又不可少，否则难以推动农户采取扩大生产规模经营策略，而且此时 β 取值 0.1、0.2 或 0.3 时结果均一致，即农户最终的结果都是选择扩大生产规模经营策略。由此可知，当贷款失信惩戒和培训措施强度达到一定程度时，政府扶贫主体对产业扶贫项目补贴采取逐渐降低标准时，在这种组合强度刺激下农户依然会选择扩大生产规模经营策略，此时若再提高产业扶贫项目补贴标准只会额外增加政府扶贫政策成本和管理成本。因此，政府扶贫主体联合其他扶贫主体同时选择采取产业扶贫项目补贴、贷款失信惩戒和科技培训组合策略时，从短期看，政府有必要对农户扩大生产发展特色农产业规模经营给予一定的产业扶贫项目补贴以资鼓励，加上对农业生产与经营过程中的贷款失信惩戒措施，在某种程度上还需配备有针对性的农业产业化经营能力和农业生产技术培训措施，这样才能发挥三种扶贫措施组合刺激的最佳效果。从长期来看，随着扶贫脱贫攻坚力度的加大，农村公共基础服务设施不断健全和完善，以及农村网络化信息化逐渐普及，农户随时随地可以通过公共媒体（或政府公共信息网站）、电视、报刊、村公告栏、网络途径或各种学习渠道来提高农业生产经营水平，为此，政府和其他扶贫主体联动时可以逐渐放松一些扶贫措施刺激的力度或降低扶贫措施刺激的水平，如降低产业扶贫项目补贴标准、培训等刺激力度。

第9章　结论与启示

9.1　基本结论

本书以渝东北连片贫困地区作为主要研究畛域，按照扶持谁（扶贫客体：贫困户）——谁来扶（扶贫主体：政府、地方高校、企业等扶贫主体）——怎么扶（载体：构建多主体参与的联动脱贫机制）——如何退（成效：联动机制实践应用和扶贫主体联动效果分析）的逻辑，借鉴机制设计理论、人力资本理论、包容性增长减贫理论、空间贫困理论、贫困文化理论、"五大"发展理念、参与式扶贫理念、合作型反贫困理论和多元共治贫困理论等理论，采用调查统计分析、演化博弈论及仿真实验方法，结合渝东北地区脱贫攻坚工作实际和调查统计数据，在分析当前脱贫现状和面临的现实困境与挑战基础上，设计了多主体参与的三方、四方和五方联动脱贫机制和联动脱贫机制考评体系，并对多主体参与的联动脱贫机制从产业扶贫、金融扶贫、教育扶贫、旅游扶贫、文化扶贫、科技扶贫等六个方面的经验案例中分析其实践运作方式，最后以发展农业特色产业脱贫为例，从产业扶贫政策入手，先后考察了政府扶贫主体及其与其他扶贫主体联动采取扶贫措施的作用效果，定量刻画了农户生产规模经营决策行为的演变规律。

事实上，我们在第3章总结了渝东北地区扶贫经验，扶贫脱贫工作取得的突破性进展和较大成绩（截至完稿时该片区已基本消除了绝对贫困），并对调查数据进行统计分析，深入认识了当前农村居民及家庭生活环境、农村公共基础设施以及农户对扶贫资源的需求现状等概况。尽管渝东北地区进行脱贫攻坚具有一些良好的基础、优势和政策利好机遇，但脱贫攻坚仍面临着一些挑战和困境（包括已脱贫户面临返贫风险的不确定性），尤其是后期的相对贫困治理难度更大。这些挑战和困境既有主观上的难题，也有客观上的现实障碍；不仅有农户主体自身方面的因素，也有扶贫脱贫机制方面的问题。通过深入研究和分析，我们可以得到以下一些结论。

第一，渝东北地区作为重庆东北门户，在三峡库区有着重要的战略地位，当前脱贫攻坚过程中不仅面临贫困农户脱贫的个体方面（思想观念落后、脱贫意识不强、受教育程度低、产业化经营能力缺乏）、家庭特征方面（子女求学、家庭用地、高山住房、身体状况）的因素障碍，还受客观环境因素（基础设施建设滞后、农村特色产业总体发展水平低）和制度方面因素的制约，贫困治理工作应动员全社会扶贫主体参与脱贫攻坚战和扶贫资源向渝东北贫困地区聚集。

以往仅依靠政府扶贫主体全力推进脱贫工作，扶贫成本巨大，闲散的社会资本未能得到充分利用，这种阶段性的扶贫工作难以持续。党的十九大报告提出实施乡村振兴战略，明确强调坚持农业农村优先发展，加快构建现代农业产业体系，加快推进农业农村现代化建设。在该战略中，产业兴旺是实现乡村全面振兴的基石和经济基础，其最重要的内容就是发展现代农业。重庆三峡库区作为国家长江经济带发展战略的重要纽带，发展现代农业，推进农业现代化建设直接关系到整个区域经济增长的速度和发展水平，关系到农业产业结构的合理性，对区域经济发展和农民长期稳固脱贫致富具有重要战略意义。众所周知，农业现代化是在现代科学的基础上，用现代科学技术和现代工业来装备农业，用一流人才来管理农业，创造一个高产、优质、低耗的农业生产体系和一个合理利用资源又保护环境的有较高转化效率的农业生态系统。但是，推进农业现代化建设离不开农户的支持，根据第5章的分析，农户在生产实践过程中面临着技术和认知方面的两大障碍。靠发展特色农产业来带动贫困户脱贫，需要政府、农业企业、农户等多方主体的互动，共渡难关。因此，借鉴技术创新理论，从产业扶贫视角研究多主体参与的三方联动脱贫机制，克服农户技术（或服务）采纳和认知上的两大障碍，以农业生产技术进步来推动发展现代农业，进而全面实现贫困户脱贫就有了保障，于是，通过研究，我们又有下面的结论。

第二，政府、农业技术供应商（企业）、贫困农户（BOP群体）三方多主体参与的可持续产业扶贫商业模式，是保障贫困地区实现可持续脱贫的有效方式。该模式构建主要是基于BOP战略的基本逻辑和三螺旋模型的基本原理，其模式创新涉及政府、农业技术供应商、贫困农户三方的互动，政府通过实施财政扶贫资金资助、技术培训和推广政策，有利于克服贫困农户对新技术的认知障碍，参与企业价值创造活动，推动农户采纳新技术或服务，改变农业生产和经营方式，提升农业生产效率；同时，农户也为企业提供生产要素和资源，获得生产收益，将市场潜力转化为市场需求，进一步推动企业为农户提供创新的技术和服务，最终消除贫困。

仅通过产业扶贫来推动贫困户脱贫致富仍显不足，在脱贫攻坚实战中，为实现乡村全面振兴，农村公共基础服务设施、生活环境、基础教育、产业发展（包括乡村旅游）等均应同步改善和全面提高。因此，多主体参与的联动脱贫机制是动员全社会主体参与，包括代表政府、地方高校、企业（各行业）、社会组织、贫困村、贫困户等主体应协同互动。为此，第6章、第7章围绕构建不同扶贫主体参与的四方和五方联动脱贫机制展开论述，并从产业扶贫、金融扶贫、文化扶贫、科技扶贫、教育扶贫、旅游扶贫六个方面全面解析了多主体参与的联动脱贫机制运行模式，实践证明多主体参与的联动脱贫机制具有广泛的应用推广价值，于是，我们又有如下两个方面的结论。

第三，多主体参与的联动脱贫机制（包括四方和五方联动），打破了以往"政、校、企"多方扶贫主体在扶贫工作中各自为战的格局和模式，把贫困村或贫困户作为主体一方融入扶贫脱贫工作体系中，动员全社会组织和群众参与，构建"以政带资、以资带人，以校带人、以人带人，以企带农、以农带人，以人带村、以村带村"和"对焦对点、连点成线、由线及面、聚面成体"的多主体参与的联动脱贫机制，实现了扶贫主体与扶贫客体的精准对接，是创新扶贫工作机制助力贫困地区打赢脱贫攻坚战的新思路，也是打好脱贫攻坚战、创新"三农"工作思路、实施乡村振兴战略的一种有效方式。

第四，多主体参与的联动脱贫机制在渝东北贫困地区产业扶贫、金融扶贫、教育扶贫、旅游扶贫、文化扶贫、科技扶贫等领域的实践应用，体现了多方扶贫主体在脱贫工作机制中的互动机理，形成了多种各具特色的脱贫模式。如：在产业扶贫方面，有"政府+企业+村+贫困户""政府+高校+企业+村（合作社或基地）+贫困户"等联动模式；金融扶贫方面有"政府+企业（金融机构）+村（互助金）+贫困户"联动脱贫模式；教育扶贫方面有"政府+高校+贫困村+贫困户"联动模式；旅游扶贫方面有"政府+企业+村（集体资产）+贫困户"联动模式；文化扶贫方面有"政府+高校+社会组织+企业+贫困村"联动模式；科技扶贫方面有"政府+高校+企业+贫困村+贫困户"联动模式。总体来看，多主体参与的联动脱贫模式打破了以往贫困村、贫困户被动接受扶贫的格局，发挥了代表政府、地方高校、企业、村（农户）不同主体的各自优势，实现了优势互补资源共享，可有效促进"政企村""政校村""校企村""村村户户"间形成多种共赢的格局。

从理论上构建的多主体参与的联动脱贫机制在扶贫工作实践中得到了应用，并且扶贫脱贫工作成绩显著。如政府提供的农业产业项目补贴措施，金融机构扶贫主体发放的信用贷款，地方高校结合自身的科技和资源优势给农户提供不同类型的创业就业培训和农业生产技术指导服务等，这些措施均在扶贫工作中或多或少起到了积极作用，但事实上，在这些不同扶贫主体共同帮扶下，我们仍看到了现实中乡村特色产业发展规模化、产业化水平不高。那么，不同扶贫主体联合采取不同扶贫措施是否有利于推动农户发展特色产业以实现脱贫致富，这些不同扶贫措施共同作用后农户生产经营决策行为又如何变化，回答这些问题既是从理论高度深刻领会习近平新时代关于精准扶贫工作重要论述的科学内涵，也是深入贯彻落实十九大报告的精神实质和推动乡村振兴战略落地落实的实践要求。于是，采用第2章演化博弈模型思路和方法，以产业扶贫为例，通过第8章的仿真实验结果分析，我们又有如下结论。

第五，"政府+金融机构""政府+高校""政府+金融机构+高校"的扶贫主体联动采取扶贫措施对推动农户实施特色农产业脱贫的效果较明显，但代表政府、金融机构和高校的扶贫主体联合采取产业扶贫项目补贴、贷款失信惩戒、科技培训等三种措施组合推动农户发展规模化特色农产业实现脱贫是最具有明显效果的举措，具体而言：

一是政府扶贫主体有必要联合其他扶贫主体采取不同措施组合以推动农户实施规模化特色农产业生产经营来实现增收，但所采取的不同措施及其合理组合实施对农户决策行为的影响各不相同。

二是政府扶贫主体若单独采取产业扶贫项目补贴措施对农户的激励效果不佳。也就是说，在政府现有产业扶贫项目资助情况下，不联合其他扶贫主体加以其他配套扶贫政策措施，农户最终的决策行为会趋于放弃农业特色产业规模化生产经营。因此，产业扶贫项目补贴需与贷款失信惩戒或培训措施结合才能起到有效的推动作用。

三是政府与其他扶贫主体联合，若仅采取单一扶贫措施（产业扶贫项目补贴、贷款失信惩戒或科技培训）进行刺激对农户难以发挥效果。相比之下，扶贫主体联动采取三种扶贫措施予以合理的组合刺激对农户实施规模化特色农产业生产经营的激励作用效果最佳，其组合产生的效果表现为可以让农户选择发展农业特色产业以实现脱贫。

四是从长远看，政府与其他扶贫主体联动对农户的帮扶支持，随着时间的推移，在农户农业生产经营过程中不但可逐渐降低贷款失信用户的惩戒措施强度，还可以逐渐放松其他扶贫措施的刺激力度（如降低产业扶贫项目补贴标准、降低培训刺激力度等），农户也会渐渐自发地实施规模化特色农产业生产经营来实现增收。

9.2　政策启示

通过对本论题的深入研究，结合前面的研究结果，我们给出了一些促进扶贫脱贫机制创新的建议，谨希望可抛砖引玉，促进更多学者在未来对精准扶贫领域或后期相对贫困治理进行更多研究和深入探讨，也希望为深度贫困地区脱贫攻坚工作提供理论指导和创新思路。

9.2.1　建立脱贫工作联动机制，确保脱贫攻坚全面推进

第一，动员全社会组织和群众参与脱贫攻坚战，建立脱贫工作联动机制。一是着力打破以往"政府主导型"的扶贫模式，改善各扶贫参与主体各自为战的局面，遵照"政策促动、主体联动、教育推动、产业带动、村民主动"的脱贫方式和思路，支持贫困人口直接参与扶贫项目的设计、实施、监测与评估的整个过程，确保贫困群体具有一定的发言权、分析权和决策权，培育贫困人口的脱贫兴趣、意识、能力，实现"多赢"的目的。二是充分发挥社会民间组织的优势，鼓励不同扶贫主体与政府的资源配置形成有机互补，通过私募债、众筹、互联网金融等各种创新形式参与扶贫，推动贫困地区地方政府、地方高校、企业、村（民）多方代表主体建

立稳定且和谐的合作共赢机制，构建全社会组织和群众参与的多主体联动脱贫机制，努力提高脱贫效果。

第二，加强脱贫工作制度化、规范化建设。一是以富有活力与吸引力的政策吸引地方政府职能部门、高校、企业、村（民）等主体主动参与到脱贫实践中，加快推进形成多方主体参与的系统化的脱贫制度立体网络，实现扶贫资源充分合理利用、资源优势互补、参与方互惠互利，形成合作共赢的脱贫新局面。二是以政府为主导，在联合社会组织、地方企业、高校以及村（民）主体自愿平等基础上，突破制度瓶颈，实现协同合作、融合发展。三是进一步加强地方基层政府扶贫政策执行力和落实责任，健全并完善现有扶贫脱贫工作机制、流程及法律法规体系，明确地方基层政府在脱贫攻坚工作中应尽的义务、职责和具备的权利。四是进一步健全地方基层政府脱贫工作激励和监督机制，改革传统政绩考核标准，促进贫困治理工作规范化。

第三，加快促成学校（地方高校、乡村中小学等）、企业扶贫主体建立扶贫脱贫联动长效机制。一是鼓励、支持地方高校，尤其是涉农高校，依托其优秀的教育资源和技术优势采取学历学习、技能培训、专家咨询、"田间保姆"等方式培养适应现代农业发展建设需要的高级技能型应用人才，解决技术人才缺乏、种养殖技术匮乏等难题，切实促进深度贫困地区贫困户转变思想，激发农户主观能动性与创造性。二是充分利用深度贫困地区资源禀赋和区位优势，以发展优势产业为基础，坚持可持续发展理念，鼓励并支持企业扶贫主体与贫困村（民）形成隐性的产业带动关系，建立帮扶共赢机制，加强产业横向及纵向延伸，实现农村一、二、三产业融合发展。三是加快转变贫困村民在思想上的"等、靠、要"思想，提升其主动改变生活与经济状况的意愿，变被动脱贫为主动致富，切实提高贫困地区农户自我发展能力。

9.2.2 健全脱贫机制考评体系，推动脱贫工作细化精准

第一，加快建立以考核结果为导向的脱贫工作系统化、明确化的考核指标体系和考核机制。一是围绕脱贫攻坚政策精神、目标任务、工作责

任，鼓励建立多点用力、同向发力的脱贫联动机制考评体系，设置科学合理的操作性强的脱贫绩效指标，采取定性与定量、一般与重点、网络评价与随机抽样相结合的考核方法，保障深度贫困地区脱贫攻坚战取得实效，加快推进廉洁扶贫、阳光扶贫向纵深发展。二是健全扶贫脱贫工作奖惩机制和责任追究机制，支持贫困区党政领导干部脱贫绩效与政绩挂钩，对脱贫推进工作进展缓慢及脱贫工作落实不力的单位和个人实施公开批评并追究相应责任，加大惩戒力度，同时加大脱贫工作成效显著的个人和单位的奖励力度，开通脱贫工作成效显著的个人优先晋升晋级通道。

第二，积极引入第三方权威评估机构加强扶贫主体扶贫效果的考评力度。一是建立第三方评估机制，建立扶贫脱贫工作信息公开制度，强化社会群众、公共媒体的监督，保障脱贫工作推进高效。二是遵循"签订协议、设计方案、实施评估、撰写报告、提交审核"等评估工作程序，由第三方权威评估机构公平、公正、公开地判断相关扶贫政策、扶贫工作及扶贫项目带来的社会和经济效用①，严防地方政府政绩工程、形象工程等现象发生。三是从扶贫措施实施结果与目的、成本与效益、贫困群体受益程度、脱贫效果短期与长期影响等方面构建科学合理的第三方评估指标体系和评估机制，形成科学、合理的考评方法。四是坚持"纵横联动"，提高考核标准，加强"干群联动"，优化考核方式，增强"部门联动"，强化日常考核，切实推动考核由以往"单一式"向"立体式"转变，由政府部门"主导式"向社会多元"参与式"转变，摒弃地方各级政府及扶贫主体"不怕群众不满意、只怕上级不注意"的考核观念。

第三，加快形成贫困地区农村、农业、农民全方位脱贫攻坚工作进程考评体系。一是从农村公共服务和基础设施、信息化建设、生态治理、制

---

① "经济效用"概念由亚当·斯密（1898年）提出，与"经济效应"概念不同，其意指通过商品和劳动的对外交换所取得的社会劳动节约，即以尽量少的劳动耗费取得尽量多的经营成果，或者以同等的劳动耗费取得更多的经营成果。一般而言，经济效用是资金占用、成本支出与有用生产成果之间的比较。所谓经济效用好，就是资金占用少，成本支出少，有用成果多。

度建设等方面建立农村扶贫推进工作量化考核指标体系。二是从农村一、二、三产业的发展水平、带动效益等方面建立扶贫主体单位扶贫推进工作量化考核体系。三是从农民文化教育、技能、健康、社保、医疗、就业、住房、监督权等方面加快建立扶贫主体单位量化考评体系，确保扶贫工作常规化、精确化和有序化。

9.2.3 建立脱贫信息跟踪系统，提升精准脱贫工作效率

第一，充分利用现代信息网络技术和先进的大数据分析技术，加快建立全面化、系统化的脱贫工作信息跟踪系统。一是充分运用信息系统具有展示工作全貌、助力科学决策、实现资源共享、脱贫过程全流程化于一体的特点和功能，结合深度贫困地区扶贫脱贫工作实情，以区域脱贫基础数据为基础，支持设计互联网的外网网站、各级人员使用的 APP 客户端。二是建立终端平台为贫困群体服务，设计包含扶贫对象子系统、帮扶措施子系统、帮扶成效子系统、绩效考核子系统、大数据分析子系统、在线培训服务子系统、项目管理子系统、农户信息反馈及评价子系统、平台基础运营和维护管理子系统等模块在内的脱贫信息化支撑系统，及时、全面掌握脱贫工作动态变化，确保深度贫困地区脱贫工作落到实处。

第二，鼓励并支持扶贫主体单位通过信息系统报送扶贫推进工作中形成的文字、图片、影像资料和实施成果，建立扶贫主体单位与贫困村信息共享与对接机制。一是鼓励、支持在重点贫困村或乡镇建立电子信息公示平台和信息终端服务平台，让农户充分了解和认识各扶贫主体单位扶贫工作推进进展情况和实施效果，形成有效的第三方监督机制，切实保障农民的知情权和监督权。二是成立行政监督跟踪机构，提高民间监督跟踪力度，拓宽监督跟踪渠道。

第三，创新纵向与横向的信息传递机制。其中，加强横向信息传递机制是解决各级政府、社会机构、企业、学校及贫困人口信息不对称问题的有效途径。一是重新整合各扶贫主体资源优势和力量，创新纵向信息传递机制，打破现有多元扶贫体系，集中散落于各部门的扶贫资源，实行垂直

一体化管理，厘清上下级关系，避免过多干预，畅通扶贫脱贫信息，缩短信息传递时间。二是创新横向信息传递机制，为从事反贫困活动的非政府组织提供良好的准入环境，动员、鼓励并引导全社会力量和扶贫主体广泛进入扶贫脱贫领域，破除壁垒、削减部分职能、适度放权，拓展非政府组织在脱贫攻坚过程中的发展空间。

9.2.4　强化农户就业创业培训，提高农户脱贫致富能力

第一，进一步加大扶贫政策宣讲力度，扩大政策红利覆盖面。一是进一步加强贫困地区乡镇对扶贫政策的解读能力和宣讲力度，鼓励并支持返乡农民人员创业，实施优惠政策和多种激励措施，提高当地农民对扶贫政策带来红利的全面认知能力。二是充分利用现代网络技术、公共信息平台、村公告栏、村广播等途径积极广泛地宣传国家与地方的有关扶贫政策，全面提高扶贫政策刺激贫困农户脱贫致富的积极性和主动性。

第二，强化贫困地区农民就业创业培训。一是进一步加强贫困地区基层政府、基层组织单位与地方高校、科研院所等扶贫主体的联动，强化地方高校、科研院所的社会服务功能，通过各种培训切实提高农户的文化知识水平。二是积极依托地方性区/县职教中心、涉农职业院校、广播电视学校等建立农村职业教育培训基地，加快培育新型农业经营主体和致富带头人，以建立特色产业示范基地、乡村旅游开发等项目带动一批贫困户率先脱贫，切实提高农户脱贫致富能力。

9.2.5　创新扶贫主体服务机制，发展特色产业带动脱贫

第一，推动地方政府健全土地流转制度，加快推进农业产业规模化经营。一是进一步健全并实施地方土地流转的政策或地方法规，健全农村土地流转法律制度和相关配套措施及土地流转出的农户再就业培训与保障制度，建立其运营机制，使农村地区农业逐步走向规模化生产经营。通过土地流转或农村土地重划的形式，使单个农户小块且分散的土地连成一片而便于机械化作业。二是加快转变农村地区以个体方式在小块土地上从事农业生产的方式，鼓励新型农业经营主体、农业合作社、农机企业创新服务

方式，提高技术服务质量，推动农村地区农业实现规模化和产业化经营。

第二，加强基层政府组织对农业生产经营过程的监督，把农村荒芜土地充分利用和综合整治，以集体资产入股的方式为承包农户进行规模化特色农产业生产经营提供便利，同时配以补贴和信贷政策优惠措施刺激农户生产积极性，缓解农户规模化生产经营的资金压力，通过强化培训和学习来明确农村发展特色产业的思路和方向，提高农户生产经营管理和营销技能，实现稳定就业增收脱贫。

第三，积极推进金融机构扶贫主体开展服务模式创新，缓解农户农业产业化经营的资金压力，推动农村一、二、三产业融合发展。一是充分发挥政策性金融的主导和引领作用，进一步优化产业扶贫政策对金融机构的支持和激励措施，拓宽农民创业致富途径。二是积极扶持发展农村新型金融组织，进一步加大金融机构对贫困地区乡镇企业、农民专业合作社的支持力度，积极创新金融机构对农民创业、发展农业特色产业的支持服务模式。三是加大推进农村"三权"抵押融资贷款试点并行之有效的优惠政策，鼓励并支持农机具抵押、农副产品抵押、林权抵押、农村新型产权抵押、"公司+农户"担保、专业合作社担保、农村土地承包经营权抵押、农村居民房屋权抵押等担保方式，对符合条件的农户发放信用贷款，促进农村发展特色产业规模化经营，带动更多的贫困户脱贫致富。

第四，加快促进农村"生存型"基础设施①建设向"发展型"基础设施②建设转变，实现基础设施与产业发展共融，以村级产业发展带动贫困

① 农村"生存型"基础设施主要是参照中国新农村建设的相关法规文件，一般包括农业生产性基础设施、农村生活基础设施、生态环境建设、农村社会发展基础设施四大类型，如为生产性服务的现代化农业基地、农田水利建设等，为农村生活服务的饮水安全、农村沼气、农村道路、农村电力等，为生态环境建设服务的天然林资源保护、防护林体系、种苗工程建设、湿地保护、退耕还林等，为农村社会发展服务的义务教育、农村卫生、农村文化等方面的基础设施。

② 农村"发展型"基础设施主要是以新发展理念为引领，以技术创新为驱动，以信息网络为基础，面向农村高质量发展需要，提供数字转型、智能升级、融合创新等服务的农村基础设施体系，如：农村5G基站建设、特高压、乡城际高速铁路和乡城轨道交通、新能源汽车充电桩、大数据中心、人工智能、工业互联网等多个领域，涉及诸多产业链。

人口实现增收，增强贫困人口脱贫内生动力。一是加快形成和强化农村特色优势产业，在村级产业选择上，因地制宜，分类指导，根据村自身资源禀赋和区位优势，发展既具地方特色又有相对比较优势的产业。二是在基础设施建设过程中，优先满足贫困对象参与意愿和机会，通过农村一、二、三产业的融合发展，打造地域品牌农业，提升农产品附加值。三是加强促进"第六产业"① 的发展，提高农民收入。

第五，积极培育贫困地区绿色生态产业，发挥特色资源优势，以绿色"益贫式"发展提升区域性经济发展能力，破解脱贫瓶颈。一是大力推进绿色发展，支持原有经济系统进行绿色化改造，重塑农村经济结构，改变发展方式，加强林下养殖、农牧产业、加工业与乡村旅游产业相结合，促进深度贫困区农村经济走上可持续健康发展轨道。二是支持促进生态资源资产化，让更多的贫困人口从生态建设与修复中得到实惠，拓宽贫困人口参与生态产业发展的途径，提高贫困人口受益面。三是加强贫困地区生态综合补偿政策支持和供给力度，创新生态补偿方式，激发以增强区域性内生动力为核心的绿色益贫性发展。

9.2.6　优化扶贫政策工具措施，提高产业扶贫脱贫成效

第一，通过深入分析不同扶贫主体采取措施的刺激效果可知，发展农村规模化特色产业以实现农户稳定就业增收脱贫，短期内仍需进一步加大扶贫政策支持和投入力度。在现有农业产业扶贫项目补贴资助情况下，由

---

① "第六产业"是由日本东京大学名誉教授、农业专家今村奈良臣在20世纪90年代，针对日本农业面临的发展窘境而首先提出的概念。简言之，"第六产业"是通过鼓励农户搞多种经营，即不仅种植农作物（第一产业），而且从事农产品加工（第二产业）与销售农产品及其加工产品（第三产业），以获得更多的增值价值收益。事实上，它本身并不是一种新型的产业类型，而是利用互联网＋（第四产业）和文化创意产业（第五产业）等技术和理念，将农业生产（第一产业）、农产品制造（第二产业）和销售（第三产业）等融合起来，产生叠加性的乘数效应的创新型产业发展模式，其核心就是"融合"和"创新"。更多内容可参阅：郭苏建，徐驭尧，叶瑜. 第六产业与社会治理的理论探讨和实证研究［J］. 经济社会体制比较，2018（6）：138-147。

政府扶贫主体联合金融机构或金融企业、地方高校等扶贫主体采取联动扶贫措施，将补贴与贷款失信惩戒措施组合实施，或与就业创业指导和培训服务组合实施，推动农户实施特色农产业规模化生产经营来实现稳定脱贫效果较佳。

第二，通过对演化博弈模型进行数值仿真实验的结果分析可知，长期来看，将农业产业扶贫项目补贴、贷款失信惩戒和培训三种措施合理组合实施会产生意想不到的效果。一是扶贫过程中在推进农村网络化、信息化建设的同时，农民群体可通过学习逐步提高农业生产技能及经营能力。二是充分发挥农民自主性和对美好生活追求的动力。在农业生产经营过程中，不同扶贫主体联合采取多种扶贫措施支持农村产业发展，从长远看政府可采取逐渐降低和放松扶贫政策措施刺激的力度，如降低产业扶贫项目补贴标准、培训刺激力度等，引导农户自发地进行规模化特色农产业生产经营以实现稳定增收和带动其他贫困户就业实现增收。

9.2.7 构建地方高校服务机制，推动实现精准扶贫脱贫

第一，加快推进地方高校服务乡村特色产业的体系构建。一是地方高校应充分发掘高校和乡村所在的区域资源优势，为乡村特色产业的发展提供人员培训服务，重点加强对特色产业产前、产中、产后环节生产与服务人员的培训。二是地方高校帮助乡村特色产业制订品牌价值提升计划，为特色产业品牌价值的创建提供服务。三是特色产业更需要绿色发展，地方高校在转变农业生产者的生产方式上，通过对绿色农业、有机农业、生态农业进行宣传展示，促进农户树立绿色生产的理念。四是特色产业的营销，如农产品的销售需要借助电商平台的支持，地方高校可帮助乡村建设电商平台，让特色农产品更快速地流入市场。

第二，探索地方高校服务乡村新兴产业的服务模式。充分利用贫困地区丰富的旅游资源和区位优势，支持乡村建设旅游集聚区，打造一批观光小镇、特色村镇，并围绕小镇建设，推动农业"三产"融合，引导高效农业、优质农业、品牌农业的发展，通过区域旅游业带动贫困户走上致富之

路。地方高校需抓住新产业、新业态、新模式的发展时机，立足于本地实际，科学定位乡村振兴的新需求，加强交叉学科的专业建设，创新人才培养模式，推动新产业向"产品+服务"模式转变。

第三，构建地方高校服务乡村龙头企业的科技创新机制。一是面向中青年科技人员，培养其成为行业内具有国际视野、紧跟国际前沿科技、既懂技术又懂市场的高端科研人才。二是充分发挥地方高校中涉农科研院校发挥服务农村科技创新的"主力军"作用，加强科技成果转化应用于乡镇企业，通过对乡镇企业进行技术推广服务以优化对创业人才的培育。三是鼓励并支持地方高校参与国家级农业科技创新联盟平台的组建，明确自身职责，以农科教、产学研大联合大协作的形式加强对科研人员协同培养。

第四，建立地方高校服务农村新型经营主体的创收机制。一是到农业生产经营主体就业的高校毕业生，按照规定享受就业培训、继续教育、项目申报、成果审定等政策，支持高校毕业生以资金形式入股、技术参股等方式，加入农民专业合作社等经济组织，鼓励其兴办家庭农场，充分发挥高校毕业生在促进基层经济社会发展中的积极作用。二是以服务农村新型经营主体需求为导向，加强地方高校对企业科技成果转化人才、企业经营管理人才和企业家队伍的培训，提高乡镇企业核心竞争力。三是面向生产一线员工，开展岗位技能竞赛活动，带动返乡下乡"能人"创办、领办企业和合作社，建设"知识型、技能型、创新型"的农业经营者队伍。四是以农为本，支持与农村基础设施和公共服务相关的人才培育，推动农业行业职业资格认定与技能提升认定，完善农业行业职业资格的规范性。五是支持农业科研院校、推广机构、新型农业经营主体等优势互补、分工协作，组建技术指导服务团队，做强特色产业、农产品加工、休闲农业等利于创收的产业。六是鼓励借助微信、微博等现代社交平台，利用朋友圈、公众号等新型社交媒体对特色小镇、特色产业、特色产品进行宣传，带动从事乡村新产业、新业态、新模式的农村新型经营主体创收。

9.2.8　建立贫困动态退出机制，确保脱贫效果长期稳定

第一，构建地方贫困退出的动力机制。一是按照国家建立贫困退出机

制的意见，着力从政治、经济和社会等方面探索构建地方贫困退出的动力机制。二是加大激发地方贫困退出主体的内生动力，提升贫困人口自我发展意识和发展能力，加快从外部"输血式"向内部"造血式"方式转变。三是积极发挥扶贫政策刺激现阶段贫困主体退出的推动力作用，加大贫困乡村专项扶贫资金项目的支持力度，鼓励定点挂钩的扶贫主体单位和对口帮扶组织单位进一步提高定点帮扶力度和服务质量，进一步加强引导、激励各相关行业企业、非政府组织机构和社会群体参与贫困县、贫困乡镇、贫困村退出的扶贫开发工作，充分发挥全社会扶贫主体的积极作用，加大社会扶贫力度。四是鼓励并支持各类行业、企事业单位帮扶贫困地区培育增收产业，推进农村集体经济发展和贫困人口增收。

第二，完善地方贫困退出的补偿机制。一是明确和完善生态补偿过程中的补偿责任主体，进一步提高贫困退出后的产权效应和福利效应损失的补偿力度。二是科学合理设置统一补偿标准，扩展资金来源和分配渠道，规范补偿标准的制定、计算、成本及规模估算流程。三是建立贫困地区专门的贫困退出长效管理机制，成立专门管理机构，加强对贫困退出条件和补偿评价的监督管理。四是加强补偿方式的创新，支持"一次性补偿""社会保障补偿"等多样化退出补偿方式，同时引入第三方权威评估机构加强对退出补偿的监测和监督。

第三，健全地方贫困退出风险防范机制。已脱贫户面临返贫风险具有不确定性，尽管诸多帮扶措施对已脱贫户进行了跟踪考察和信息更新管理，但我们认为，在新一轮扶贫标准下后期相对贫困治理过程中有关贫困退出机制仍需要做好三项工作：一是进一步加强地方基层政府帮扶跟踪力度，提高并强化贫困退出的风险意识。二是进一步加强对扶贫整乡整村推进项目的支持力度，加强对退出区/县的建档立卡的贫困乡镇、贫困村、贫困人口实施动态管理，有效解决脱贫人口返贫问题。三是加强推进地方贫困退出制度改革，保障贫困退出主体的福利，严防"大跃进"式快速退出引发财政负担过重带来的"财政风险"，严防地方政府强行推动贫困退出行为，明确地方政府推动贫困退出过程的责任和权力边界，积极引导、鼓励和支持有条件的贫困乡镇、贫困村、贫困或相对贫困人口优先退出。

9.3　研究局限及展望

本书设计了多主体参与的联动脱贫机制模型和考核指标体系，通过扶贫经验案例和仿真实验方法考察政府主导下多方扶贫主体联动作用机制影响效果，以发展特色产业脱贫为例，定量刻画了农户主体生产经营行为的动态演变过程和规律。实践中多主体参与的联动脱贫机制运作模式，可从产业扶贫、金融扶贫、教育扶贫、旅游扶贫、文化扶贫、科技扶贫等经验案例中得以体现和检验，各扶贫主体在脱贫实战中发挥了积极的作用，脱贫成绩显著，本书也从中得到了一些比较有价值的结论。当然，不足之处也有：

一是缺乏大面积的访谈和调研数据材料。在研究过程中，尽管本论题研究来自教育部项目，根据研究计划，我们前期收集了渝东北地区一些代表性贫困乡村村委脱贫工作验收报告，但由于课题组成员时间和精力有限，除了正规的授课计划之外，仅能通过节假日和寒暑假期对渝东北地区代表性贫困乡村进行实地考察和问卷收集。而且，对于诸多贫困户或正处于脱贫考察期的农户填写问卷需要工作人员进行现场指导和解说，这需要花费大量的时间。此外，前期调查的一些贫困地区农村交通道路硬化率不高，我们难以深入接触被边缘化的农户，这些农户往往居住在深山或半山腰，工作人员难以直接进行走访和了解。另外，需要突出说明的是，本论题研究后期刚好赶上 2020 年的新冠肺炎疫情爆发，在此期间未能继续补充调研范围，而 2020 年是我国脱贫攻坚消除绝对贫困目标收官之年，当年的数据缺失给本论题研究带来了不少遗憾。

二是本论题对贫困退出机制问题的研究尚显不够。尽管通过设计多主体参与的联动脱贫机制在扶贫实践中得到了应用，但本论题研究强调的是一个怎么扶的问题，即如何创新扶贫脱贫机制，找到扶贫具体措施、方法、途径并论证其可行性和有效性，借以说明其具有一定的推广价值。尽管强调的侧重点不同，但扶贫脱贫机制和退出机制所指向的目标是一致的，即均是为了贫困人口脱贫不再返贫。前者强调的是扶贫过程，后者强调的是一个结果管理。但是，从研究角度看，从统计意义上验证各扶贫主体帮扶农户脱贫的影响作用机制和效果尚需进一步扩大调研范围，进行理论假设检验和深入探讨，需要厘清哪些扶贫措施或因素对贫困人口脱贫具有决定性的作用。因此，今后将进一步补充调研数据，研究贫困人口退出机制问题，以设法弥补这一不足。

三是本论题对脱贫群体后期返贫风险预防机制问题的研究尚显不够。深度贫困区刚刚脱贫或已脱贫的农户群体，因各种不定的因素（包括不可抗拒的、不确定的因素）可能会面临再次返贫的风险。事实上，渝东北集中连片特困地区因受自然、历史、地质地貌条件等因素影响，产业基础薄弱，"产业空心化"问题依然凸显，实现全面脱贫是一个复杂庞大的系统工程，任务繁重，前期脱贫户群体在新一轮扶贫标准下依然面临返贫风险。因此，后期返贫风险预防机制和治理模式尚需进一步深入探究。今后，若有时间和精力，也将弥补这一方面的不足。

四是本论题对多主体协同治理相对贫困问题的研究尚显不够。继 2017 年中央农村工作会议提出"必须打好精准脱贫攻坚战，走中国特色减贫之路"、2018 年 1 月《中共中央国务院关于实施乡村振兴战略的意见》提出"集聚深度贫困地区集中发力，实现可持续稳固脱贫"和 2018 年 8 月《关于打赢脱贫攻坚战三年行动的指导意见》提出"到 2020 年，确保现行标准下农村贫困人口实现脱贫，消除绝对贫困的目标"之后，2019 年十九届四中全会提出"坚决打赢脱贫攻坚战，建立解决相对贫困的长效机制"，首次把"解决相对贫困"提升到国家战略层面。可以看出，十九届四中全会为中国未来扶贫工作指明了方向，"解决相对贫困"将成为脱贫攻坚战重心转移的新阶段，必将成为 2020 年消除绝对贫困后未来扶贫工作的重要核心内容。尽管本论题在第一章中分析了研究贫困问题的代表性文献，可为后续相对贫困治理问题的研究提供一些理论基础和参考，但是，本论题研究是以农户收入是否达到国家或地方扶贫标准线为基准，多主体参与的联动脱贫机制最终是让贫困人口提高收入摆脱贫困状态，并且实现可持续稳固脱贫，换言之，在某种程度上本论题是集中探讨如何消除绝对贫困问题的研究成果。事实上，在 2020 年消除绝对贫困后，贫困问题不仅涉及收入层面，还涉及文化教育、健康、住房、公共物品、生活标准或质量、社会参与等多个维度，如文化贫困、权利贫困、制度贫困等问题。解决这些问题，更需要动员全社会力量参与贫困治理。因此，立足新时代前沿，后续探索相对贫困治理长效机制具有重要的理论价值和划时代意义，如：如何识别相对贫困群体，有哪些关键性致贫影响因素，不同扶贫主体对相对贫困治理有哪些作用、影响机制如何，如何治理相对贫困等。今后，在本论题研究基础上，笔者将抽出专门时间和精力，研究相对贫困治理问题，以设法弥补这一方面的不足。

除这些不足之外，肯定还有其他种种不足的地方，敬请各位专家、学者、读者指正。笔者今后也将视情况设法加以弥补充实。

附　　录

A. 本研究阶段性成果目录

论文发表

［1］Hongzhi T，Xiao-Duo Q，Yujun C，et al. Optimal decision of agricultural machinery product quality under the regulation of government subsidy policy ［J］. *African and Asian Studies*，2020，19（3）：218-244.

［2］童洪志. 扶贫政策工具组合对农户扩大生产规模经营的影响机制研究 ［J］. 中国农业资源与区划，2020，41（5）：176-184.

［3］童洪志，丁卡尼，冉建宇. 面向 BOP 的渝东北可持续产业扶贫商业模式创新——基于三螺旋理论视角 ［J］. 重庆三峡学院学报，2020，36（1）：11-18.

［4］童洪志. 扶贫政策影响下农户特色产业规模经营决策研究 ［J］. 经济与管理，2019，33（5）：27-35.

［5］童洪志. 渝东北贫困地区深度扶贫"四方联动"模式研究 ［J］. 中国农业资源与区划，2019，40（8）：133-140.

［6］童洪志. "政企村户"四方联动扶贫模式探究——以渝东北万州地区为例 ［J］. 岳阳职业技术学院学报，2019，34（3）：103-108.

［7］童洪志. BOP 市场网络特征分析与启示 ［J］. 重庆三峡学院学报，2019，35（2）：90-99.

［8］管陈雷，童洪志，于开红. 深度贫困区旅游扶贫绩效感知差异分

析——基于渝东北 639 户农户调查数据［J］. 企业经济，2020，39
（7）：123-130.

［9］ 冉建宇，胡培，童洪志. 创客政策感知对其创新行为的影响机理——
知识获取的中介与创新自我效能感的调节［J］. 科技进步与对策，
2020，37（7）：1-9.

［10］冉建宇，童洪志. 互联网消费信贷对乡村迁移农民消费水平的影
响——体验消费观的调节效应［J］. 调研世界，2021（1）：25-31.

［11］冉建宇，童洪志. 乡村振兴战略下创业环境认知对外出农民工返乡创
业意愿的影响——掌握目标与创业榜样的调节效应［J］. 四川轻工
业大学学报（社会科学版），2021，36（1）：21-33.

论文获奖

［12］《市场经营性 VS 生计维持性：产业扶贫政策视角下农户生产经营决
策》（作者：童洪志）获中国农业企业经营管理教学研究会第 19 次
学术研讨会优秀论文二等奖。

报告采纳

［13］童洪志. 多主体参与的四方联动扶贫模式创新——渝东北贫困地区
扶贫经验分析［A］//张伟. 三峡库区可持续发展年度研究专题报
告（2018）. 北京：九州出版社，2019.

B. 政策举例及其工具类型

政策举例及其工具类型

颁布时间	政策名称	文件号	工具类型	措　施　举　例
1994 年 4 月 15 日	国家八七扶贫攻坚计划	国发〔1994〕30 号	财政补贴、科技培训	如：从 1994 年起，再增加 10 亿元以工代赈资金，10 亿元扶贫贴息贷款，执行到 2000 年；财政扶贫资金主要用于社会效益较好的项目；帮助贫困地区引进人才，引进技术，组织培训，推广实用技术；进一步开展科技扶贫和智力开发，帮助贫困地区培训人才

颁布时间	政策名称	文件号	工具类型	措 施 举 例
2011 年 5 月 27 日	中国农村扶贫开发纲要（2011—2020 年）	中发〔2011〕10 号	财政补贴、金融信贷	如：对农村贫困家庭未继续升学的应届初、高中毕业生参加劳动预备制培训，给予一定的生活费补贴；对农村贫困家庭新成长劳动力接受中等职业教育给予生活费、交通费等特殊补贴；对农村贫困劳动力开展实用技术培训；积极推动贫困地区金融产品和服务方式创新，开展小额信用贷款，努力满足扶贫对象发展生产的资金需求；资金集中用于培育特色优势产业、提高扶贫对象发展能力和改善扶贫对象基本生产生活条件，逐步增加直接扶持到户资金规模
2012 年 1 月 3 日	农村残疾人扶贫开发纲要（2011—2020 年）	国办发〔2012〕1 号	技术培训	如：到 2015 年，为 100 万名农村残疾人提供实用技术培训；到 2020 年，有劳动能力和愿望的农村残疾人普遍得到实用技术培训和职业技能培训；开展不同类别的残疾人专项实用技术培训，确保每个贫困残疾人家庭至少有一名劳动力掌握 1 至 2 门实用增收技术，强化培训后就业和创业扶持服务；配合妇联组织开展面向残疾妇女的各类培训

颁布时间	政策名称	文件号	工具类型	措施举例
2013 年 7 月 29 日	关于实施教育扶贫工程的意见	国办发〔2013〕86 号	技能培训	如：各地人力资源社会保障、教育、扶贫、农业等部门要联合制订培训计划，安排有学习意愿的未升入普通高中和高等学校的毕业生、具备一定文化素质的社会青年进入职业院校、培训机构等学习；通过发放"教育券""培训券"等方式，让学习者自主选择培训项目和培训方式，提升培训效果
2013 年 12 月 18 日	关于创新机制扎实推进农村扶贫开发工作的意见	中办发〔2013〕25 号	技能培训、金融信贷	如：增加财政贴息资金，扩大扶贫贴息贷款规模，力争每个有条件的贫困农户掌握 1 至 2 项实用技术，至少参与 1 项养殖、种植、花卉苗木培育等增收项目；广泛开展职业技能培训，使未继续升学的初高中毕业生等新成长劳动力都能接受适应就业需求的职业培训
2014 年 3 月 6 日	关于全面做好扶贫开发金融服务工作的指导意见	银发〔2014〕65 号	金融信贷、技术培训	如：加大对劳动密集型企业、小型微型企业及服务业的信贷支持，努力做好职业教育、继续教育、技术培训的金融服务，提升就业创业水平；支持金融机构积极参与发放扶贫贴息贷款；加大贫困地区金融知识宣传培训力度，积极开展对贫困地区特定群体的专项金融教育培训

续表

颁布时间	政策名称	文件号	工具类型	措 施 举 例
2014 年 4 月 20 日	关于金融服务"三农"发展的若干意见	国办发〔2014〕17 号	金融信贷	如：切实改进对农民工、农村妇女、少数民族等弱势群体的金融服务，完善扶贫贴息贷款政策，引导金融机构全面做好支持农村贫困地区扶贫攻坚的金融服务工作；鼓励商业银行单列涉农信贷计划，下放贷款审批权限；推行"一次核定、随用随贷、余额控制、周转使用、动态调整"的农户信贷模式；积极推动金融产品、利率、期限、额度、流程、风险控制等方面创新，进一步满足家庭农场、专业大户、农民合作社和农业产业化龙头企业等新型农业经营主体的金融需求；继续加大对农民扩大再生产、消费升级和自主创业的金融支持力度；加大对耕地整理、农田水利、粮棉油糖高产创建、畜禽水产品标准化养殖、种养业良种生产等经营项目的信贷支持力度，重点支持现代种业、农机装备制造、设施农业、农产品精深加工等现代农业项目和高科技农业项目
2014 年 5 月 12 日	建立精准扶贫工作机制实施方案	国开办发〔2014〕30 号	金融信贷	如：对没有外出就业、有一定技能又有创业意愿的贫困户发放小额信贷贴息贷款，支持发展特色优势产业

续表

颁布时间	政策名称	文件号	工具类型	措　施　举　例
2014 年 8 月 8 日	关于改革财政专项扶贫资金管理机制的意见	国开办发〔2014〕9 号	金融信贷	如：确保财政专项扶贫资金精确用于扶贫对象，继续做好扶贫贷款贴息工作，各地可视扶贫贴息贷款需求，自主扩大扶贫贷款贴息规模
2014 年 10 月 11 日	实施光伏扶贫工程工作方案	国能新能〔2014〕420 号	技术培训	如：统一开展光伏扶贫工程技术培训；加强技术培训，建立项目信息系统等，在整个工程实施及政策协调中，提供相关技术服务和指导
2014 年 11 月 19 日	关于进一步动员社会各方面力量参与扶贫开发的意见	国办发〔2014〕58 号	科技服务	如：组织和支持各类志愿者参与扶贫调研、支教支医、文化下乡、科技推广等扶贫活动
2014 年 12 月 10 日	关于创新发展扶贫小额信贷的指导意见	国开办发〔2014〕78 号	金融信贷、技能培训	如：扶贫小额信贷覆盖建档立卡贫困农户的比例和规模有较大增长，对建档立卡贫困户进行评级授信，使建档立卡贫困户得到免抵押、免担保的信用贷款；加大政策宣传和培训工作力度，让建档立卡贫困户知晓相关程序和政策；支持有贷款意愿、有就业创业潜质、技能素质和一定还款能力的建档立卡贫困户发展扶贫特色优势产业，增加收入；对符合贷款条件的建档立卡贫困户提供 5 万元以下、期限 3 年以内的信用贷款

颁布时间	政策名称	文件号	工具类型	措施举例
2015 年 1 月 20 日	关于加快推进残疾人小康进程的意见	国发〔2015〕7 号	就业培训、技能培训、财政补贴、金融信贷	如：落实低收入残疾人家庭生活用电、水、气、暖等费用优惠和补贴政策，为符合住房保障条件的城镇残疾人家庭优先提供公共租赁住房或发放住房租赁补贴；通过税收优惠、社会保险补贴、岗前培训补贴，鼓励用人单位吸纳更多残疾人就业；统筹培训资源，加强培训工作，帮助扶贫对象家庭掌握更多实用技术；加大对农村残疾人扶贫的支持力度，落实好扶贫贷款贴息政策，支持农村残疾人扶贫基地发展和扶贫对象家庭参与养殖、种植、设施农业等增收项目
2015 年 6 月 2 日	关于加强雨露计划支持农村贫困家庭新成长劳动力接受职业教育的意见	国开办发〔2015〕19 号	财政补贴、补贴标准	如：瞄准扶贫对象，支持农村贫困家庭子女接受职业教育，资金直补到户；符合条件的贫困学生无论在何地就读，其家庭均在户籍所在地申请扶贫助学补助，补助资金通过一卡通（一折通）直接补给贫困家庭；统筹安排中央到省财政专项扶贫资金和地方财政扶贫资金，确定补助标准，可按每生每年3 000元左右的标准补助建档立卡贫困家庭

颁布时间	政策名称	文件号	工具类型	措 施 举 例
2015 年 7 月 6 日	最高人民法院关于限制被执行人高消费的若干规定	法释〔2015〕17 号	失信惩戒	如：被执行人为自然人的，被采取限制消费措施后，不得有以下高消费及非生活和工作必需的消费行为：乘坐交通工具时，选择飞机、列车软卧、轮船二等以上舱位；在星级以上宾馆、酒店、夜总会、高尔夫球场等场所进行高消费；购买不动产或者新建、扩建、高档装修房屋；租赁高档写字楼、宾馆、公寓等场所办公；购买非经营必需车辆；旅游、度假；子女就读高收费私立学校；支付高额保费购买保险理财产品；乘坐 G 字头动车组列车全部座位、其他动车组列车一等以上座位等其他非生活和工作必需的消费行为
2015 年 9 月 21 日	关于推进"万企帮万村"精准扶贫行动的实施意见	全联发〔2015〕11 号	就业培训	如：鼓励各类企业面向帮扶对象优先招工，加大岗前、岗中培训力度，提供劳动和社会保障，实现贫困户稳定就业增收
2015 年 10 月 31 日	关于促进农村电子商务加快发展的指导意见	国办发〔2015〕78 号	技能培训、金融信贷	如：对农民、合作社和政府人员等进行技能培训，增强农民使用智能手机的能力，积极利用移动互联网拓宽电子商务渠道，提升为农民服务的能力；加大对电子商务创业农民尤其是青年农民的授信和贷款支持，简化农村电商小额短期贷款手续

续表

颁布时间	政策名称	文件号	工具类型	措 施 举 例
2015 年 11 月 29 日	中共中央国务院关于打赢脱贫攻坚战的决定	中发〔2015〕34 号	技能培训、财政补贴、金融信贷	如：以就业为导向，提高培训的针对性和有效性；加大职业技能提升计划和贫困户教育培训工程实施力度；引导和支持用人企业在贫困地区建立劳务培训基地，开展好订单定向培训；加大贫困残疾人康复工程、特殊教育、技能培训、托养服务实施力度；加强贫困地区农村电商人才培训；对贫困家庭开设网店给予网络资费补助、小额信贷等支持；设立扶贫再贷款，实行比支农再贷款更优惠的利率，重点支持贫困地区发展特色产业和贫困人口就业创业；积极发展扶贫小额贷款保证保险，对贫困户保证保险保费予以补助
2015 年 12 月 7 日	关于在脱贫攻坚战中开展"巾帼脱贫行动"的意见	妇字〔2015〕47 号	创业培训、金融信贷、技能培训	如：教育引导贫困妇女发扬自尊自信自立自强精神，强化技能培训，帮助贫困妇女提高脱贫能力；开展种植养殖、乡村旅游、家政服务、手工编织、农村电商等适合贫困妇女特点的培训项目，增强妇女脱贫致富本领和自我发展能力；用好小额贷款，助力贫困妇女创业脱贫，帮助有创业意愿的贫困妇女解决资金困难；加强技能培训，提高手工产品附加值

续表

颁布时间	政策名称	文件号	工具类型	措 施 举 例
2015 年 12 月 23 日	关于加大脱贫攻坚力度支持革命老区开发建设的指导意见	中办发〔2015〕64 号	创业培训、技能培训、财政补贴	如：加强农村电商人才培训；对秸秆、地膜、畜禽粪污收集利用加大扶持和奖励力度，支持老区所在市县积极整合各类培训资源，开展有针对性的职业技能培训；加大贫困老区劳动力技能培训力度，鼓励外出务工人员参加中长期实用技能培训，引导和支持用人企业在老区开展订单式定向培训；落实贫困人口参加新型农村合作医疗个人缴费部分由财政给予补贴的政策，通过资金补助、产业转移、人才培训、共建园区等方式实施补偿
2015 年 12 月 24 日	加快贫困地区能源开发建设推进脱贫攻坚实施意见	国能规划〔2015〕452 号	就业培训	如：强化对定点扶贫县人才智力和社会事业扶贫，有针对性地组织开展支教、培训、讲座等活动
2015 年 12 月 30 日	关于支持黔西南"星火计划、科技扶贫"实验区建设的意见	民委发〔2015〕177 号	技能培训	如：加大产业扶贫力度，支持贫困人口参与度高的特色产业发展；加大就业帮扶力度，支持劳动者技能和实用技术培训，加强劳务输出脱贫

颁布时间	政策名称	文件号	工具类型	措 施 举 例
2016 年 1 月 28 日	关于共青团助力脱贫攻坚战的实施意见	中青发〔2016〕5 号	创业培训	如：通过开展农村实用技术培训、创业能力培训，建设贫困地区创业导师队伍等途径，着力解决贫困地区青年创业技术和人才难题；通过发布就业信息、组织技能培训、提供见习岗位等方式，积极为贫困地区青年就业提供帮助
2016 年 3 月 23 日	关于实施光伏发电扶贫工作的意见	发改能源〔2016〕621 号	金融信贷、财政补贴	如：对村级光伏电站，贷款部分可由省扶贫资金给予贴息；电网企业应按国家有关部门关于可再生能源发电补贴资金发放管理制度，优先将光伏扶贫项目的补贴需求列入年度计划，电网企业优先确保光伏扶贫项目按月足额结算电费和领取国家补贴资金；国家开发银行、中国农业发展银行为光伏扶贫工程提供优惠贷款，根据资金来源成本情况在央行同期贷款基准利率基础上适度下浮

续表

颁布时间	政策名称	文件号	工具类型	措 施 举 例
2016 年 4 月 12 日	关于支持贫困县开展统筹整合使用财政涉农资金试点的意见	国办发〔2016〕22 号	农业项目补贴	如：财政专项扶贫资金、农田水利设施建设和水土保持补助资金、现代农业生产发展资金、农业技术推广与服务补助资金、林业补助资金、农业综合开发补助资金、农业资源及生态保护补助资金（对农民的直接补贴除外）、旅游发展基金，以及中央预算内投资用于"三农"建设部分（不包括重大引调水工程、重点水源工程、江河湖泊治理骨干重大工程、跨界河流开发治理工程、新建大型灌区、大中型灌区续建配套和节水改造、大中型病险水库水闸除险加固、生态建设方面的支出）等，在选择扶贫项目时，要充分尊重贫困群众的意愿，积极推广群众民主议事决策机制，优先安排贫困人口参与积极性高、意愿强烈的扶贫项目

颁布时间	政策名称	文件号	工具类型	措 施 举 例
2016 年 4 月 20 日	关于实施第三轮高校毕业生"三支一扶"计划	人社部发〔2016〕41 号	创业培训、财政补贴	如：从 2015 年 9 月 1 日起，对"三支一扶"毕业生，中央财政补助标准调高为西部地区每人每年 2.5 万元（其中新疆南疆四地州、西藏自治区每人每年 3.5 万元），中部地区每人每年 1.8 万元，东部地区每人每年 0.8 万元；从 2016 年起，中央财政按照每人 2 000 元标准，给予每名新招募且在岗服务满 6 个月以上的"三支一扶"人员一次性安家费补贴；提供创业培训、创业指导、创业孵化等创业公共服务，按规定给予培训补贴、税费减免、创业担保贷款等扶持；每年举办"三支一扶"计划示范培训班，补助标准为每人每年 3 000 元
2016 年 5 月 13 日	关于健全生态保护补偿机制的意见	国办发〔2016〕31 号	财政补贴	如：建立以绿色生态为导向的农业生态治理补贴制度，对在地下水漏斗区、重金属污染区、生态严重退化地区实施耕地轮作休耕的农民给予资金补助；扩大新一轮退耕还林还草规模，逐步让 25 度以上陡坡地退出基本农田，纳入退耕还林还草补助范围；研究制定鼓励引导农民施用有机肥料和低毒生物农药的补助政策

续表

颁布时间	政策名称	文件号	工具类型	措施举例
2016 年 5 月 26 日	贫困地区发展特色产业促进精准脱贫指导意见	农计发〔2016〕59 号	财政补贴、金融信贷	如：各级各类涉农专项资金可以向贫困地区特色产业倾斜的，要加大倾斜力度；鼓励金融机构创新符合贫困地区特色产业发展特点的金融产品和服务方式，鼓励地方积极创新金融扶贫模式
2016 年 5 月 30 日	关于建立完善守信联合激励和失信联合惩戒制度加快推进社会诚信建设的指导意见	国发〔2016〕33 号	失信行为联合惩戒	如：充分运用信用激励和约束手段，加大对诚信主体激励和对严重失信主体惩戒力度，让守信者受益、失信者受限，形成褒扬诚信、惩戒失信的制度机制；通过信用信息公开和共享，建立跨地区、跨部门、跨领域的联合激励与惩戒机制，形成政府部门协同联动、行业组织自律管理、信用服务机构积极参与、社会舆论广泛监督的共同治理格局；对重点领域和严重失信行为实施联合惩戒，依法依规加强对失信行为的行政性约束和惩戒，加强对失信行为的市场性约束和惩戒，加强对失信行为的行业性约束和惩戒，加强对失信行为的社会性约束和惩戒等
2016 年 6 月 29 日	关于加强康复扶贫贷款、扶贫小额信贷和财政贴息工作的通知	残联发〔2016〕37 号	金融信贷、创业培训	如：对有劳动能力和劳动意愿且信誉良好的残疾人及其家庭要据实评级授信，适当提高授信额度，合理确定贷款利率和贷款期限，积极为建档立卡残疾人贫困户提供免抵押、免担保的扶贫小额信用贷款支持；地方各级残联要加强残疾人康复扶贫贷款政策的宣传和培训

续表

颁布时间	政策名称	文件号	工具类型	措 施 举 例
2016 年 7 月 26 日	关于开展技能脱贫千校行动的通知	人社部发〔2016〕68 号	就业培训、财政补贴	如：2016—2020 年，使每个有就读技工院校意愿的建档立卡贫困家庭应、往届"两后生"都能免费接受技工教育，每个有劳动能力且有参加职业培训意愿的建档立卡贫困家庭劳动者每年都能够到技工院校接受至少 1 次免费职业培训，对接受技工教育和职业培训的贫困家庭学生（学员）推荐就业；各地人力资源社会保障部门要指导技工院校大力开展职业培训，根据建档立卡贫困家庭劳动者的培训需求和就业意愿，大力开展劳动预备制培训、就业技能培训、岗位技能提升培训，采取订单培训、定岗培训、定向培训等以就业为导向的培训模式，确保培训质量和就业效果；对于接受技工教育的贫困家庭学生，各地要按规定落实国家助学金、免学费政策，并制定减免学生杂费、书本费和给予生活费补助的政策，所需资金从中央财政和地方财政中等职业教育学生资助补助经费中列支；对子女接受技工教育的农村建档立卡贫困家庭，按照每生每年 3 000 元左右的标准给予补助，所需资金从财政扶贫资金中列支；对于接受职业培训的贫困家庭学员，要落实免费职业培训政策，由政府全额补贴培训费用，所需资金从就业补助资金中列支

颁布时间	政策名称	文件号	工具类型	措　施　举　例
2016 年 8 月 11 日	乡村旅游扶贫工程行动方案	旅发〔2016〕121 号	政策推广、技能培训、金融信贷	如：加大对乡村旅游扶贫重点村的宣传推介，通过电商平台、节庆推广、主题活动等一系列载体，开展乡村旅游扶贫公益宣传；积极开展乡村旅游经营户、乡村旅游带头人、能工巧匠传承人、乡村旅游创客四类人才和乡村旅游导游、乡土文化讲解等各类实用人才培训，依靠人才支持和智力投入促进乡村旅游发展，提高贫困人口旅游服务能力；实施"乡村旅游扶贫培训种子工程"，培养一批乡村旅游扶贫培训师，深入基层一线，面对贫困群众进行技能辅导；优先在乡村旅游扶贫重点村进行授信，为贫困户提供小额贷款，相关部门给予贷款贴息；为景区、能人、企业（合作社）提供成本低、期限长的信贷支持；动员规划、管理、营销专业人才到扶贫开发重点县、易地扶贫搬迁小镇、乡村旅游扶贫重点村开展公益指导培训
2016 年 9 月 14 日	关于加快推进失信被执行人信用监督、警示和惩戒机制建设的意见	中办发〔2016〕64 号	贷款失信联合惩戒	各地区各部门要各司其职，相互配合，形成合力，构建一处失信、处处受限的信用监督、警示和惩戒体系。如：从事特定行业或项目限制，政府支持或补贴限制，任职资格限制，准入资格限制，荣誉和授信限制，特殊市场交易限制，限制高消费及有关消费，出境限制，加强日常监管检查，加大刑事惩戒力度，鼓励其他方面限制等联合惩戒措施

续表

颁布时间	政策名称	文件号	工具类型	措 施 举 例
2016 年 9 月 30 日	关于实施旅游万企万村帮扶专项行动的通知	旅办发〔2016〕272 号	财政补贴、创业培训	如：鼓励旅行社、在线旅游企业开发打造乡村旅游扶贫专线，并在价格方面给予优惠或补贴；旅游企业和旅游院校要发挥品牌优势和经验优势，加大对从事农家乐、观光采摘、农事体验等经营户的教育培训和开发指导；鼓励大型旅游企业、旅游规划设计单位、旅游院校采取灵活多样的形式开设乡村旅游开发专题培训班，组织贫困村旅游经营户学习考察发达地区旅游发展经验
2016 年 10 月 24 日	科技助力精准扶贫工程实施方案	科协办发计字〔2016〕36 号	就业培训	如：围绕贫困地区生产经营实际需求，对贫困户开展"定点、定向、订单"式培训，提高劳动生产技能；加强就业指导培训，帮助贫困户到发达地区转移就业
2016 年 10 月 27 日	网络扶贫行动计划	中网办发〔2016〕10 号	技能培训、政策推广	如：加强对县、乡、村各级干部和农村青年致富带头人开展网络技能培训，丰富网络专业知识；加强贫困人口互联网知识及操作技能培训；组织电信运营商、电商平台、终端制造厂商开展面向贫困户的网络技能培训，将培训内容纳入售后服务体系；通过技能培训、金融支持、创建站点、跟踪服务等方式，支持贫困地区青年电商创业脱贫；充分发挥重点新闻网站的宣传引导作用，创新传播方式，选择受众广的移动新媒体开展传播工作，及时传递党的方针政策

颁布时间	政策名称	文件号	工具类型	措　施　举　例
2016 年 11 月 4 日	关于促进电商精准扶贫的指导意见	国开办发〔2016〕40 号	技能培训、金融信贷	如：针对建档立卡贫困户、电商创业脱贫带头人、农村青年致富带头人、村级信息员和残疾人专职委员等，制定电商培训计划；整合各类培训资源开展电商扶贫培训，到 2020 年完成 1 000 万人次以上电商知识和技能培训，培养 100 万名以上农村青年电商高端人才，实现每个贫困村至少有 1 名电商扶贫高级人才；引导银行业金融机构加大对电商扶贫企业和建档立卡贫困户的信贷投入；各金融机构要推进落实扶贫小额信贷、创业担保贷款、康复扶贫贷款等政策和产品，提高各项贷款产品的覆盖面

续表

颁布时间	政策名称	文件号	工具类型	措 施 举 例
2016 年 11 月 23 日	"十三五"脱贫攻坚规划	国发〔2016〕64 号	技能培训、金融信贷、财政补贴	如：加大农林技术推广和培训力度，强化新型职业农民培育，扩大贫困地区培训覆盖面；对农村贫困家庭劳动力进行农林技术培训，确保有劳动力的贫困户中至少有 1 名成员掌握 1 项实用技术；重点实施新型经营主体培育、新型职业农民培育、农村实用人才带头人和大学生村官示范培训、致富带头人培训、农民手机应用技能培训等专项工程；对贫困户通过电商平台创业就业的，鼓励地方政府和电商企业免费提供网店设计、推介服务和经营管理培训，给予网络资费补助和小额信贷支持；探索实施水库移民扶持基金对贫困水库移民发展产业的直接补助、贷款贴息、担保服务、资产收益扶贫等扶持政策；加强乡村科普工作，为贫困群众提供线上线下、点对点、面对面的培训，整合各部门各行业培训资源，创新培训方式，以政府购买服务形式，通过农林技术培训、订单培训、定岗培训、定向培训、"互联网+培训"等方式开展就业技能培训、岗位技能提升培训和创业培训，加强对贫困家庭妇女的职业技能培训和就业指导服务；实施草原生态保护补助奖励，中央财政按照每亩每年 7.5 元的测算标准，对禁牧和禁牧封育的牧民给予补助，补助周期 5 年

颁布时间	政策名称	文件号	工具类型	措施举例
2016 年 12 月 2 日	关于切实做好就业扶贫工作的指导意见	人社部发〔2016〕119 号	就业培训、财政补贴	如：各地要以就业为导向，围绕当地产业发展和企业用工需求，统筹培训资源，积极组织贫困劳动力参加劳动预备制培训、岗前培训、订单培训和岗位技能提升培训，提高培训的针对性和有效性，并按规定落实职业培训补贴
2016 年 12 月 22 日	贫困残疾人脱贫攻坚行动计划(2016—2020 年)	残联发〔2016〕77 号	技能培训、金融信贷、财政补贴	如：依托农村贫困残疾人实用技术培训项目，对 15～50 岁有意愿的贫困残疾人文盲开展扫盲工作，着力加强教育脱贫，提高他们学习文化技能和参加生产劳动的能力；通过实用技术培训等方式，为贫困残疾人提供产业技能培训，利用康复扶贫贴息贷款等方式，为贫困残疾人提供资金支持，扶持残疾人贫困户因地制宜发展种养业和手工业，支持新型经营主体帮带贫困残疾人从事产业项目增收脱贫；村镇银行、农村信用社等金融机构开展的扶贫小额信贷优先面向符合条件的建档立卡残疾人贫困户，为残疾人贫困户优先提供生产资金支持；积极发展扶贫小额贷款保证保险，优先对残疾人贫困户保证保险费予以补助，并提高补助标准
2017 年 3 月 13 日	中央财政专项扶贫资金管理办法	财农〔2017〕8 号	农业产业项目补贴	如：中央财政专项扶贫资金的支出方向包括：扶贫发展、以工代赈、少数民族发展、"三西"农业建设、国有贫困农场扶贫、国有贫困林场扶贫

颁布时间	政策名称	文件号	工具类型	措 施 举 例
2017 年 5 月 31 日	关于做好财政支农资金支持资产收益扶贫工作的通知	财农〔2017〕52 号	财政补贴、失信惩戒	如：选择具有良好发展预期的产业项目，重点支持贫困地区优势特色种养业、农副产品加工业、农业生产社会化服务、乡村旅游等产业项目；鼓励将财政资金通过贴息、担保、风险补偿等方式"放大"后再用于资产收益扶贫；各地可探索利用保费补贴等扶持政策，对实施主体给予适当支持；对骗取套取财政补助资金、不依法履约以及存在其他损害群众利益行为的实施主体，要强化对其的失信惩戒措施
2017 年 6 月 27 日	关于支持社会工作专业力量参与脱贫攻坚的指导意见	民发〔2017〕119 号	就业培训	如：支持和鼓励高校社会工作专业院系与贫困地区合作建立社会工作专业培训、教师实践和学生实习实训基地，帮助贫困地区培养社会工作专业人才

颁布时间	政策名称	文件号	工具类型	措　施　举　例
2017 年 9 月 7 日	职业教育东西协作行动计划滇西实施方案（2017—2020 年）	教职成厅〔2017〕4 号	财政补贴、教育培训	如：到东部四省（市）接受中职学校教育的建档立卡贫困家庭学生，享受免学费及国家助学金和当地学生同等奖（补）政策；云南省从财政扶贫资金中按照每生每年 5 000 元左右的标准给予资助；上海市从东西扶贫协作财政援助等资金中按照每生每年不少于 1 000 元标准给予资助；中国教育发展基金会向接受中等职业教育的建档立卡贫困家庭学生给予每生每年 1 000~2 000 元资助；滇西 10 州市根据各自实际在地方财政中安排一定的经费对到东部接受职业教育的"两后生"予以生活和交通补贴；聘请德国等国际职业教育方面的专家，对滇西 10 州市职业院校不少于 150 名教师进行双元制模式、专业技能和教学法等方面的培训，所需经费列入职业院校教师素质提高计划
2017 年 11 月 22 日	关于广泛引导和动员社会组织参与脱贫攻坚的通知	国开发〔2017〕12 号	就业培训	如：帮助扶贫对象（含建档立卡贫困人口、农村低保对象、特困人员、贫困残疾人）学习掌握职业技能、致富技术，提供职业指导，增强就业能力；定期开展相关扶贫政策和业务知识培训，努力为社会组织提供能力建设服务
2018 年 1 月 2 日	关于实施乡村振兴战略的意见	中发〔2018〕1 号	财政补贴、技能培训	如：落实和完善对农民直接补贴制度，提高补贴效能；创新培训机制，支持农民专业合作社、专业技术协会、龙头企业等主体接受培训

续表

颁布时间	政策名称	文件号	工具类型	措 施 举 例
2018 年 1 月 15 日	深度贫困地区教育脱贫攻坚实施方案（2018—2020 年）	教发〔2018〕1 号	技能培训、财政补贴	如：广泛开展公益性职业技能培训，实现脱贫举措与技能培训的精准对接；对不具备普通话沟通能力的青壮年农牧民进行专项培训，使其具有使用普通话进行基本沟通交流的能力；统筹经费面向"三区三州"青壮年农牧民提供更加精准的公益性培训；义务教育实施"两免一补"政策，中等职业教育实施免学费和国家助学金政策，普通高中免除建档立卡等家庭经济困难学生学杂费并实施国家助学金政策，高等教育及研究生教育实施"奖助贷勤补免"及入学绿色通道等"多元混合"的资助方式，务必保障"三区三州"建档立卡贫困家庭学生享受学生资助政策
2018 年 1 月 18 日	生态扶贫工作方案	发改农经〔2018〕124 号	财政补贴、就业培训、技能培训	如：健全各级财政森林生态效益补偿补助标准动态调整机制，调动森林保护相关利益主体的积极性，完善森林生态效益补偿补助政策，推动补偿标准更加科学合理；加强生态管护员上岗培训，提升业务水平和安全意识；加大对生态产业经营大户、合作社和企业的技术指导，在贫困地区培养一批活跃在贫困人口身边的"看得见、问得着、留得住"的乡土专家和技术能手；加大对基层生态扶贫工作人员和贫困户的培训力度，提高基层生态扶贫工作人员的能耐，提升贫困人口自我发展能力、市场意识和风险防控能力

续表

颁布时间	政策名称	文件号	工具类型	措　施　举　例
2018 年 2 月 27 日	关于进一步做好当前旅游扶贫工作的通知	旅发〔2018〕27 号	技能培训	如：创新旅游扶贫人才培养方式，加大对乡村旅游扶贫重点村村干部、乡村旅游带头人、乡村旅游经营户、驻村工作队队长、乡村旅游管理人才等各类实用人才的培训力度，以点带面，帮助贫困人口转变思想观念，提升文化素质和知识水平，提高乡村旅游服务技能；建立旅游扶贫专家库，动员规划、管理、营销专业人才等深入基层一线开展旅游技能辅导和扶贫公益培训
2018 年 3 月 1 日	关于对失信被执行人实施限制不动产交易惩戒措施的通知	发改财金〔2018〕370 号	金融贷款失信惩戒	如：各级人民法院限制失信被执行人及失信被执行人的法定代表人、主要负责人、实际控制人、影响债务履行的直接责任人员参与房屋司法拍卖；市、县国土资源部门限制失信被执行人及失信被执行人的法定代表人、主要负责人、实际控制人、影响债务履行的直接责任人员取得政府供应土地
2018 年 5 月 14 日	扶贫项目资金绩效管理办法	国办发〔2018〕35 号	财政补贴	如：支持建立脱贫攻坚项目（含对个人和家庭的补助项目）的各类财政资金，包括全部或者部分用于产业扶贫、易地扶贫搬迁、就业扶贫、危房改造、教育扶贫、健康扶贫、生态扶贫、基本医疗、社会救助、农村基础设施建设以及光伏扶贫、旅游扶贫、文化扶贫等项目资金，并对各类项目资金进行绩效考评，有效发挥资金效益

续表

颁布时间	政策名称	文件号	工具类型	措 施 举 例
2018 年 6 月 15 日	关于打赢脱贫攻坚战三年行动的指导意见	中发〔2018〕16 号	金融信贷、财政补贴、就业培训	如：新增金融资金优先满足深度贫困地区需要，对深度贫困地区发放的精准扶贫贷款实行差异化贷款利率；鼓励贫困地区发展生态友好型、劳动密集型产业，通过岗位补贴、场租补贴、贷款支持等方式，扶持企业在贫困乡村发展一批扶贫车间，吸纳贫困家庭劳动力就近就业；实施技能脱贫专项行动，统筹整合各类培训资源，组织有就业培训意愿的贫困家庭劳动力参加劳动预备制培训、岗前培训、订单培训和岗位技能提升培训，按规定落实职业培训补贴政策；建立健全金融支持产业发展与带动贫困户脱贫的挂钩机制和扶持政策，规范扶贫小额信贷发放，在风险可控前提下可办理无还本续贷业务，对确因非主观因素不能到期偿还贷款的贫困户可协助其办理贷款展期业务

颁布时间	政策名称	文件号	工具类型	措施举例
2018 年 9 月 26 日	国家乡村振兴战略规划（2018—2022 年）	中发〔2018〕1 号配套文本	财政补贴、技能培训、金融信贷	如：建立以绿色生态为导向的农业补贴制度，提高农业补贴政策的指向性和精准性；落实和完善对农民直接补贴制度，完善粮食主产区利益补偿机制；继续支持粮改饲、粮豆轮作和畜禽水产标准化健康养殖，改革完善渔业油价补贴政策；完善农机购置补贴政策，鼓励对绿色农业发展机具、高性能机具以及保证粮食等主要农产品生产机具实行敞开补贴；推动建立覆盖城乡全体劳动者、贯穿劳动者学习工作终身、适应就业和人才成长需要的职业技能培训制度，增强职业培训的针对性和有效性；创新培训组织形式，探索田间课堂、网络教室等培训方式，支持农民专业合作社、专业技术协会、龙头企业等主体承担培训任务；落实县域金融机构涉农贷款增量奖励政策，完善涉农贴息贷款政策，降低农户和新型农业经营主体的融资成本
2018 年 10 月 9 日	共青团投身打赢脱贫攻坚战三年行动的意见	中青发〔2018〕10 号	就业培训、金融信贷	如：推动建立县级农村青年创业组织，选派金融青年干部下乡挂职，提供培训指导、市场对接、小额贷款等服务

颁布时间	政策名称	文件号	工具类型	措 施 举 例
2018 年 10 月 29 日	关于开展扶贫扶志行动的意见	国开办发〔2018〕45 号	技能培训、就业培训	如：围绕贫困群众发展产业和就业需要，组织贫困家庭劳动力开展实用技术和劳动技能培训，确保每一个有培训意愿的贫困人口都能得到有针对性的培训，增强脱贫致富本领；采取案例教学、田间地头教学等实战培训，强化信息技术支持指导，实现贫困群众科学生产、增产增收；组织贫困家庭劳动力参加劳动预备制培训、岗前培训、订单培训和岗位技能提升培训，支持边培训边上岗，突出培训针对性和实用性，将贫困群众培育成为有本领、懂技术、肯实干的劳动者
2018 年 12 月 29 日	高等学校乡村振兴科技创新行动计划（2018—2022 年）	教技〔2018〕15 号	科技培训	如：支持和鼓励高校对农业技术人员、新型职业农民、新型农业经营主体负责人、农村实用人才等开展常态化培训，重点加强对在基层工作的高校毕业生、返乡农民工、退伍军人、家庭农场主、科技示范户等生产经营主体的专业技术技能和科技素质提升的培训
2018 年 12 月 30 日	关于深入开展消费扶贫助力打赢脱贫攻坚战的指导意见	国办发〔2018〕129 号	技能培训	如：为农村电商经营者提供产品开发、包装设计、网店运营、产品追溯、人才培训等专业服务；支持贫困人口参加相关专业技能和业务培训，提升服务规范化和标准化水平

颁布时间	政策名称	文件号	工具类型	措　施　举　例
2019 年 1 月 22 日	关于实施青年志愿者助力脱贫攻坚行动的通知	中青明电〔2019〕3 号	就业培训、财政补贴	如：依托团属培训机构和青年志愿者培训基地，组织开展各类脱贫攻坚青年志愿服务项目专业培训；深入开展扶贫扶志教育活动，发挥大学生等重点群体志愿者作用，加大扶贫济困、助老助残、环境、应急等社区志愿服务实施力度，给予政策资金支持
2019 年 5 月 9 日	关于进一步规范和完善扶贫小额信贷管理的通知	银保监发〔2019〕24 号	金融信贷	如：扶贫小额信贷主要支持建档立卡贫困户（含已脱贫的贫困户），脱贫攻坚期内，在符合有关条件的前提下，银行机构可为贫困户办理贷款续贷或展期；在已经还清扶贫小额贷款和符合再次贷款条件的前提下，银行机构可向贫困户多次发放扶贫小额信贷；扶贫小额信贷要坚持户借、户用、户还，精准用于贫困户发展生产；将扶贫小额信贷资金用于有效带动贫困户脱贫致富的特色优势产业，并按要求规范贷款管理，使贫困户融入产业发展并长期受益
2020 年 2 月 12 日	关于做好新冠肺炎疫情防控期间脱贫攻坚工作的通知	国开发〔2020〕3 号	技能培训	如：加大产业发展的支持力度，广泛开展技能培训和就业指导，提供基本公共服务
2020 年 2 月 14 日	关于开展消费扶贫行动的通知	国开办发〔2020〕4 号	财政补贴	如：坚持"政府引导、市场运作、社会参与"，政府支持平台建设，通过协调提供场地、减免费用、给予补贴等各种优惠政策

颁布时间	政策名称	文件号	工具类型	措 施 举 例
2020 年 2 月 17 日	关于积极应对新冠肺炎疫情影响加强财政专项扶贫资金项目管理工作确保全面如期完成脱贫攻坚目标任务的通知	国开办发〔2020〕5 号	财政补贴、金融信贷	如：对在疫情防控期间，努力克服疫情影响，积极带动贫困户发展的扶贫龙头企业和合作社等主体，可给予一次性生产补贴和贷款贴息支持；疫情防控期间外出务工的贫困劳动力按规定给予交通和生活费补助，有条件地区可加大奖补力度
2020 年 2 月 19 日	关于做好 2020 年产业扶贫工作的意见	农办规〔2020〕3 号	就业培训、金融信贷	如：加大贫困村创业致富带头人实训基地建设和培育力度，农村实用人才带头人和大学生村官示范培训班全部面向贫困地区实施，继续加大对贫困地区高素质农民培训经费投入；建立分级分类培训制度，重点培训贫困村"两委"干部、产业带头人和专业技术人员；助力贫困地区发展壮大农业产业，及时发放扶贫小额信贷，适当延长受疫情影响还款困难贫困户的还款期限

续表

颁布时间	政策名称	文件号	工具类型	措　施　举　例
2020 年 2 月 21 日	关于应对新冠肺炎疫情进一步做好就业扶贫工作的通知	人社部发〔2020〕12 号	财政补贴、就业培训	如：鼓励公共就业服务机构、人力资源服务机构、劳务经纪人开展贫困劳动力有组织劳务输出，给予就业创业服务补助；鼓励重点企业优先招用符合条件的贫困劳动力，给予一次性吸纳就业补贴，有条件地区可适当提高补贴标准；加大有组织劳务输出力度，适当扩大乡村公益性岗位规模，进一步给予资金倾斜支持，提高政策补贴标准；对吸纳贫困劳动力就业的各类农资企业、农业经营主体，参照重点企业给予一次性吸纳就业补贴；鼓励支持贫困劳动力积极参加线上培训，在培训期间按规定纳入职业培训补贴范围，并给予一定的生活费补贴
2020 年 4 月 3 日	关于开展2020 年人力资源服务机构助力脱贫攻坚行动的通知	人社厅函〔2020〕56 号	创业培训、技能培训	如：紧密结合贫困劳动力需求，开发优化创业培训项目、产品，提供各类实用型、多样化创业培训服务；组织人力资源服务机构联合技工院校、职业培训机构和企业面向贫困劳动力开展职业技能培训，针对有劳动能力、有就业意愿的贫困劳动力，采取定岗定向等培训模式，增强劳务组织化输出质量；对符合职业技能培训相关条件的，各地应按规定纳入补贴类培训范围

续表

颁布时间	政策名称	文件号	工具类型	措施举例
2020 年 4 月 30 日	关于开展易地扶贫搬迁就业帮扶专项行动的通知	人社厅发〔2020〕48 号	技能培训、财政补贴	如：大力开展职业技能培训，按规定给予培训补贴和生活费补贴
2020 年 5 月 22 日	关于扎实做好疫情防控常态化背景下残疾人基本民生保障工作的指导意见	青残联字〔2020〕19 号	财政补贴、技能培训	如：各地可结合实际，对受疫情影响较大的符合条件的种植、养殖贫困残疾人家庭给予农业保险投保费用补贴；对受疫情影响较重的残疾人扶贫基地、残疾人农业生产合作社，按规定给予资金扶持；对残疾人开展免费职业技能培训，贫困残疾人在培训期间可按规定给予生活费补贴
2020 年 5 月 26 日	关于做好2020 年电子商务进农村综合示范工作的通知	财办建〔2020〕48 号	技能培训	如：支持对返乡农民工、大学生、退伍军人、贫困户等开展农村电商普及和技能培训，强化培训机制，突出培训质量而非数量

颁布时间	政策名称	文件号	工具类型	措　施　举　例
2020 年 5 月 28 日	关于做好疫情防控常态化条件下技能扶贫工作的通知	人社厅函〔2020〕81 号	技能培训、财政补贴	如：持续开展职业技能提升行动，鼓励支持广大贫困劳动力参加职业技能培训，按规定将贫困劳动力纳入职业培训补贴范围，并给予一定的生活费（含交通费）补贴；实施"互联网+职业技能培训计划"，开展百日免费线上技能培训行动，向受疫情影响严重地区、"三区三州"等深度贫困地区和52 个未摘帽贫困县加大线上培训免费开放力度，扩大课程免费范围；鼓励通过项目制购买服务等方式为贫困劳动力提供免费职业技能培训，并按规定给予生活费（含交通费）补贴；市（地）以上人力资源社会保障部门、财政部门可根据有关规定结合实际确定职业培训补贴标准，提高贫困劳动力、农民工培训补贴标准和急需紧缺职业（工种）培训补贴标准
2020 年 5 月 29 日	关于进一步用好公益性岗位发挥就业保障作用的通知	人社部发〔2020〕38 号	技能培训、财政补贴	如：针对性开展职业技能培训，积极推荐企业吸纳贫困劳动力，帮助灵活人员就业，扶持自主创业，落实好税费减免、社会保险补贴、职业培训补贴等政策

续表

颁布时间	政策名称	文件号	工具类型	措施举例
2020 年 6 月 8 日	关于巩固拓展家政扶贫工作的通知	商服贸函〔2020〕170 号	技能培训、财政补贴	如：鼓励家政企业积极参与"春潮行动"等培训计划，按规定为贫困劳动力免费提供家政服务培训；支持家政企业组织贫困劳动力参加线上职业技能培训，并按规定纳入职业技能提升行动培训支持范围；各地区可利用职业技能提升行动专项资金及扶贫资金对从事家政服务的贫困劳动力培训等项目予以补贴；对贫困劳动力通过有组织输出到户籍所在县以外就业的，按规定给予一次性求职创业补贴；疫情防控期间外出从事家政服务的贫困劳动力按规定给予交通和生活费补贴，有条件地区可加大奖补力度
2020 年 6 月 24 日	关于进一步完善扶贫小额信贷有关政策的通知	银保监发〔2020〕28 号	金融信贷、信贷标准	如：对到期日在 2020 年 1 月 1 日后（含续贷、展期），受疫情影响还款困难的贫困户扶贫小额信贷，在延长还款期限最长不超过 6 个月的基础上，将还款期限进一步延至 2021 年 3 月底；延长还款期间各项政策保持不变，鼓励有条件的银行机构适当降低延期期间贷款利率，努力减轻贫困户还款压力，将疫情影响降到最低；符合追加贷款条件的，可予以追加贷款支持，但单户扶贫小额信贷总额不得超过 5 万元

资料来源：由中华人民共和国中央人民政府（http：//www.gov.cn）、国务院扶贫开发领导小组办公室（http：//www.cpad.gov.cn）公共网发布的扶贫政策信息整理而得。

C. 扶贫脱贫专项调查问卷

一、家庭基本情况

1. 您的年龄（家庭户主）

    □20 岁及以下　　　□21~30 岁　　　□31~40 岁

    □41~50 岁　　　　□51~60 岁　　　□60 岁以上

2. 您的性别

    □男　　　　　　　□女

3. 您接受文化教育程度（家庭户主）

    □小学　　　　　　□初中　　　　　□高中（或中专）

    □大专　　　　　　□本科及以上

4. 与您生活在一起的家庭成员构成

    □单身　　　　　　□夫妻二人　　　□夫妻+子女

    □夫妻+父母　　　□夫妻+父母+子女

    □夫妻+父母+子女+祖辈或其他亲属

5. 与您生活在一起的家庭人口数量

    □2 个及以下　　　□3 个　　　　　□4 个

    □5 个　　　　　　□6 个　　　　　□7 个及以上

6. 您家庭中能参与劳动维持生计的人口数量

    □1 个　　　　　　□2 个　　　　　□3 个

    □4 个　　　　　　□5 个　　　　　□6 个

    □7 个及以上

7. 您家庭经营土地面积

    □3 亩及以下　　　□3.1~5.9 亩　　□6~8 亩

    □8.1~10 亩　　　□10 亩以上

8. 您家庭经营土地集中连片规模化程度（或适合机械化作业程度）

☐非常低　　　　☐较低　　　　☐一般

☐较高　　　　☐非常高

9. 您的家庭年人均可支配收入在

☐人均 3500 元/年以下

☐人均 3500~6000 元/年

☐人均 6001~10000 元/年

☐人均 1 万~1.5 万元/年

☐人均 1.5 万~2.0 万元/年

☐人均 2 万元以上/年

10. 您对"我根本不欠亲戚朋友、邻居或银行的债务"这一观点看法

☐非常不同意　　　☐不同意　　　☐一般

☐同意　　　　☐非常同意

11. 您家庭生活环境状况

(1) 有稳定收入来源	☐是	☐否
(2) 家中有子女辍学（没钱上学）	☐是	☐否
(3) 参与医疗	☐是	☐否
(4) 家中有孤儿（父母双亡）	☐是	☐否
(5) 住居危房（属于 A、B、C、D 类）	☐是	☐否
(6) 家中有残疾人且没有劳动能力	☐是	☐否
(7) 家中接通电信网络	☐是	☐否
(8) 家中有重大疾病丧失劳动力者	☐是	☐否
(9) 公路硬化到家门口	☐是	☐否
(10) 家中有其他疾病者（健康欠佳）	☐是	☐否
(11) 乡村通公路硬化	☐是	☐否
(12) 有政府最低生活保障补助	☐是	☐否
(13) 村中通互联网络	☐是	☐否
(14) 有多个子女在高中或大学读书	☐是	☐否
(15) 家庭用电稳定	☐是	☐否

　　（16）有食用安全用水（自来水）　　　　□是　　　□否

　　（17）厨房主用煤气燃料　　　　　　　　□是　　　□否

　　（18）为政府扶贫户对象（建档立卡）　　□是　　　□否

　　（19）易地或高山搬迁户　　　　　　　　□是　　　□否

　　（20）有进入福利院或农村敬老院的　　　□是　　　□否

　　（21）加入专业合作社　　　　　　　　　□是　　　□否

　　（22）有产生收入的小规模种养殖业　　　□是　　　□否

12. 您家庭主要维持生计方式

　　□务农　　　　　　　□务农+零工　　　　□外出务工

　　□流转土地+外出务工　　　　　　□务农+外出务工

13. 家庭有无债务　　□无　　□有　，若有欠债最主要是因为（单选）

　　□子女上学　　　　□生产经营　　　　□生活开支

　　□治病　　　　　　□建房购房　　　　□前五项都有

二、扶贫情况

1. 您对以下观点的相关看法，请在每题对应栏目内打"√"。

内容	观　　点	非常 不同意	不同意	无所谓， 不确定	同意	非常 同意
扶贫 政策、 政府 扶贫 工作	我很了解政府精准扶贫各种政策内容（包括 健康扶贫、教育扶贫、旅游扶贫等政策）					
	政府很少对扶贫政策进行宣传或宣讲以让 大家了解					
	我从精准扶贫政策执行过程中得到很多实 惠或帮助					
	政府对当地农村贫困户识别十分精准					
	我需要帮扶却很难获取有效扶贫资源					
	当地政府很难保证扶贫政策执行的公正公平					

续表

内容	观　　点	非常 不同意	不同意	无所谓, 不确定	同意	非常 同意
扶贫 政策、 政府 扶贫 工作	当地农村信息网络、交通、水利、环境、电力能源、文体卫生、广播等得到很大改善					
	当地前期脱贫家庭很少再次面临返贫风险					
财政 金融 扶贫	我获得了农村扶贫互助资金的帮扶和支持					
	我曾获得各种银行或金融机构扶贫贷款项目					
	我很难获得银行或金融机构小额贷款					
旅游 扶贫	我很少参与当地旅游资源开发或景区建设活动					
	当地旅游业发展对我（或周边邻居）工作、家庭收入、生活条件等带来很大改观					
生态 扶贫	我参与了当地护林工作或生态保护、生态修复等工程建设发展生态产业的活动					
	当地各项退耕还林、天然林资源保护、乡村旅游、高山搬迁及其他生态扶贫等活动项目对我（或周边邻居）工作、家庭收入、生活条件等带来很大改观和帮助					
	生态扶贫过程中经常造成对居民生活环境或农业生态环境的破坏					
产业 扶贫	我在农业生产经营过程中获得了有关农业技术栽培、疾病预防、治疗等帮扶指导					
	我很少获得扶贫专项资金补贴以发展种植、养殖、农产品加工、手工艺品制作等产业					

续表

内容	观　点	非常 不同意	不同意	无所谓， 不确定	同意	非常 同意
教育 扶贫	我曾经参与了政府、学校或企业等组织的 教育培训项目					
	我参与过当地政府与学校组织的科技服务 下乡活动					
	我家子女在校学习教育阶段经常获得各种 补助、减免、奖助金或助学贷款等帮扶					
医疗 扶贫	乡村卫生院对我就医治病提供了减免费用					
	我参与过医疗下乡咨询服务和义诊活动					
	我很少享受到医疗"十免四补助"或就医 诊疗的一些减免看病费用					

2. 当地乡村有规模化农产业、果园、大棚基地或示范农业生产基地
　　□是　　　　　□否

3. 当地乡村有乡村旅游、观光农业或其他人文、名胜古迹旅游景区
　　□是　　　　　□否

4. 您认为以下哪些是最重要的扶贫资源：（选 5 个，不多选）
（1）低保金　　　　（2）医疗报销　　　　（3）发放生产资料
（4）发展合作社　　（5）帮助子女就业　　（6）危房改造
（7）学费减免　　　（8）乡村旅游　　　　（9）捐款捐物
（10）农村信息网络　（11）养老金　　　　（12）修路造桥
（13）技术服务　　　（14）土地流转制度　（15）扶贫政策宣讲
（16）村互助金　　　（17）金融贷款　　　（18）创业培训
（19）招商引资　　　（20）文艺下乡

5. 当地已有或正在改建的农村公共基础设施情况：（可多选）
（1）农业生产性基础设施

☐瓜果蔬菜或畜牧生产基地　　☐乡村农贸市场

☐农田灌溉水利设施　　☐水库大坝加固

☐河道防洪堤　　☐人畜饮水蓄水池

☐地头水柜

（2）农村生活性基础设施

☐安全用水　　☐农村沼气池

☐村屯内道路硬化　　☐电力电网改造

☐村敬老院

（3）农村生态环境治理

☐水流域治理　　☐垃圾处理设施

☐污水处理

（4）农村社会发展基础设施

☐文化阅览室　　☐体育运动场所

☐村卫生室　　☐村广播

☐村文化基础设施　　☐村小教学楼或宿舍楼

☐村办公楼或服务中心

三、当前扶贫脱贫存在的问题与建议

1. 您认为当前扶贫脱贫工作中存在的问题有哪些？

① _____

② _____

③ _____

2. 您对当前扶贫脱贫工作有哪些改进建议？

① _____

② _____

③ _____

参 考 文 献

［1］阿玛蒂亚·森．贫困与饥荒：论权利与剥夺［M］．王宇，等，译．北京：商务印书馆，2001.

［2］奥斯卡·刘易斯．桑切斯的孩子们［M］．李雪顺，译．上海：上海译文出版社，2014.

［3］［澳］欧文·E. 休斯．公共管理导论（第四版）［M］．张成福，译．北京：中国人民大学出版社，2015.

［4］邓小平．邓小平文选（第3卷）［M］．北京：人民出版社，1993.

［5］黑格尔．逻辑学（下卷）［M］．北京：商务印书馆，1982.

［6］马尔萨斯．人口原理［M］．郭大力，译．北京：商务印书馆，1961.

［7］缪尔达尔．亚洲的戏剧——南亚国家贫困问题研究［M］．方福前，译.北京：商务印书馆，2015.

［8］毛泽东．毛泽东选集（第5卷）［M］．北京：人民出版社，1970.

［9］王小林．贫困测量理论与方法［M］．北京：社会科学文献出版社，2012.

［10］谢识予．经济博弈论（第三版）［M］．上海：复旦大学出版社，2012.

［11］张琦．扶贫机制创新的理论与实践［M］．长沙：湖南人民出版社，2018.

［12］左常升．包容性发展与减贫［M］．北京：社会科学文献出版社，2013.

［13］胡锦涛．高举中国特色社会主义伟大旗帜，为夺取全面建设小康社

会新胜利而奋斗［M］.北京：人民出版社，2007.

［14］江泽民.高举邓小平理论伟大旗帜，把建设有中国特色社会主义事业全面推向二十一世纪［M］.北京：人民出版社，1997.

［15］包月英，张海永，高飞.欠发达地区农村扶贫开发问题及政策建议［J］.中国农业资源与区划，2009，30（6）：25-28.

［16］毕娅，陶君成.基于城乡资源互补的社会众筹扶贫模式及其实现路径研究［J］.管理世界，2016（8）：174-175.

［17］陈宝胜，石淑花.中国扶贫政策模式变迁及其演化逻辑［J］.福建行政学院学报，2017，165（10）：30-39.

［18］陈全功，程蹊.空间贫困理论视野下的民族地区扶贫问题［J］.中南民族大学学报（人文社会科学版），2011，31（1）：58-63.

［19］陈灿平.集中连片特困地区精准扶贫机制研究——以四川少数民族特困地区为例［J］.西南民族大学学报（人文社科版），2016（4）：129-133.

［20］陈新，沈扬扬.新时期中国农村贫困状况与政府反贫困政策效果评估——以天津市农村为案例的分析［J］.南开经济研究，2014（3）：23-38.

［21］陈燕，陈昌健."精准脱贫"的包容性创新机制研究［J］.福建论坛（人文社会科学版），2019（3）：42-51.

［22］陈宗胜，沈扬扬，周云波.中国农村贫困状况的绝对与相对变动——兼论相对贫困线的设定［J］.管理世界，2013（1）：67-77.

［23］程华东，尹晓飞.农业高校精准扶贫模式创新探究——基于四所农业高校的案例［J］.华中农业大学学报（社会科学版），2018，147（2）：72-78.

［24］邓维杰.贫困村分类与针对性扶贫开发［J］.农村经济，2013（5）：42-44.

［25］杜国明，于佳兴，李全峰.精准扶贫区域系统及其运行机制［J］.东北农业大学学报（社会科学版），2017，15（5）：24-29.

［26］杜志雄，肖卫东，詹琳．包容性增长理论的脉络、要义与政策内涵
［J］．中国农村经济，2010，25（11）：4-14.

［27］缑建芳，栾奕，王猛，等．精准扶贫理论的内涵及其策略［J］．农业
图书情报学刊，2017，29（5）：9-11.

［28］葛志军，邢成举．精准扶贫：内涵、实践困境及其原因阐释——基于
宁夏银川两个村庄的调查［J］．贵州社会科学，2015，305（5）：157-
163.

［29］顾建光，吴明华．公共政策工具论视角述论［J］．科学学研究，2007，
25（1）：47-51.

［30］管志利．协同治理视角下精准扶贫工作机制的构建——基于广西实
践的反思［J］．贵州省党校学报，2017，167（1）：102-108.

［31］国务院发展研究中心"中国民生调查"课题组，李伟，张军扩，等．
中国民生调查2016综合研究报告——经济下行背景下的民生关切
［J］．管理世界，2018（2）：1-12.

［32］郭小卉，康书生．金融精准扶贫模式分析——基于河北省保定市的案
例［J］．金融理论探索，2018，178（2）：34-42.

［33］郭晓鸣，虞洪．具有区域特色优势的产业扶贫模式创新——以四川省
苍溪县为例［J］．贵州社会科学，2018，341（5）：142-150.

［34］韩斌．推进集中连片特困地区精准扶贫初析——以滇黔桂石漠化片
区为例［J］．学术探索，2015（6）：73-77.

［35］韩嘉玲，孙若梅，普红雁，等．社会发展视角下的中国农村扶贫政策
改革30年［J］．贵州社会科学，2009（2）：67-76.

［36］韩俊魁．透过政府与非营利组织共治而减贫：大扶贫视野下云南多
案例比较研究［J］．经济社会体制比较，2016（2）：143-153.

［37］韩苏，陈永富．浙江省家庭农场经营的适度规模研究——以果蔬类家
庭农场为例［J］．中国农业资源与区划，2015，36（5）：89-97.

［38］何家理，查芳，陈绪敖．人力资本理论教育扶贫效果实证分析——基
于陕西7地市18个贫困县教育扶贫效果调查［J］．唐都学刊，2015

（3）：125-128.

[39] 胡军．三峡库区职业教育精准扶贫策略研究［J］．职业技术教育，2018，39（9）：61-63.

[40] 黄渊基，徐美，郑毅．基于层次分析法的集中连片特困地区旅游扶贫效果评估与分析——以湖南省武陵山片区为例［J］．邵阳学院学报（社会科学版），2019（1）：52-60.

[41] 黄承伟，周晶，程水林．农村贫困治理中民间组织的发展及制约因素分析——以秦巴山片区4家草根民间组织的调查为例［J］．农村经济，2015（10）：50-56.

[42] 靳永翥，丁照攀．贫困地区多元协同扶贫机制构建及实现路径研究——基于社会资本的理论视角［J］．探索，2016（6）：78-86.

[43] 雷明，邹培．精准扶贫的思想内涵、理论创新及价值贡献［J］．马克思主义与现实，2020（4）：165-171.

[44] 李国斌．新常态下西藏精准扶贫机制设计［J］．现代商业，2017（2）：184-185.

[45] 李佳，田里，王磊．连片特困民族地区旅游精准扶贫机制研究——以四川藏区为例［J］．西南民族大学学报（人文社科版），2017（6）：116-121.

[46] 李梅芳，王俊，王彦彪，等．大学—产业—政府三螺旋体系与区域创业——关联及区域差异［J］．科学学研究，2016，34（8）：1211-1222.

[47] 李兴旺，朱超．教育扶贫理论研究综述［J］．科教导刊（下旬），2017（1）：6-10.

[48] 李正图．中国特色社会主义反贫困制度和道路述论［J］．四川大学学报（哲学社会科学版），2020（1）：55-64.

[49] 李忠斌．民族地区精准脱贫的"村寨模式"研究——基于10个特色村寨的调研［J］．西南民族大学学报（人文社会科学版），2017，38（1）：9-16.

［50］林万龙，钟玲，陆汉文．合作型反贫困理论与仪陇的实践［J］．农业经济问题，2008，28（11）：59-65.

［51］缪小明，罗丽．精准扶贫政策执行偏差研究——以政策执行过程为框架［J］．山西大学学报（哲学社会科学版），2020（1）：93-100.

［52］刘天军，蔡起华．不同经营规模农户的生产技术效率分析——基于陕西省猕猴桃生产基地县210户农户的数据［J］．中国农村经济，2013（3）：37-46.

［53］刘伟，黎洁，徐洁．连片特困地区易地扶贫移民生计恢复力评估［J］．干旱区地理，2019，42（3）：673-680.

［54］刘彦随，周成虎，郭远智，等．国家精准扶贫评估理论体系及其实践应用［J］．中国科学院院刊，2020，35（10）：1235-1248.

［55］刘兆征．集中连片特困地区扶贫脱贫的政策建议——基于吕梁山集中连片特困地区的分析［J］．宏观经济管理，2019（1）：85-90.

［56］罗翔，卢新海，项歌德．消费风险、科技抑制与中国农村贫困化——基于湖北、安徽两省的实证分析［J］．中国人口科学，2014（3）：104-114，128.

［57］莫光辉．五大发展理念视域下的少数民族地区多维精准脱贫路径——精准扶贫绩效提升机制系列研究之十一［J］．西南民族大学学报（人文社科版），2017（2）：18-23.

［58］倪羌莉，童雅平．富裕中的贫困现状及精准扶贫对策——以江苏省南通市低收入农户为例［J］．管理世界，2016（12）：176-177.

［59］彭清燕．集中连片特困地区贫困治理与扶贫战略转型［J］．甘肃社会科学，2019（1）：51-58.

［60］荣莉．西南连片特困区的农村扶贫模式创新与思考［J］．中国农业资源与区划，2015，36（5）：110-114.

［61］申秋．中国农村扶贫政策的历史演变和扶贫实践研究反思［J］．江西财经大学学报，2017，109（1）：91-100.

［62］帅传敏，李文静，程欣，等．联合国 IFAD 中国项目减贫效率测

度——基于 7 省份 1356 农户的面板数据 [J]. 管理世界, 2016, 270 (3)：73-86.

[63] 孙伟艳, 王新利. 农户农业经营行为产生机理对农业补贴政策的修正研究——基于辽宁省 525 户农户的实证分析 [J]. 农业技术经济, 2016 (10)：59-66.

[64] 童洪志. BOP 市场网络特征分析与启示 [J]. 重庆三峡学院学报, 2019, 35 (2)：90-99.

[65] 童洪志. 渝东北贫困地区深度扶贫 "四方联动" 模式研究 [J]. 中国农业资源与区划, 2019, 40 (8)：133-140.

[66] 童洪志. "政企村户" 四方联动扶贫模式探究——以渝东北万州地区为例 [J]. 岳阳职业技术学院学报, 2019, 34 (3)：103-108.

[67] 童洪志, 丁卡尼, 冉建宇. 面向 BOP 的渝东北可持续产业扶贫商业模式创新——基于三螺旋理论视角 [J]. 重庆三峡学院学报, 2020, 36 (1)：11-18.

[68] 童洪志, 刘伟. 面向 BOP 群体的政策诱导农机扩散研究——基于 Agent 建模方法 [J]. 管理评论, 2019, 31 (8)：260-276.

[69] 王朝明, 张海浪. 精准扶贫、精准脱贫战略思想的理论价值 [J]. 理论与改革, 2019 (1)：28-34.

[70] 王姣玥, 王林雪. 我国精准扶贫风险识别与模式选择机制研究 [J]. 农村经济, 2017 (8)：40-44.

[71] 王佳宁, 史志乐. 贫困退出机制的总体框架及其指标体系 [J]. 改革, 2017 (1)：119-131.

[72] 王辉. 政策工具选择与运用的逻辑研究——以四川 Z 乡农村公共产品供给为例 [J]. 公共管理学报, 2014, 11 (3)：14-23.

[73] 王亮. 高等教育公平：过程与结果的双重思索 [J]. 社会科学战线, 2013 (1)：277-278.

[74] 王明哲. 精准扶贫背景下高校对口定点扶贫模式研究——基于广东省高校对口帮扶贫困村的持续追踪调查 [J]. 中南财经政法大学研究

生学报，2020（S1）：19-29.

[75] 王素霞，王小林. 中国多维贫困测量［J］. 中国农业大学学报（社会科学版），2013，30（2）：129-136.

[76] 王世恒，朱家玮，杨茹茹. 马克思主义反贫困理论与习近平脱贫攻坚思想研究［J］. 重庆三峡学院学报，2018，34（5）：30-37.

[77] 王鑫，李俊杰. 精准扶贫：内涵、挑战及其实现路径——基于湖北武陵山片区的调查［J］. 中南民族大学学报（人文社会科学版），2016，36（5）：74-77.

[78] 王兴旺，董珏，余婷婷. 基于三螺旋理论的新兴产业技术预测方法探索［J］. 科技管理研究，2019，39（6）：108-113.

[79] 王瑶. 农户分化对农地经营行为的影响研究——基于生计型和利润型农户的视角［J］. 农村经济与科技，2017，28（17）：26-28.

[80] 王美英. 凉山连片特困地区弱势群体的精准脱贫现实困境与对策研究［J］. 西南民族大学学报（人文社科版），2017（11）：53-59.

[81] 汪三贵. 在发展中战胜贫困——对中国30年大规模减贫经验的总结与评价［J］. 管理世界，2008（11）：78-88.

[82] 汪三贵，郭子豪. 论中国的精准扶贫［J］. 贵州社会科学，2015（5）：147-150.

[83] 文长存，孙玉竹，魏昊，等. 新形势下农户粮食规模经营行为及其影响因素研究——基于粮食主产区的调查数据［J］. 华中农业大学学报（社会科学版），2017（3）：8-17.

[84] 温涛，朱炯，王小华. 中国农贷的"精英俘获"机制：贫困县与非贫困县的分层比较［J］. 经济研究，2016（2）：111-125.

[85] 吴理财. 论贫困文化（上）［J］. 社会，2001（8）：17-20.

[86] 向德平. 包容性增长视角下中国扶贫政策的变迁与走向［J］. 华中师范大学学报（人文社会科学版），2011，50（4）：1-8.

[87] 谢玉梅，臧丹. 多元共治贫困：基于江苏省泗阳县的个案研究［J］. 农业经济与管理，2018，51（5）：30-39.

[88] 邢成举，葛志军．集中连片扶贫开发：宏观状况、理论基础与现实选择——基于中国农村贫困监测及相关成果的分析与思考 [J]．贵州社会科学，2013（5）：123.

[89] 邢小强，仝允桓，陈晓鹏．金字塔底层市场的商业模式：一个多案例研究 [J]．管理世界，2011（10）：108-124，188.

[90] 徐玉婷，杨钢桥．不同类型农户农地投入的影响因素 [J]．中国人口·资源与环境，2011，21（3）：106-112.

[91] 颜华，周伊，张梅．黑龙江省农民合作社产业扶贫效果研究 [J]．北方园艺，2020（16）：161-167.

[92] 杨浩，汪三贵，池文强．少数民族地区精准脱贫进程评价及对策研究 [J]．贵州民族研究，2016，37（7）：148-152.

[93] 杨丽姝．多元主体协同视角下地方高校参与精准扶贫研究评述：维度与启示 [J]．现代商贸工业，2020，41（22）：30-33.

[94] 杨园争，方向明，陈志钢．中国农村收入分配的动态考察：结构性收入的流动性测度与分解 [J]．清华大学学报（哲学社会科学版），2017（3）：161-170.

[95] 叶初升，张凤华．政府减贫行为的动态效应——中国农村减贫问题的SVAR 模型实证分析（1990~2008）[J]．中国人口·资源与环境，2011，21（9）：123-131.

[96] 虞崇胜，唐斌，余扬．能力、权利、制度：精准脱贫战略的三维实现机制 [J]．理论探讨，2016（2）：5-9.

[97] 原伟鹏，刘新平，胡娟．土地整治促进家庭农场适度规模经营研究——基于伊犁州和塔城地区调研 [J]．中国农业资源与区划，2017，38（1）：67-73.

[98] 张恩广，向月军，卢文凤，等．重庆丘陵山区家庭农场主扩大经营决策影响因素的实证分析 [J]．南方农业学报，2018，49（4）：818-824.

[99] 张玉强，李祥．我国集中连片特困地区精准扶贫模式的比较研究——基于大别山、武陵山区、秦巴山区的实践 [J]．湖北社会科学，2017

（2）：46-56.

［100］张伟清. 内蒙古燕山—太行山集中连片特困区精准扶贫路径研究
［J］. 新西部，2019（9）：29-30.

［101］张翔. 集中连片特困地区教育精准扶贫机制探究［J］. 教育导刊，
2016（6）：23-26.

［102］张笑芸，唐燕. 创新扶贫方式，实现精准扶贫［J］. 资源开发与市
场，2014（9）：11-18.

［103］张新文，黄鑫. 注意力视角中的扶贫政策演进与其发展［J］. 开发
研究，2017（6）：61-67.

［104］张永山，霍伟东. 民间资金参与精准扶贫研究——以四川为例［J］.
西南金融，2017，37（2）：29-36.

［105］赵伦. 相对贫困从个体归因到社会剥夺［J］. 商业时代，2014（6）：
36-37.

［106］赵志耘，吕冰洋，郭庆旺，等. 资本积累与技术进步的动态融合：中
国经济增长的一个典型事实［J］. 经济研究，2007（11）：18-31.

［107］郑小梅，杜鹏. 高校在精准扶贫中的误区及对策研究［J］. 学校党
建与思想教育，2018（23）：71-73.

［108］钟真，孔祥智. 市场信号、农户类型与农业生产经营行为的逻
辑——来自鲁、晋、宁千余农户调查的证据［J］. 中国人民大学学
报，2013（5）：62-75.

［109］周小韵. 高校挂职干部在精准扶贫中的作用机制分析［J］. 经济研
究导刊，2019（18）：36-37.

［110］庄天慧，杨帆，曾维忠. 精准扶贫内涵及其与精准脱贫的辩证关系
探析［J］. 内蒙古社会科学（汉文版），2016，37（3）：6-12.

［111］左停，金菁，赵梦媛. 扶贫措施供给的多样化与精准性——基于国
家扶贫改革试验区精准扶贫措施创新的比较与分析［J］. 贵州社会
科学，2017（9）：117-124.

［112］左停，赵梦媛，金菁. 路径、机理与创新：社会保障促进精准扶贫

的政策分析 ［J］. 华中农业大学学报（社会科学版），2018，133
（1）：1-12，156.

［113］ 陈昌林. 赣南地区农村精准扶贫实施存在的问题及对策研究［D］.
重庆：重庆大学，2017.

［114］ 龚晓宽. 中国农村扶贫模式创新研究［D］. 成都：四川大学，2006.

［115］ 刘燕. 健康期望寿命作为评价人类发展水平指标的探索性研究——
基于人类发展指数（HDI）的分析［D］. 广州：广州医学院，2012.

［116］ 刘慧颖. 我国农村扶贫开发中的问题及对策研究［D］. 大连：大连
交通大学，2012.

［117］ 卢燊. 城乡居民大病保险制度的脱贫效应及模式研究［D］. 南京：
南京大学，2017.

［118］ 张欣. 高校参与精准扶贫的实践与反思［D］. 武汉：中南民族大
学，2018.

［119］ 朱婷. 多源流理论视角下我国农村扶贫政策变迁研究［D］. 昆明：
云南师范大学，2017.

［120］ 邓崛峰，张振中，杨娟. 发挥科教优势"智扶"贫困［N］. 农民日
报，2016-08-10（6）.

［121］ 顾仲阳. 产业扶贫精准惠民［N］. 人民日报，2017-02-23（1）.

［122］ 胡彦殊. 扎实抓好生态建设环境保护工作，努力实现民族地区绿色
旅游发展［N］. 四川日报，2017-08-06（8）.

［123］ 毛永红. 在脱贫攻坚中彰显"为民爱民"底色［N］. 中国社会报，
2020-10-21（2）.

［124］ 文秀月，许珊，刘进. 重庆三峡职业学院以精准扶贫助力乡村振兴
［N］. 重庆日报，2020-04-17（34）.

［125］ Chakravarty S R, Silber J. Measuring multidimensional poverty：The
axiomatic approach［M］. New York：Palgrave Macmillan，2008.

［126］ Holman R. Poverty explanation of social deprivation［M］. London：
Martin Robertson，1978.

[127] Prahalad C K. The fortune at the bottom of the pyramid: Eradicating poverty through profits [M]. Upper Saddle River, NJ: Wharton School Publishing, 2005.

[128] Alazzawi S, Said M. Dynamics of multidimensional poverty and trade liberalization: Evidence from panel data for Egypt [M]. New York: Springer US, 2013.

[129] Runciman W G. Relative deprivation and social justice [M]. London: Routledge & Paul, 1966.

[130] Sen A. Poverty and famines: an essay on entitlement and deprivation [M]. Oxford: Clarendon Press, 1981.

[131] Townsend P. The concept of poverty [M]. London: Heinemann, 1970.

[132] Townsend P. The international analysis of poverty [M]. New York: Harvester Press, 1993.

[133] UNDP. Human Development Report 2010—20th Anniversary Edition [M]. New York: Palgrave MacMillan, 2010.

[134] UNDP. Human Development Report 2010 [M]. New York: New York Oxford University Press, 2010.

[135] Aideyan O. Social theory and poverty reduction with special attention to Nigeria: Social-institutional explanation of small-scale financial institutions [J]. Poverty & Public Policy, 2012, 3 (4): 1-32.

[136] Alkire S, Foster J. Counting and multidimensional poverty measurement [J]. Journal of Public Economics, 2011, 95 (7): 476-487.

[137] Alkire S. The missing dimensions of poverty data: Introduction to the special issue [J]. Oxford Development Studies, 2007, 35 (4): 347-359.

[138] Alkire S, Foster J. Understandings and misunderstandings of multidimensional poverty measurement [J]. The Journal of Economic Inequality, 2011, 9 (2): 289-314.

[139] Alkire S, Santos M E. Measuring acute poverty in the developing world: Robustness and scope of the multidimensional poverty index [J]. World Development, 2014, 59 (1): 251-274.

[140] Ange K, Shukla A J, Mbabazize P M, et al. Microfinance services as a key driver of financial inclusion in Rwanda: A case study of Umurenge Saccos in Rulindo district in Rwanda from 2009-2013 [J]. International Journal of Advanced Research, 2014, 2 (11): 730-739.

[141] Asadullah M N, Savoia A. Poverty reduction during 1990-2013: Did millennium, development goals adoption and state capacity matter? [J]. World Development, 2018 (105): 70-82.

[142] Atkinson A B. Multidimensional deprivation: Contrasting social welfare and counting approaches [J]. The Journal of Economic Inequality, 2003, 1 (1): 51-65.

[143] Bartolini F, Viaggi D. The common agricultural policy and the determinants of changes in EU farm size [J]. Land Use Policy, 2013, 31 (2): 126-135.

[144] Cali M, Menon C. Does urbanization affect rural poverty: Evidence from Indian districts [J]. Social Science Electronic Publishing, 2013, 27 (14): 171-201.

[145] Chambers R. Poverty and livelihoods: Whose reality counts? [J]. Environment and Urbanization, 1995, 7 (1): 173-204.

[146] Christiaensen L, Demery L. Down to earth: Agriculture and poverty reduction in Africa [J]. World Bank Publications, 2007, 31 (5): 2139-2141.

[147] Christiaensen L, Shorrocks A. Measuring poverty over time [J]. Journal of Economic Inequality, 2012, 10 (2): 137-143.

[148] Deutsh J, Sliber J. Measuring multidimensional poverty: An empirical

comparison of various approaches [J]. Review of Income and Wealth, 2005, 51 (1): 145-174.

[149] Dorward A, Anderson S, Bernal Y N, et al. Hanging in, stepping up and stepping out: Livelihood aspirations and strategies of the poor [J]. Development in Practice, 2009, 19 (2): 240-247.

[150] Etzkowitz H, Leydesdorff L. The triple helix-university-industry-government relations: A laboratory for knowledge based economic development [J]. EASST Review, 1995, 14 (1): 14-19.

[151] Fan S, Zhang X. Infrastructure and regional economic development in rural China [J]. China Economic Review, 2004, 15 (2): 1-214.

[152] Fiszbein A, Kanbur R, Yemtsov R. Social protection and poverty reduction: Global patterns and some targets [J]. World Development, 2014, 61 (61): 167-177.

[153] Ganle J K, Afriyie K, Segbefia A Y. Microcredit: Empowerment and disempowerment of rural women in Ghana [J]. World Development, 2015, 66 (2): 335-345.

[154] Hagenaars A. A class of poverty indices [J]. International Economic Review, 1987, 28 (3): 583-607.

[155] Heltberg R. Rural market imperfections and the farm size-productivity relationship: Evidence from Pakistan [J]. World Development, 2004, 26 (10): 1807-1826.

[156] Imai K S, Gaiha R, Thapa G, et al. Microfinance and poverty: A macro perspective [J]. World Development, 2012, 40 (8): 1675-1689.

[157] Karnani A. The mirage of marketing to the bottom of the pyramid: How the private sector can help alleviate poverty [J]. California Management Review, 2007, 49 (4): 90-111.

[158] Kotsadam A, Tolonen A. African mining, gender, and local employment

[J]. World Development, 2016, 83（7）: 325-339.

[159] Lengyel B, Leydesdorff L. Regional innovation systems in Hungary: The failing synergy at the national level [J]. Regional Studies, 2011, 45（5）: 677-693.

[160] Lewis O. La vida: A Puerto Rican Family in the culture of poverty [J]. Social Service Review, 1968, 42（3）: 402-404.

[161] Leydesdorff L, Fritsch M. Measuring the knowledge base of regional innovation systems in Germany in terms of a triple helix dynamics [J]. Research Policy, 2006, 35（10）: 1538-1553.

[162] Lindqvist C, Albert V A. Origin of the Hawaiian endemic mints within North American Stachys（Lamiaceae）[J]. American Journal of Botany, 2002, 89（10）: 1709-1724.

[163] Maasoumi E, Racine J S. A solution to aggregation and an application to multidimensional "well-being" frontiers [J]. Journal of Econometrics, 2016, 191（2）: 374-383.

[164] Malhotra D. Decision making using Game Theory: An introduction for managers by Anthony Kelly [J]. Academy of Management Review, 2003, 30（1）: 193-194.

[165] McKague K, Oliver C. Enhanced Market Practices: Poverty alleviation for poor producers in developing countries [J]. California Management Review, 2012, 55（1）: 98-129.

[166] Nakata C. From the special issue editor: Creating new products and services for and with the base of the pyramid [J]. Journal of Product Innovation Management, 2012, 29（1）: 3-5.

[167] Nillesen E, Bulte E. Natural resources and violent conflict [J]. Annual Review of Resource Economics, 2014, 6（1）: 69-83.

[168] Orshansky M. The roster of poverty [J]. Monthly Labor Review, 1965,

88 （8）：951-956.

[169] Patel P, Pavitt K. The wide （and increasing） spread of technological competencies in the world's largest firms：A challenge to conventional wisdom ［J］. Dynamic Firm, 1998, 10 （10）：192-214.

[170] Pitta D, Pitta D A, Guesalaga R, et al. The quest for the fortune at the bottom of the pyramid：Potential and challenges ［J］. Journal of Consumer Marketing, 2008, 25 （7）：393-401.

[171] Prahalad C K, Hart S L. The fortune at the bottom of the pyramid ［J］. Strategy & Business, 2002, 26 （1）：2-14.

[172] Prahalad C K, Hammond A. Serving the world's poor, profitably ［J］. Harvard Business Review, 2002, 80 （9）：48-57.

[173] Ravallion M, Huppi M. Measuring changes in poverty：A methodological case study of Indonesia during an adjustment period ［J］. The World Bank Economic Review, 1991, 5 （1）：57-82.

[174] Sen A. Malnutrition of rural children and the sex bias ［J］. Economic & Political Weekly, 1983, 18 （19/21）：855-864.

[175] Sheppard E. Economic theory and underdeveloped regions ［J］. Regional Studies, 2017, 51 （6）：972-973.

[176] Shin J. New business model creation through the triple helix of young entrepreneurs, SNSs, and smart devices ［J］. International Journal of Technology Management, 2014, 66 （4）：302-318.

[177] Thiede B C, Lichter D T, Slack T. Working, but poor：The good life in rural America? ［J］. Journal of Rural Studies, 2018, 59 （3）：183-193.

[178] Tsui K Y. Multidimensional poverty indices ［J］. Social Choice and Welfare, 2002 （9）：69-93.

[179] UNDP. Human development report ［J］. Womens International Network News, 2000, 28 （3）：205-206.

[180] Wagla U R. Multidimensional poverty: An alternative measurement approach for the United State [J]. Social Science Research, 2008, 37 (2): 559-580.

[181] Asian Development Bank. Reducing poverty: Major findings and implications [R]. Asian Developmet Bank Report, 1999.

后　记

本书是在我主持的教育部人文社科项目"多主体参与的深度贫困区精准脱贫联动机制研究"（19YJC630156）和重庆市社会科学规划项目"重庆三峡库区多主体协同治理相对贫困的长效联动机制研究"（2020YBGL91）的阶段性成果，以及重庆市社科规划项目"乡村振兴战略视阈下重庆三峡库区深度扶贫机制研究"（2017ZK14）的结题最终成果研究报告基础上扩展而来的，与之相比，本书专门增加了有关相对贫困理论的论述和多主体参与的三方联动、四方联动、五方联动脱贫机制设计等章节，如此，可使本书的结构安排更趋合理，逻辑更趋严谨，而且，得出的研究结论也能与国家未来相对贫困治理对接，并为其提供一些参考价值。当然，由于本人的知识和能力十分有限，本书肯定还存在许多不足和缺陷，在此，敬请各位读者同仁、专家学者批评指正，非常感谢。

应该说，自习近平总书记提出精准扶贫理念以来，在该领域探索研究的这几年中，虽然工作生活紧张忙碌，但内心却极为踏实，完全可以用"收获颇丰"这几个字来形容。我不仅懂得了许多政治学知识和教学技巧，还收获了许多友情，得到了多方面的支持和帮助。在本书即将出版之际，心中油然生出一股感恩之情。着实，我需要感谢的人太多太多。

首先要感谢的是本书前期项目组研究团队人员，分别是重庆三峡职业学院任教的周长春教授、卢文凤老师、张恩广副教授、陈现军副教授和重庆三峡学院任教的于开红教授、周学军副教授、唐卫老师。他们的睿智、博学以及严谨的治学态度，给本书写作提供了良好的思路，尤其是周长春教授对本书从选题、材料收集、章节构思到最后成文等全过程，都花费了大量的心血，特别是在本书的第四章。团队的群策群力和奉献，给本书增色不少。

其次要感谢教育部社会科学司提供的项目经费支持和重庆三峡学院人才引进科研启动经费提供的出版资助支持。本书最终得以出版，也要特别感谢责任编辑聂勇军老师的大力支持和精心指教，他的严谨和认真负责的态度，给我留下了深刻印象。

再次要感谢重庆三峡学院工商管理学院的众多老师和我的学生，在此不一一列举。他们在我工作和写作期间给予了极大的支持、帮助和鼓励，跟他们交谈，常常会给我许多意想不到的启发，有时还能对本论题的研究提出一些颇有建设性的意见，我尤为感激。

最后，要感谢的是我的妻子骆明敏女士和儿子童飞达，有了他们在背后的支持和鼓励，才有了我今天的些许成绩。

当然，需要感谢的老师、朋友还有许许多多，在此虽未提及，但他们对我的帮助，我将永留心底！

童洪志

2021 年 1 月 10 日于南浦苑